Sophocles' Antigone

Greek Text with Facing Vocabulary and Commentary

Geoffrey Steadman

Sophocles' Antigone
Greek Text with Facing Vocabulary and Commentary

First Edition

© 2015 by Geoffrey Steadman

The Greek text is the edition by Francis Storr first published in 1912.

ISBN-13: 978-0-9913860-3-1

Published by Geoffrey Steadman
Cover Design: David Steadman

Fonts: Times New Roman, Times-Roman, GFS Porson, New Athena Unicode

geoffreysteadman@gmail.com

Table of Contents

pages

Preface to the Series...v-vi
How to Use this Commentary...vii
Scansion: Iambic Trimeter...ix-xiv
Running Core Vocabulary (8 or more times) ....xv-xviii
Abbreviations...xxii
Nouns, Pronouns, and Synopses...92-98
Choral Odes: Greek text and Scansion...99-114
Alphabetized Core Vocabulary (8 or more times) 115-118

Text and Commentary

Prologos (πρόλογος): lines 1-99...1-7
    Antigone reveals her plan to bury Polynices to Ismene

Parodos (πάροδος): ll. 100-161...7-11
    The chorus of old men rejoice over driving back of the seven armies

First Episode (ἐπεισόδιον πρῶτον): ll. 162-331.............................11-23
    Creon orders Polynices not to be buried, guard reports burial

First Stasimon (στάσιμον πρῶτον): ll. 332-383.............................23-26
    Th chorus sings about the marvel of humanity

Second Episode (ἐπεισόδιον δεύτερον): ll. 384-581.......................26-39
    Guard returns with Antigone, Creon and Antigone argue

Second Stasimon (στάσιμον δεύτερον): ll. 582-630......................39-42
    The chorus mourns over the house of Labdacus

Third Episode (ἐπεισόδιον τρίτον): ll. 631-780..........................43-52
    Creon refuses Haemon's appeal on behalf of Antigone

Third Stasimon (στάσιμον τρίτον): ll. 781-805...........................53-54
    The chorus sings about love

Fourth Episode (ἐπεισόδιον τέτρατον): ll. 806-943.....................54-59
    Antigone mourns her fate before the chorus

Fourth Stasimon (στάσιμον τέτρατον): ll. 944-987....................63-66
    The chorus sings about parallels to Antigone

Fifth Episode (ἐπεισόδιον πέμπτον): ll. 988-1114.....................66-68
    Creon refuses to listen to Tiresias.

Fifth Stasimon (στάσιμον πέμπτον): ll. 1115-1154...................68-71
    The chorus prays to Dionysus.

Exodos (ἔξοδος): ll. 1155-1353...71-90
    A messenger announces the deaths of Antigone and Haemon.

Preface to the Series

The aim of this commentary is to make all 1553 lines of Sophocles' *Antigone* as accessible as possible to intermediate and advanced Greek readers so that they may experience the joy, insight, and lasting influence that comes from reading one of the greatest works in classical antiquity in the original Greek.

Each page of the commentary includes 15 lines of Greek verse (Francis Storr's 1912 edition) with all corresponding vocabulary and grammar notes below on the same page. The vocabulary contains all words occurring 7 or fewer times, arranged alphabetically in two columns. The grammatical notes are organized according to line numbers and likewise arranged in two columns. The advantage of this format is that it allows me to include as much information as possible on a single page and yet insure that entries are distinct and readily accessible to readers.

To complement the vocabulary within the commentary, I have added a list of words occurring 8 more times at the beginning of this book and recommend that readers review this list before they read. An alphabetized form of this list can be found in the glossary. Together, this book has been designed in such a way that, once readers have mastered the core list, they will be able to rely solely on the Greek text and commentary and not need to turn a page or consult dictionaries as they read.

The grammatical notes are designed to help beginning readers read the text, and so I have passed over detailed literary and philosophical explanations in favor of short, concise, and frequent entries that focus exclusively on grammar and morphology. The notes are intended to complement, not replace, an advanced level commentary, and so I recommend that readers read an advanced-level commentary after each reading from this book. Assuming that readers finish elementary Greek with varying levels of ability, I draw attention to subjunctive and optative constructions, identify unusual aorist and perfect forms, and in general explain aspects of the Greek that they should have encountered in first year study but perhaps forgotten. As a rule, I prefer to offer too much assistance rather than too little.

Better Vocabulary-Building Strategies

One of the virtues of this commentary is that it eliminates time-consuming dictionary work. While there are occasions where a dictionary is necessary for developing a nuanced reading of the Greek, in most instances any advantage that may come from looking up a word is outweighed by the time and effort spent in the process. Many continue to defend this practice, but I am convinced that such work has little pedagogical value for intermediate and advanced students and that the time saved can be better spent reading more Greek, memorizing vocabulary, mastering principal parts, and reading advanced-level commentaries and secondary literature.

As an alternative to dictionary work, I recommend that readers review the core vocabulary lists. In addition to the running list of words occurring 20 or more times in this volume, there is a running list of words occurring 10 or more times on the website. I encourage readers to single out, drill, and memorize these common words before they encounter them in the reading and devote comparatively little attention to words that occur once or twice. Altogether, I am confident that readers who follow this regimen will learn the *Phaedo's* vocabulary more efficiently and develop fluency more quickly than with traditional methods.

Print on Demand Books

Finally, this volume is a self-published, print-on-demand (POD) book, and as such it gives its author distinct freedoms not available in traditional publications. Since this book is no more than a pdf file waiting to be printed, I am able to respond very quickly to readers' recommended changes and create an revised edition that is available for sale within 24 hours. If you would like to suggest changes or download a free .pdf copy of this commentary, please see one of the addresses below. All criticisms are welcome, and I would be very grateful for your help.

I would like to thank Olympe De Backer for reading through an earlier version of this commentary and recommending a number of changes.

Geoffrey Steadman Ph.D.
geoffreysteadman@gmail.com
www.geoffreysteadman.com

How to Use this Commentary

Research shows that, as we learn how to read in a second language, a combination of reading and direct vocabulary instruction is statistically superior to reading alone. One of the purposes of this book is to encourage active acquisition of vocabulary.

1. Master the list of words occurring 8 or more times as soon as possible.

A. Develop a daily regimen for memorizing vocabulary before you begin reading. Review and memorize the words in the running list that occur 8 or more times *before* you read the corresponding pages in Greek.

B. Download and use the digital flashcards available online in ppt or jpg formats. Research has shown that you must review new words at least seven to nine times before you are able to commit them to long term memory, and flashcards are efficient at promoting repetition. Develop the habit of deleting flashcards that you have mastered and focus your efforts on the remaining words.

2. Read actively and make lots of educated guesses

One of the benefits of traditional dictionary work is that it gives readers an interval between the time they encounter a questionable word or form and the time they find the dictionary entry. That span of time often compels readers to make educated guesses and actively seek out understanding of the Greek.

Despite the benefits of corresponding vocabulary lists there is a risk that without that interval of time you will become complacent in your reading habits and treat the Greek as a puzzle to be decoded rather than a language to be learned. *Your challenge, therefore, is to develop the habit of making an educated guess under your breath each time before you consult the commentary.* If you guess correctly, the vocabulary and notes will reaffirm your understanding of the Greek. If you answer incorrectly, you will become more aware of your weaknesses and therefore more capable of correcting them.

3. Reread a passage immediately after you have completed it.

Repeated readings not only help you commit Greek to memory but also promote your ability to read the Greek as Greek. You learned to read in your first language through repeated readings of the same books. Greek is no different. The more comfortable you are with older passages, the more easily you will read new ones.

4. Reread the most recent passage immediately before you begin a new one.

This additional repetition will strengthen your ability to recognize vocabulary, forms, and syntax quickly, bolster your confidence, and most importantly provide you with much-needed context as you begin the next selection in the text.

5. Consult an advanced-level commentary for a more nuanced interpretation

After your initial reading of a passage and as time permits, consult the highly readable notes in books by Griffith or Jebb. Your initial reading will allow you to better understand the advanced commentary, which in turn will provide a more insightful literary analysis than is possible in this volume.

Scansion

I. Iambic Trimeter

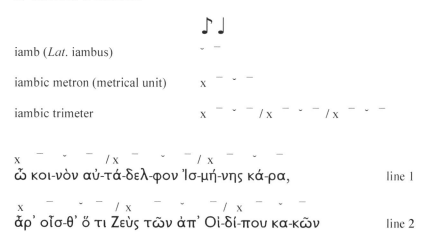

iamb (*Lat.* iambus)			
iambic metron (metrical unit)	x		
iambic trimeter	x ⁻ ˘ ⁻ / x ⁻ ˘ ⁻ / x ⁻ ˘ ⁻		

x ⁻ ˘ ⁻ / x ⁻ ˘ ⁻ / x ⁻ ˘ ⁻
ὦ κοι-νὸν αὐ-τά-δελ-φον Ἰσ-μή-νης κά-ρα,   line 1

x ⁻ ˘ ⁻ / x ⁻ ˘ ⁻ / x ⁻ ˘ ⁻
ἆρ' οἶσ-θ' ὅ τι Ζεὺς τῶν ἀπ' Οἰ-δί-που κα-κῶν   line 2

Readers should not shy away from mastering Greek meter. When we first learned Greek, no doubt the declensions and verb forms seemed an insurmountable challenge. But as time passes, persistance paid offer, and what initially seemed so difficult became the primary tool to analyze and enjoy the literature. Greek meter plays a similar role in the understanding and pleasure that we derive from tragedy.

Unlike epic, which is composed uniformly of dactylic hexameter, tragedy employs a variety of meters throughout a work. The most challenging for readers are the choral odes, which are considered in the glossary. Fortunately, the easiest and most common meter found throughout the speeches and conversations is iambic trimeter.

The rhythms of English poetry are based on word-stress (stressed and unstressed syllables), while Greek poetry relies on the length of syllables (long and short syllables). Long syllables are pronounced twice as long as short syllables, as demonstrated in the musical notation above. To mark the length of a syllable, we place the notation ⁻ (here equal to a quarter note ♩) above a long syllable and the notation ˘ (here equal to an eighth note ♪) above a short syllable.

Iambic trimeter is composed of three (*tri*) metrical units (*metra*) made up of **iambs** (˘ ⁻). The word 'trimeter' is deceptive because each iambic metrical unit (*metron*) is composed of two iambs (˘ ⁻ ˘ ⁻). Thus, an iambic trimeter line includes the equivalent of six, not three, iambs in a row. As you see in the examples above, the first syllable of each iambic metron is marked by an **anceps**, 'two-headed,' (x) instead of a long (⁻) or short (˘) syllable. A syllable marked with an anceps (x) can be either long or short depending on the needs of the poet at that moment.

x

In addition to the flexibilty that the anceps provides, the final syllable of the trimeter line may be long or short—but will always be considered as long when scanning. For example, although the final -τερ in line 4 below is a short syllable according to the rules below, we identify the syllable as metrically long when we scan the line:

$$\text{x} \quad \bar{} \quad \smile \quad \bar{} \ / \ \text{x} \quad \bar{} \quad \smile \quad \bar{} \ / \ \text{x} \quad \bar{} \quad \smile \quad \bar{}$$
οὐ-δὲν γὰρ οὔ-τ᾽ ἀλ-γει-νὸν οὔ-τ᾽ ἄ-της ἄ-τερ   (line 4)

II. Dividing up the Syllables in a Greek Word

A Greek word has as many syllables as vowels. Diphthongs count as one vowel.

ὦ κοι-νὸν αὐ-τά-δελ-φον Ἰσ-μή-νης κά-ρα,   (1)

When there are two or more consonants between vowels, the first is pronounced with the preceding syllable and the rest are pronounced with the following syllable:

ὦ κοι-νὸν αὐ-τά-δελ-φον Ἰσ-μή-νης κά-ρα,   (1)

When there is one consonant between vowels, that consonant is pronounced with the 2nd syllable. ζ (σδ), ξ (κσ), ψ (πσ) count as 2 consonants in different syllables.

ὦ κοι-νὸν αὐ-τά-δελ-φον Ἰσ-μή-νης κά-ρα,   (1)

A consonant followed by a liquid λ or ρ (or less often μ and ν) is considered a single consonant unit in the 2nd syllable and may count as one or two consonants below.

μι-ᾷ θα-νόν-τοιν ἡ-μέ-ρᾳ δι-πλῆ χε-ρί·   (15)

III. Determining the Length of a Syllable

A. A syllable is long ($\bar{}$) by nature if it contains

    1. a long vowel* (η, ω, ᾱ, ῑ, ῡ)   * these are unmarked in the Greek text

    2. a diphthong (αι, ει, οι, αυ, ευ, ου)

B. A syllable is long ($\bar{}$) by position if

    3. a vowel is followed by 2 consonants (not necessarily in the same word).

    4. the vowel is followed by double consonants ζ (σδ), ξ (κσ), ψ (πσ) or ῥ.

    5. Exception: a vowel followed by mute (π,β,φ,κ,γ,χ,τ,δ,θ) + liquid (λ,ρ,μ,ν) is often—but not always—considered short.

C. Any syllable that does not follow these rules is by default a short syllable ($\smile$).

    For convenience, I have put the number of the rule above the long syllables.

$$\overset{1}{\bar{}} \ \overset{2}{\bar{}} \ \smile \ \overset{4}{\bar{}} \ \overset{2}{\bar{}} \ \overset{1}{\bar{}} \ \smile \ \overset{2}{\bar{}} \ / \ \smile \ \overset{2}{\bar{}} \ \smile \ \overset{1}{\bar{}}$$
ἆρ᾽ οἶσ-θ᾽ ὅ τι Ζεὺς τῶν ἀπ᾽ Οἰ-δί-που κα-κῶν   line 2

Scansion Practice (Set 1)

Use the rules on the facing page and pencil in the long (‾) and short (˘) notations above the lines below. Remember, each metron begins with an anceps, that may be long or short. None of the lines below contain resolution, which I explain below. Mark the last syllable as long even if the syllable is identified as short by our rules.

1. οὔτ᾽ αἰσ-χρὸν οὔ-τ᾽ ἄ-τῑ-μόν ἐσ-θ᾽, ὁ-ποῖ-ον οὐ (5)

2. τῶν σῶν τε κᾱ-μῶν οὐκ ὄ-πω-π᾽ ἐ-γὼ κα-κῶν. (6)

3. καὶ νῦν τί τοῦ-τ᾽ αὖ φᾱ-σι παν-δή-μῳ πό-λει (7)

4. κή-ρυγ-μα θεῖ-ναι τὸν στρα-τη-γὸν ἀρ-τί-ως; (8)

IV. Elision ('cutting out'):

When a short vowel (and often final –αι, e.g. καί) is followed with a word beginning with a vowel, the vowel is elided, "cut out," from pronunciation. In our text the editor omits the vowel and includes an apostrophe: οὔτε → οὔθ᾽ ἵκετο → ἵκετ᾽

5. οὔ-θ᾽ ἡ-δὺς οὔ-τ᾽ ἀλ-γει-νὸς ῑ-κε-τ᾽ ἐξ ὅ-του (12)

V. Exception 1: Resolution ('breaking down'):

Resolution is the substitution of two short syllables (˘ ˘, ♩) for a long syllable (‾ , ♪) or anceps (x). The poet can use resolution, just as anceps, to give variety to a metrical line, and resolution is sometimes necessary when, for example, a poet mentions a proper name that will not fit in the standard meter, as in the examples below. It is also found in the choral odes discussed in the glossary. Note the resolution (again, ‾ → ˘ ˘) that occurs in the underlined syllables as you scan below. Resolution occurs less than 50 times in the entire play.

6. ἐ-μοὶ μὲν οὐ-δεὶς μῦ-θος, Ἀν-τι-γό-νη, φί-λων (11)

7. Ἐ-τε-ο[1]-κλέ-ᾱ μέν, ὡς λέ-γου-σι, σὺν δί-κης (20)

8. τὸν δ᾽ ἀθ-λί-ως θα-νόν-τα Πο-λυ-νεί-κους νέ-κυν (26)

[1] ο in Ἐτεοκλέα may be considered short, rule #5

Answer Key (Set 1)

$$\underset{2}{\rule{0.4em}{0.4pt}} \quad \underset{2}{\rule{0.4em}{0.4pt}} \quad \smile \quad \underset{2}{\rule{0.4em}{0.4pt}} \; / \; \smile \quad \underset{1}{\rule{0.4em}{0.4pt}} \quad \smile \quad \underset{3}{\rule{0.4em}{0.4pt}} \; / \; \smile \quad \underset{2}{\rule{0.4em}{0.4pt}} \quad \smile \quad \underset{2}{\rule{0.4em}{0.4pt}} \; /$$

1. οὔτ’ αἰσ-χρὸν οὔ-τ’ ἄ-τῑ-μόν ἐσ-θ’, ὁ-ποῖ-ον οὐ   (5)

$$\underset{1}{\rule{0.4em}{0.4pt}} \quad \underset{1}{\rule{0.4em}{0.4pt}} \quad \smile \quad \underset{1}{\rule{0.4em}{0.4pt}} \; \underset{1}{\rule{0.4em}{0.4pt}} \; / \; \underset{2}{\rule{0.4em}{0.4pt}} \quad \smile \quad \underset{1}{\rule{0.4em}{0.4pt}} \; / \; \smile \quad \underset{1}{\rule{0.4em}{0.4pt}} \quad \smile \quad \underset{1}{\rule{0.4em}{0.4pt}} \; /$$

2. τῶν σῶν τε κᾱ-μῶν οὐκ ὄ-πω-π’ ἐ-γὼ κα-κῶν.   (6)

$$\underset{2}{\rule{0.4em}{0.4pt}} \quad \underset{1}{\rule{0.4em}{0.4pt}} \quad \smile \quad \underset{2}{\rule{0.4em}{0.4pt}} \; / \; \underset{2}{\rule{0.4em}{0.4pt}} \quad \underset{1}{\rule{0.4em}{0.4pt}} \quad \smile \quad \underset{3}{\rule{0.4em}{0.4pt}} \; / \; \underset{1}{\rule{0.4em}{0.4pt}} \quad \underset{1}{\rule{0.4em}{0.4pt}} \quad \smile \quad \underset{2}{\rule{0.4em}{0.4pt}} \; /$$

3. καὶ νῦν τί τοῦ-τ’ αὖ φᾱ-σι παν-δή-μῳ πό-λει   (7)

$$\underset{1}{\rule{0.4em}{0.4pt}} \quad \underset{3}{\rule{0.4em}{0.4pt}} \quad \smile \quad \underset{2}{\rule{0.4em}{0.4pt}} \; / \; \underset{2}{\rule{0.4em}{0.4pt}} \quad \underset{3}{\rule{0.4em}{0.4pt}} \quad \smile \quad \underset{1}{\rule{0.4em}{0.4pt}} \; / \; \underset{3}{\rule{0.4em}{0.4pt}} \quad \smile \quad \underset{1}{\rule{0.4em}{0.4pt}} \; /$$

4. κή-ρυγ-μα θεῖ-ναι τὸν στρα-τη-γὸν ἀρ-τί-ως;   (8)

$$\underset{2}{\rule{0.4em}{0.4pt}} \quad \underset{1}{\rule{0.4em}{0.4pt}} \quad \smile \quad \underset{2}{\rule{0.4em}{0.4pt}} \; / \; \underset{3}{\rule{0.4em}{0.4pt}} \quad \underset{2}{\rule{0.4em}{0.4pt}} \quad \smile \quad \underset{1}{\rule{0.4em}{0.4pt}} \; / \; \smile \quad \underset{4}{\rule{0.4em}{0.4pt}} \quad \smile \quad \underset{2}{\rule{0.4em}{0.4pt}} \; /$$

5. οὔ-θ’ ἡ-δὺς οὔ-τ’ ἀλ-γει-νὸς ῑ-κε-τ’ ἐξ ὅ-του   (12)

$$\smile \quad \underset{2}{\rule{0.4em}{0.4pt}} \quad \smile \quad \underset{2}{\rule{0.4em}{0.4pt}} \; / \; \underset{2}{\rule{0.4em}{0.4pt}} \quad \underset{1}{\rule{0.4em}{0.4pt}} \quad \smile \quad \underset{3}{\rule{0.4em}{0.4pt}} \; / \; \smile \quad \smile \quad \underset{1}{\rule{0.4em}{0.4pt}} \quad \smile \quad \underset{1}{\rule{0.4em}{0.4pt}} \; /$$

6. ἐ-μοὶ μὲν οὐ-δεὶς μῦ-θος, Ἀν-<u>τι-γό</u>-νη, φί-λων   (11)

$$\smile \quad \smile \quad \underset{5}{\rule{0.4em}{0.4pt}} \quad \smile \quad \underset{1}{\rule{0.4em}{0.4pt}} \; / \; \smile \quad \underset{1}{\rule{0.4em}{0.4pt}} \quad \smile \quad \underset{2}{\rule{0.4em}{0.4pt}} \; / \; \underset{2}{\rule{0.4em}{0.4pt}} \quad \smile \quad \underset{1}{\rule{0.4em}{0.4pt}} \; /$$

7. Ἐ-<u>τε-ο</u>ͥ-κλέ-ᾱ μέν, ὡς λέ-γου-σι, σὺν δί-κης   (20)

$$\underset{3}{\rule{0.4em}{0.4pt}} \quad \underset{3}{\rule{0.4em}{0.4pt}} \quad \smile \quad \underset{1}{\rule{0.4em}{0.4pt}} \; / \; \smile \quad \underset{3}{\rule{0.4em}{0.4pt}} \quad \smile \quad \smile \quad \smile \; / \; \underset{2}{\rule{0.4em}{0.4pt}} \quad \underset{2}{\rule{0.4em}{0.4pt}} \quad \smile \quad \underset{x}{\rule{0.4em}{0.4pt}} \; /$$

8. τὸν δ’ ἀθ-λί-ως θα-νόν-τα Πο-<u>λυ</u>-νεί-κους νέ-κυν   (26)

VI. Exception 2: Synizesis ('setting together')

Synizesis occurs when a group of adjoining vowels are scanned metrically (and perhaps pronounced) as a single long syllable. This is common in vowel combinations such as εο, εω, and εα. It is often found as well with the double negative μὴ οὐ. Scan each line below with an underlined example of synizesis.

9. καὶ δεῦ-ρο νεῖσ-θαι ταῦ-τα τοῖ-σι <u>μὴ εἰ</u>-δό-σιν   (33)

10. μή-τοι, κα-σιγ-νή-τη, μ’ ἀ-τῑ-μά-σῃς τὸ <u>μὴ οὐ</u>   (544)

VIII. Caesura and Diaeresis

In addition to the pause at the end of each line, there are natural pauses between words within the verse which effect the rhythm of the trimeter line, and it is worthwhile to recognize the conventions regarding these pauses.

A **caesura** (Lat. "cut") is the audible pause that occurs when a word ends *within* a metron, in this case within an iambic metron.

A **diaeresis** (Grk. "division") is the audible pause that occurs when a word ends at the end of a metron.

In general, the pause after each word in a verse is either a caesura or a diaeresis, and each trimeter line contains multiple examples of caesura and diaeresis. But, when you are asked in a classroom setting to identify the caesurae in a line, you are actually being asked to identify the *principal* or *chief* caesura in a line.

The **principal (or chief) caesura** is a caesura that coincides with a major pause in the sense or thought within the line (often the equivalent of a comma or period in prose). In iambic trimeter, the principal caesura occurs in the 2nd metron after the first anceps. Less often it occurs after the first short in the 2nd metron and the first short in the 1st metron:

```
                    C      A       B
                    ||     ||      ||
              _  ˘  _ / x  _  ˘  _ / x  _  ˘  _
          x                                     
```

(A) *penthemimeres* (5th half-foot)   x _ ˘ _ / x ‖ _ ˘ _ / x _ ˘ _
(B) *hepthemimeres* (7th half-foot)   x _ ˘ _ / x _ ˘ ‖ _ / x _ ˘ _
(C) *trihemimeres* (3rd half-foot)   x _ ˘ ‖ _ / x _ ˘ _ / x _ ˘ _

Scansion Practice (Set 4): Ismene and Antigone (lines 42–47).

Scan. Then label the ‖ as a diaeresis or as a caesura type A, B, or C above.

11. Ἰσμ   ποῖ-όν τι κιν-δύ-νευ-μα; ‖ ποῦ γνώ-μης πο-τ᾽ εἶ;

12. Ἀντ   εἰ τὸν νε-κρὸν ‖ ξὺν τῇ-δε κου-φι-εῖς χε-ρί.

13. Ἰσμ   ἦ γὰρ νο-εῖς θάπ-τειν σφ᾽, ‖ ἀ-πόρ-ρη-τον πό-λει;

14. Ἀντ   τὸν γοῦν ἐ-μὸν καὶ τὸν σόν ‖ ἢν σὺ μὴ θέ-λῃς

15.   ἀ-δελ-φόν· οὐ γὰρ δὴ ‖ προ-δοῦ-σ᾽ ἀ-λώ-σο-μαι.

16. Ἰσμ   ὦ σχετ-λί-ᾱ, Κρέ-ον-τος ‖ ἀν-τει-ρη-κό-τος;

Answer Key for Scansion Practice (Set 2 and 3)

2   2   2   2   2   2   1   x

8. καὶ δεῦ-ρο νεῖσ-θαι ταῦ-τα τοῖ-σι μὴ εἰ-δό-σιν   (33)
   1   2   3   1   1   1   1   1

9. μή-τοι, κα-σιγ-νή-τη, μ' ἀ-τῑ-μά-σῃς τὸ μὴ οὐ   (544)
   2   3   3   2   B   2   1   1   2

10. Ἴσμ   ποῖ-όν τι κιν-δύ-νευ-μα; ποῦ γνώ-μης πο-τ' εἶ;   (42)
    2   3   5   3   3   1   B   2   2   x

11. Ἄντ   εἰ τὸν νε-κρὸν ξὺν τῇ-δε κου-φι-εῖς χε-ρί.   (43)
    1   3   3   3   2   B   3   1   3   2

12. Ἴσμ   ἢ γὰρ νο-εῖς θάπ-τειν σφ', ἀ-πόρ-ρη-τον πό-λει;   (44)
    3   2   3   2   3   B   1   1   1

13. Ἄντ   τὸν γοῦν ἐ-μὸν καὶ τὸν σόν ἦν σὺ μὴ θέ-λῃς   (45)
    3   C   2   3   1   2   1   2

14.   ἀ-δελ-φόν· οὐ γὰρ δὴ προ-δοῦ-σ' ἀ-λώ-σο-μαι   (46)
    1   3   1 Dia.   3   3   2   1   x

15. Ἴσμ   ὦ σχετ-λί-ᾱ, Κρέ-ον-τος ἀν-τει-ρη-κό-τος;   (47)

Note Well: The ε in νεκρὸν is here considered short by rule #5.

IX. Porson's Bridge

A bridge is a place in the meter where word ending is avoided. The most famous bridge was discovered in 1802 by Richard Porson, who asserted that the anceps in the 3rd metron cannot be a long syllable ending a word. All the examples above follow Porson's rule. Though this convention will not affect how you read the play, it does reveal a nuance in the rhythm that the Greeks were accustomed to hear.

X. Oral Recitation

As you read, do not be intimidated by the rules or the terminology. Since the text does not include macrons to indicate long vowels such as ᾱ, ῑ, or ῡ, you are sure to make an occasional mistake when scanning. Sophocles intended the rhythm to be a integral part of our experience of the play.

Sophocles' *Antigone*
Core Vocabulary (8 or more times)

The following is a running list of all words that occur eight or more times in *Antigone*. An alphabetized list is found in the glossary of this volume. These words are not included in the commentary and therefore must be reviewed as soon as possible. The left column indicates the page number where the word first occurs.The number of occurrences, indicated at the end of the dictionary entry, were tabulated by the author. This section will be revised with each revision of the commentary.

01 αἰσχρός, -ά, -όν: shameful, disgraceful, 8
01 ἀπό: from, away from. (+ gen.), 9
01 ἆρα: introduces a yes/no question, 10
01 ἄτη, ἡ: ruin, plague; bewilderment, 10
01 αὖ: again; moreover, besides; in turn, 12
01 εἷς, μία, ἕν: one, single, alone, 13
01 ἐμός, -ή, -όν: my, mine, 21
01 ζάω: to live, 20
01 θνήσκω: to die, 39
01 κοινός, -ή, -όν: common, shared; kindred, 8
01 οἶδα: to know, 37
01 ὁράω: to see, look, behold, 24
01 ὅστις, ἥτις, ὅ τι: whoever, whichever, whatever, 23
01 πόλις, ἡ: a city, 34
01 σός, -ή, -όν: your, yours, 18
01 φημί: to say, claim, assert, 14
01 χείρ, χειρός (χερός, χέρι...), ἡ: hand, 14
01 χθών, χθονός, ἡ: earth, ground, land, 8
01 ὦ: O, oh, (an exclamation) 18
02 γάρ: for, since, 103
02 δέ: but, and, on the other hand, 59
02 δίκαιος, -α, -ον: just, right, lawful, fair, 10
02 δίκη, ἡ: justice; lawsuit, trial; penalty, 10
02 εἰμί: to be, exist, 1389
02 ἐν: in, on, among. (+ dat.), 54
02 ἔπος, -εος, τό: a word, 9
02 ἔχω: to have, hold; be able; be disposed, 53
02 καί: and, also, even, too, 103
02 καλός, -ή, -όν: beautiful, fine, noble; well, 16
02 κατά: down along (acc), down from (gen), 10
02 κλύω: to hear, 9
02 Κρέων, -οντος, ὁ: Creon, King of Thebes, 11
02 λέγω: to say, speak, 45
02 μέν: on the one hand, 42

02 μή: not, lest, 42
02 μη-δέ: and not, but not, nor, 8
02 μόνος, -η, -ον: alone, solitary, forsaken, 16
02 νεκρός, ὁ: corpse, dead body, 15
02 νέκυς, ὁ: corpse, a dead body, 9
02 νόμος, ὁ: law, custom, 18
02 νῦν: now; as it is, 28
02 ὁ, ἡ, τό: the, 803
02 ὅδε, ἥδε, τόδε: this, this here, 121
02 οὔ-τε: and not, neither...nor, 36
02 οὐ, οὐκ, οὐχ: not, 60
02 οὐδ-είς, οὐδε-μία, οὐδ-έν: no one, nothing, 33
02 πρός: to, towards (acc.), near, in addition to (dat.), 14
02 σύ: you, 82
02 σύν: along with, with, together (+ gen.), 11
02 τάφος, ὁ: tomb, 15
02 τις, τι: anyone, anything, someone, something, 446
02 τίς, τί: who? which? 502
02 ὡς: as, thus, so, that; when, since, 35
03 ἄγω: to lead, to bring, to carry, to convey, 20
03 ἀλλά: but, 19
03 ἄν: modal adv., 43
03 γνώμη, ἡ: intent, purpose; opinion, resolve, 9
03 δράω: to do, do work, work, 21
03 ἐγώ: I, 119
03 ἐθέλω: to be willing, wish, desire, 13
03 εἴ-τε: either...or; whether...or, 12
03 εἰ: if, whether, 23
03 ἤ: or (either...or); than, 29
03 κάκη, ἡ: wickedness, vice, cowardice, 44
03 ὅς, ἥ, ὅ: who, which, that, 589
03 οὗτος, αὕτη, τοῦτο: this, these, 91
03 οὕτως: in this way, thus, so, 9
03 παρά: from, at, to the side of, 8
03 ποτέ: ever, at some time, once, 25
03 τοιοῦτος, -αύτη, -οῦτο: such, 8
03 φύω: to bring forth, beget; am by nature, 17
04 αὐτός, -ή, -ό: -self; he, she, it; the same, 21
04 γυνή, γυναικός, ἡ: a woman, wife, 18
04 κακός, -ή, -όν: bad, base, cowardly, evil, 45
04 μήτηρ, ἡ: a mother, 10
04 μόρος, ὁ: death, doom, fate, destiny, 11

04 οἴμοι: ah me!, woe's me, oh, alas, 12
04 ὄλλυμι: to destroy, lose, consume, kill, 15
04 ὅσος, -η, -ον: as much as, many as, 10
04 ὅτι: that; because, 12
04 πατήρ, ὁ: a father, 22
04 τε: and, both, 31
04 φρονέω: to think, to be wise, prudent, 16
04 χρή: it is necessary or fitting; must, ought, 18
05 ἀνήρ, ἀνδρός, ὁ: a man, 42
05 ἄρχω: to begin; to rule, be leader of, 8
05 γε: at least, at any rate; indeed, 32
05 δοκέω: to seem, seem best, think, imagine, 15
05 ἐκ, ἐξ: out of, from (+ gen.), 43
05 ἐκεῖνος, -η, -ον: that, those, 18
05 ἐπεί: when, after, since, because, 11
05 ἔτι: still, besides, further, 18
05 κάτω: down, below, 9
05 οὖν: and so, then; at all events, 23
05 πράσσω: to do, accomplish, make, act, 12
05 ὑπό: by, because of (gen), under (dat), 14
05 φίλος, -η, -ον: dear, beloved; friend, kin, 24
05 χρόνος, ὁ: time, 10
06 ἐπί: to, toward (acc), on near, at (dat.), 19
06 ἔργον, τό: work, labor, deed, act, 14
06 θεός, ὁ: a god, divinity, 39
06 μηδ-είς, μηδ-εμία, μηδ-έν: no one, nothing, 9
06 πᾶς, πᾶσα, πᾶν: every, all, the whole, 38
06 πολύς, πολλά, πολύ: much, many, 22
06 τάλας, τάλαινα, τάλαν: wretched, sufferer8
07 δεινός, -ή, -όν: terrible; strange, wondrous, 14
07 ἔρχομαι: to come or go, 24
07 φαίνω: to show; *mid.* appear, seem, 10
08 γῆ, ἡ: earth, 10
08 εἰς: into, to, in regard to (+ acc.), 28
08 πρίν: until, before, 9
09 αἱρέω: to seize, take; *mid.* choose (aor. ἑλ) 11
09 Ζεύς, ὁ: Zeus, 11
09 μέγας, μεγάλη, μέγα: big, great, important 10
09 πίπτω: to fall, fall down, drop, 9
10 ἄλλος, -η, -ο: other, one...another, 21
10 Θῆβαι, -ῶν, αἱ: Thebes (also in sg.), 9
10 ἴσος, -η, -ον: equal, fair, alike, 8

12 εὖ: well, 16
12 παῖς, παιδός, ὁ, ἡ: child, boy, girl; slave, 31
12 σέβω: to worship, revere, 8
12 ψυχή, ἡ: breath, life, spirit, soul, 8
13 πλέω: to sail, go by sea, 27
13 ὀρθός, -ή, -όν: straight, upright, right, 9
13 σώζω: to save, keep, 8
14 εἶδον: aor. of ὁράω, to see, behold, 25
14 μή-τε: and not, 9
15 ἄναξ, ὁ: a lord, master, 12
15 ἐλπίς, -ίδος, ἡ: hope, expectation, 8
15 κέρδος, -εος, τό: profit, gain, advantage, 10
15 νέος, -α, -ον: young; new, novel, strange, 10
15 πάρ-ειμι: be near, be present, be at hand, 9
16 οὐ-δέ: and not, but not, nor, not even, 21
17 ὅπως: how, in what way; (in order) that, 50
18 κάρα, τό: head, 32
18 λόγος, ὁ: word, talk, discourse; account, 12
19 λαμβάνω: to take, receive, catch, grasp, 9
20 ἄνθρωπος, ὁ: human being, human, man, 11
20 βροτός, ὁ, ἡ: a mortal, human, 9
20 δόμος, ὁ: a house, 35
20 οἷος, -α, -ον: what sort, such a kind, 8
20 φέρω: to bear, carry, bring, convey, 12
20 φρήν, φρενός, ἡ: the midriff; mind, wits, 16
21 Ἅιδης, -ου ὁ: Hades, 16
21 εἶπον: *aor.* said, spoke, 8
21 ἰώ: ah! oh! 9
21 μανθάνω: to learn, understand, 12
25 μέλλω: to be about to, to intend to, 8
26 ἥκω: to have come, be present, 8
27 διά: through (gen.) on account of, (acc.), 8
29 ὅταν: ὅτε ἄν, whenever, 8
33 γελάω: to laugh, exult in, 8
36 κοινόω: to make common, communicate, 10
38 τέκνον, τό: a child, 10
85 αἰαῖ: ah! (exclamation of grief) 8

Abbreviations

abs.	absolute	impf.	imperfect	pl.	plural
acc.	accusative	imper.	impersonal	plpf.	pluperfect
act.	active	indic.	indicative	pred.	predicate
adj.	adjective	i.o.	indirect object	prep.	preposition
adv.	adverb	inf.	infinitive	pres.	present
aor.	aorist	inter.	interrogative	pron.	pronoun
app.	appositive	m.	masculine	ptf	place to which
comp.	comparative	n.	neuter	pw	place where
dat.	dative	nom.	nominative	reflex.	reflexive
dep.	deponent	obj.	object	rel.	relative
d.o.	direct object	opt.	optative	seq.	sequence
f.	feminine	pple.	participle	sg.	singular
fut.	future	pass.	passive	subj.	subject
gen.	genitive	pf.	perfect	superl.	superlative
imper.	imperative	pfw	place from which	voc.	vocative

Additional Resources: Lexica and Commentaries

Sophocles: Antigone (1999) by Mark Griffith is a highly recommended commentary in the Cambridge Greek and Latin Series (Yellow and Green volumes).

Sophocles: Antigone (Bristol Classical Press) (2004) by Richard C. Jebb remains deservedly one of the most popular Greek commentaries on the play. Originally published as *Sophocles: The Plays and Fragments (Part III The Antigone)* (1888), the commentary is available as a free .pdf document on Google Books and in html on the Perseus project at www.Perseus.tufts.edu. The 2004 paperback edition is available through the Bristol Classical Press.

To make the ancients speak, we must feed them with our own blood.

- von Wilamowitz-Moellendorff

Ἀντ ὦ κοινὸν αὐτάδελφον Ἰσμήνης κάρα,
       ἆρ’ οἶσθ’ ὅ τι Ζεὺς τῶν ἀπ’ Οἰδίπου κακῶν
       ὁποῖον οὐχὶ νῷν ἔτι ζώσαιν τελεῖ;
       οὐδὲν γὰρ οὔτ’ ἀλγεινὸν οὔτ’ ἄτης ἄτερ
       οὔτ’ αἰσχρὸν οὔτ’ ἄτιμόν ἐσθ’, ὁποῖον οὐ   5
       τῶν σῶν τε κἀμῶν οὐκ ὄπωπ’ ἐγὼ κακῶν.
       καὶ νῦν τί τοῦτ’ αὖ φασι πανδήμῳ πόλει
       κήρυγμα θεῖναι τὸν στρατηγὸν ἀρτίως;
       ἔχεις τι κεἰσήκουσας; ἤ σε λανθάνει
       πρὸς τοὺς φίλους στείχοντα τῶν ἐχθρῶν κακά;   10
Ἰσμ ἐμοὶ μὲν οὐδεὶς μῦθος, Ἀντιγόνη, φίλων
       οὔθ’ ἡδὺς οὔτ’ ἀλγεινὸς ἵκετ’ ἐξ ὅτου
       δυοῖν ἀδελφοῖν ἐστερήθημεν δύο,
       μιᾷ θανόντοιν ἡμέρᾳ διπλῇ χερί·
       ἐπεὶ δὲ φροῦδός ἐστιν Ἀργείων στρατὸς   15

ἄ-τιμος, -ον: disenfranchised, dishonored, 2
ἀδελφός, ὁ: a brother, 6
ἀλγεινός, -ή, -όν: painful, grievous, 5
Ἀντιγόνη, ἡ: Antigone, 4
Ἀργεῖος, -α, -ον: Argive, 1
ἀρτίως: just, now first; exactly 5
ἄτερ: without; aloof, apart from (+ gen.) 2
αὐτά-δελφος, -ον: of one's sister or brother 3
διπλοῦς, -ῆ, -οῦν: double, two-fold, 5
δύο: two, 5
εἰσ-ακούω: to hear; give heed to, give ear, 1
ἐχθρός, -ή, -όν: hated, hostile; enemy, 7
ἡδύς, -εῖα, -ύ: sweet, pleasant, glad, 3
ἡμέρα, ἡ: day (ἀμέρα) 5
ἱκνέομαι: to come to, attain, reach, 3
Ἰσμήνη, ἡ: Ismene, 1

κάρα, τό: head, 7
κήρυγμα, -ατος, τό: proclamation, notice, 3
λανθάνω: escape notice of, act unnoticed 2
μῦθος, ὁ: story, word, speech, 3
νῷν: we two (gen. dat. dual), 3
Οἰδίπους, ὁ: Oedipus, Antigone's father, 6
ὁποῖος, -α, -ον: which, of what sort or kind 4
πάν-δημος, -ον: of all the people, whole, 2
στείχω: to come or go, walk, proceed, 7
στερέω: to deprive, rob of (gen.), 3
στρατηγός, ὁ: commander, general, leader, 1
στρατός, ὁ: army, 1
τελέω: to end, complete, fulfill; pay, 3
τίθημι: to set forth, put, place, arrange, 6
φροῦδος, -η, -ον: (clean) gone, vanished, 2

1 ὦ...κάρα: neut. vocative; ὦ is exclamatory
   κοινὸν αὐτάδελφον: kindred, of my very
   sister; both with neuter sg. κάρα
2 οἶσθ(α): 2nd sg. οἶδα
   ὅ τι (ἐστί)...ὁποῖον: what...is it which...;
   add a linking verb; Ζεύς is subject of τελεῖ
   τῶν...κακῶν: partitive gen. with ὅ τι
3 νῷν: for...; dual dat. interest + pres. pple
4 οὐδὲν...οὔτε... οὔτε: nothing either...or...
5 ἐσθ’: there is...; ἐστί, οὐδέν is the subject
   ὁποῖον: οὐδέν is the antecedent
6 κἀμῶν: καὶ ἐμῶν, crasis
   ὄπωπ(α): 1st sg. pf. ὁράω
   κακῶν: partitive with ὁποῖον

7 τί τοῦτο...κήρυγμα: what (is) this...
   φασι: 3rd pl. pres. φημί
8 θεῖναι: aor. inf. τίθημι
9 ἔχεις: do you know...?; 'do you have...?'
   κ(αὶ) εἰσήκουσας: 2nd sg. aor.
   λανθάνει: κακά is the neuter pl. subject
11 μῦθος (ἐστί): with a objective gen. φίλων
12 ἵκετ(ο): aor. ἱκνέομαι
   ἐξ ὅτου: from whatever (time); = οὗτινος
13 δυοῖν...: from...; dual gen. of separation
   ἐστερήθημεν: 1st pl. aor. pass. στερέω
14 θανόντοιν: dual dat. aor. pple θνήσκω
   διπλῇ χερί: dat. sg. of means, χείρ

1

ἐν νυκτὶ τῇ νῦν, οὐδὲν οἶδ᾽ ὑπέρτερον,
οὔτ᾽ εὐτυχοῦσα μᾶλλον οὔτ᾽ ἀτωμένη.

Ἀντ ἤδη καλῶς, καί σ᾽ ἐκτὸς αὐλείων πυλῶν
τοῦδ᾽ οὕνεκ᾽ ἐξέπεμπον, ὡς μόνη κλύοις.

Ἰσμ τί δ᾽ ἔστι; δηλοῖς γάρ τι καλχαίνουσ᾽ ἔπος. 20

Ἀντ οὐ γὰρ τάφου νῷν τὼ κασιγνήτω Κρέων
τὸν μὲν προτίσας, τὸν δ᾽ ἀτιμάσας ἔχει;
Ἐτεοκλέα μέν, ὡς λέγουσι, σὺν δίκης
χρήσει δικαίᾳ καὶ νόμου κατὰ χθονὸς
ἔκρυψε τοῖς ἔνερθεν ἔντιμον νεκροῖς· 25
τὸν δ᾽ ἀθλίως θανόντα Πολυνείκους νέκυν
ἀστοῖσί φασιν ἐκκεκηρῦχθαι τὸ μὴ
τάφῳ καλύψαι μηδὲ κωκῦσαί τινα,
ἐᾶν δ᾽ ἄκλαυτον, ἄταφον, οἰωνοῖς γλυκὺν
θησαυρὸν εἰσορῶσι πρὸς χάριν βορᾶς. 30

ἄ-κλαυστος, -η, -ον: unwept, unlamented, 3
ἄ-ταφος, -ον: unburied, 1
ἀ-τιμάζω: to dishonor, slight, disregard, 4
ἄθλιος, -η, -ον: wretched, miserable, pitiful, 3
ἀστός, -ή, -όν: townsman, citizen, 4
ἀτάομαι: to suffer greatly, be in distress, 2
αὐλείος, -α, -ον: of the courtyard, 1
βορά, ἡ: food, meat, carrion, 3
γλυκύς, -εῖα, -ύ: sweet, pleasant, delightful, 1
δηλόω: to show, reveal, make clear, 4
ἐάω: to permit, allow, let be, suffer, 5
εἰσ-οράω: to look upon, view, behold, 3
ἐκ-κηρύσσω: to proclaim by herald, 2
ἐκ-πέμπω: to send out, send forth, 1
ἐκτός: outside; out of, far from (+ gen.), 5
ἔν-τιμος, -ον: honored, in honor, 2
ἔνερθε: below, from beneath, lower, 1
Ἐτεοκής, -εος, ὁ: Eteocles, 2
εὐ-τυχέω: to be fortunate, luck, be well off 2

θησαυρός, ὁ: treasure-house; treasure, 1
καλύπτω: to conceal, cover, 2
καλχαίνω: make dark and troubled, ponder 1
κασίγνητος, ὁ: a kinsman; brother, 2
κηρύσσω: to be a herald, proclaim, 5
κρύπτω: to hide, cover, conceal, 6
κωκύω: to shriek, wail, cry, 3
μᾶλλον: more, rather, 4
νύξ, νυκτός, ἡ: a night, 1
νῷν: we two (gen. dat. dual), 3
οἰωνός, ὁ: large bird, bird of prey, 6
οὕνεκα: for the sake of, since, because (gen) 4
Πολυνείκης, -εος, ὁ: Polyneices, 5
προ-τίω: prefer in honor, deem worthy of, 1
πύλη, ἡ: gate, gates, 4
ὑπέρτερος, -η, -ον: higher, further; better, 2
χάρις, -ιτος, ἡ: favor, thanks; gratification, 6
χθών, χθονός, ἡ: earth, ground, land, 8
χρῆσις, -εως, ἡ: use, practice, 1

16 τῇ νῦν: *recent*; attributive position
  οἶδ(α): 1st sg. pf. with present sense
18 ἤδη: 1st sg. plpf. οἶδα; simple past in sense
20 δηλοῖς: i.e. you are clearly, + pres. pple
21 οὐ γὰρ: *(Yes,) for has...not?*
  τάφου: gen. obj. (of...) and separation
  (from...) respectively with both aor. pples
  τὼ κασιγνήτω...τὸν μὲν...τὸν δ(ὲ): *two
  brothers...the one...the other*; dual acc.
22 προτίσας (ἔχει)...ἀτιμάσας (ἔχει): ἔχω +
  aor. pple (nom. sg.) is here periphrastic pf.
24 κατὰ: *below...*

25 τοῖς νεκροῖς: *among...*; dat. compound adj.
26 θανόντα: acc. sg. aor. pple θνῄσκω
27 φασιν: *they say that...*; people, 3rd pl. φημί
  ἐκκεκηρῦχθαι: pf. pass. inf., ind. disc.
  τὸ μὴ...καλύψαι...ἐᾶν δ(ὲ): *that one not...
  nor...but...*; articular infinitives, aor. and
  pres., as subj. of ἐκκεκηρῦχθαι; τὸν νέκυν
  is the object, τινα is acc. subject; inf. ἐάω
29 οἰωνοῖς...εἰσορῶσι: dat. interest, dat. pple
30 πρὸς χάριν: *for the sake of...*; 'in regard
  to a favor for'; χάριν is elsewhere a
  preposition governing a preceding gen.

τοιαῦτά φασι τὸν ἀγαθὸν Κρέοντα σοὶ
κἀμοί, λέγω γὰρ κἀμέ, κηρύξαντ᾽ ἔχειν,
καὶ δεῦρο νεῖσθαι ταῦτα τοῖσι μὴ εἰδόσιν
σαφῆ προκηρύξοντα, καὶ τὸ πρᾶγμ᾽ ἄγειν
οὐχ ὡς παρ᾽ οὐδέν, ἀλλ᾽ ὃς ἂν τούτων τι δρᾷ,   35
φόνον προκεῖσθαι δημόλευστον ἐν πόλει.
οὕτως ἔχει σοι ταῦτα, καὶ δείξεις τάχα
εἴτ᾽ εὐγενὴς πέφυκας εἴτ᾽ ἐσθλῶν κακή.
Ἰσμ τί δ᾽, ὦ ταλαῖφρον, εἰ τάδ᾽ ἐν τούτοις, ἐγὼ
λύουσ᾽ ἂν ἢ ᾽φάπτουσα προσθείμην πλέον;   40
Ἀντ εἰ ξυμπονήσεις καὶ ξυνεργάσει σκόπει.
Ἰσμ ποῖόν τι κινδύνευμα; ποῦ γνώμης ποτ᾽ εἶ;
Ἀντ εἰ τὸν νεκρὸν ξὺν τῇδε κουφιεῖς χερί.
Ἰσμ ἦ γὰρ νοεῖς θάπτειν σφ᾽, ἀπόρρητον πόλει;
Ἀντ τὸν γοῦν ἐμὸν καὶ τὸν σόν ἢν σὺ μὴ θέλῃς   45

ἀγαθός, -ή, -όν: good, brave, capable, 3
ἁμός, -ά, -όν: our, ours, (ἡμός) 1
ἀπόρρητος ον: forbidden, not to be spoken 1
γοῦν: certainly; at any rate, any way, 4
δείκνυμι: to point out, display, show, 4
δεῦρο: here, to this point, hither, 4
δημό-λευστος, -α, -ον: publicly stoned, 1
ἐάν: εἰ ἄν, if (+ subj.), 2
ἐσθλός, -ή, -όν: good, noble, brave, 4
εὐ-γενής, -ές: well-born, noble-born, 2
ἐφ-άπτω: to tighten, cling on; lay hold of, 1
ἦ: in truth, truly (begins open question), 6
θάπτω: to bury, honor with funeral rites, 7
κηρύσσω: to be a herald, proclaim, 5
κινδύνευμα, -ατος τό: risk, danger; venture 1
κουφίζω (fut. κουφιέω): lift, raise; lighten, 1
λύω: to release, loosen, abolish, dissolve, 2

νέομαι: to come, go; return, come back, 1
νοέω: to think, have in mind, suppose, 3
πλέων, -οντος: more, greater, 7
ποῖος, -α, -ον: what sort of? what kind of? 6
ποῦ: where? 2
πρᾶγμα, -ματος, τό: action, deed, matter 6
πρό-κειμαι: to lie exposed, be set before, 4
πρό-κηρύσσω: to proclaim by herald, 2
προσ-τίθημι: to add, attribute, impose, give 2
σαφής, -ές: reliable, definite, clear, distinct, 2
σκοπέω: to examine, consider, behold, 3
συμ-πονέω: to work together, work with, 1
συν-εργάζομαι: accomplish together 1
σφεῖς: they; as sg. him, her, it, 5
ταλαί-φρων, ὁ ἡ: much-enduring, wretched 3
τάχα: soon, presently; quickly, forthwith, 3
φόνος, ὁ: murder, homicide, slaughter, 2

---

31 **φασιν**: *they say that...*; 3rd pl. φημί
   σοὶ κα(ὶ) ἐ)μοί: *for...*; dat. of interest
32 **λέγω γὰρ κα(ὶ) ἐμέ**: *(yes) for I say for me*
   also; original ἐμοί attracted into the acc.
   κηρύξαντ(α) ἔχειν...νεῖσθαι: periphrastic
   pf. and pres. infs.; Κρέοντα is acc. subject
33 **τοῖσι...εἰδόσιν**: *to those...*; dat. pl. pple
   οἶδα; ind. object of προκηρύξοντα
34 **σαφῆ**: σαφέ-α, neut. pl. modifies ταῦτα
   προκηρύξοντα: *intending to...*; fut. pple.
   καὶ...ἄγειν: *and that he conducts...*;
35 **ὡς παρ(ὰ) οὐδέν**: *not as if of no account*;
   'as if equivalent to nothing,' qualifying
   πράγμα; ὡς indicates Creon's intent

   (τουτῷ) ὃς ἄν...δρᾷ: *(for this one)*
   whoever...; general relative, ἄν + pres. subj.
36 **προκεῖσθαι**: *that... be set for*; φόνον subj.
37 **οὕτως ἔχει**: *are so*; 'are disposed this way'
38 **πέφυκας**: *you are born*; 2nd sg. φύω
   ἐσθλῶν: *from...*; gen. of source
39 **τί...προσθείμην**: *what more would I add?*;
   1st sg aor. potential opt. without ἄν
40 **λύουσα ἢ ἐφάπτουσα**: add 'knot,' as obj.
41 **σκόπει**: σκόπε-ε, sg. imper. ε-contract verb
42 **γνώμης**: partitive gen.; εἶ is 2nd sg. εἰμί
44 **ἦ γὰρ**: *truly in fact...?*; expresses surprise
   σφ(ε): *him*; acc. σφεῖς translated as singular
45 **ἦν...(ἐ)θέλῃς**: *if...*; possible 'even if,' ἐάν

3

ἀδελφόν· οὐ γὰρ δὴ προδοῦσ᾽ ἁλώσομαι.
Ἰσμ ὦ σχετλία, Κρέοντος ἀντειρηκότος;
Ἀντ ἀλλ᾽ οὐδὲν αὐτῷ τῶν ἐμῶν μ᾽ εἴργειν μέτα.
Ἰσμ οἴμοι. φρόνησον, ὦ κασιγνήτη, πατὴρ
       ὡς νῷν ἀπεχθὴς δυσκλεής τ᾽ ἀπώλετο,   50
       πρὸς αὐτοφώρων ἀμπλακημάτων διπλᾶς
       ὄψεις ἀράξας αὐτὸς αὐτουργῷ χερί.
       ἔπειτα μήτηρ καὶ γυνή, διπλοῦν ἔπος,
       πλεκταῖσιν ἀρτάναισι λωβᾶται βίον·
       τρίτον δ᾽ ἀδελφὼ δύο μίαν καθ᾽ ἡμέραν   55
       αὐτοκτονοῦντε τὼ ταλαιπώρω μόρον
       κοινὸν κατειργάσαντ᾽ ἐπαλλήλοιν χεροῖν.
       νῦν δ᾽ αὖ μόνα δὴ νὼ λελειμμένα σκόπει
       ὅσῳ κάκιστ᾽ ὀλούμεθ᾽, εἰ νόμου βίᾳ
       ψῆφον τυράννων ἢ κράτη παρέξιμεν.   60

ἀδελφός, ὁ: a brother, 6
ἁλίσκομαι: to be taken, be caught, 2
ἀμπλάκημα, -ατος τό: error, fault, offense, 1
ἀντι-λέγω: to speak against, deny, dispute, 1
ἀπ-εχθής, -ές: hated, hateful, 1
ἀπ-όλλυμι: to destroy, kill, ruin; mid. die 2
ἀράσσω: to strike, dash, beat, 2
ἀρτάνη, ἡ: a rope, noose, 1
αυτο-κτονέω: to kill one another, 1
αὐτό-φωρος, -ον: caught in the act, self-detected, 1
αὐτουργός, -ον: self-working, of a farmer, 1
βία, βιας, ἡ: violence, force, power, 3
βίος, ὁ: life, 6
δή: indeed, surely, really, certainly, just, 5
διπλοῦς, -ῆ, -οῦν: double, two-fold, 5
δύο: two, 5
δυσ-κλεής, -ές: imfamous, inglorious, 1
ἐν-νοέω: to have in mind, notice, consider, 1
ἐπ-άλληλος, -η, -ον: one after another, 1

ἔπ-ειτα: then, next, secondly, 5
ἔργω (εἴργω): shut up, shut in or out, bar, 1
ἡμέρα, ἡ: day (ἀμέρα) 5
κασιγνήτη, ἡ: sister, 2
κατ-εργάζομαι: to accomplish, achieve, 1
κράτος, -εος, τό: strength, power, 6
λείπω: to leave, forsake, abandon, 5
λωβάομαι: to mutilate, maltreat, outrage, 1
μετά: with (+gen.); after (+ acc.), 5
νῷν: we two (gen. dat. dual), 3
ὄψις, -εως, ἡ: sight, vision; eyes, 1
παρ-εξ-έρχομαι: to pass by, transgress, 1
πλεκτός, -ή, -όν: braided, twisted, 1
προ-δίδωμι: to betray, deliver; give before, 3
σκοπέω: to examine, consider, behold, 3
σχέτλιος, -η, -ον: unflinching, headstrong, 1
ταλαί-πωρος, -ον: suffering, wretched, 1
τρίτος, -η, -ον: the third; adv. τρίτον 1
τύραννος, ὁ: sovereign, tyrant, 5
ψῆφος, ἡ: pebble; a vote; a resolution, 2

46 οὐ γὰρ δὴ: for...certainly not
   προδοῦσ(α): nom. aor pple. προδίδωμι
   ἁλώσομαι: fut. ἁλίσκομαι
47 Κρέοντος ἀνειρηκότος: although...; gen.
   absolute, concessive in force; pf ἀντιλέγω
48 οὐδὲν: not at all; adv. acc. (inner acc.)
   αὐτῷ...μέτα: there is a share for him; =
   μέτ-εστι, impersonal + dat. interest
   τῶν ἐμῶν: from... ; gen. of separation
49 φρόνησον: aor. sg. imperative
50 ὡς...: how...; ὡς modifies both adjectives

   ἀπώλετο: died; aor. mid. ἀπόλλυμι
52 ἀράξας: nom. sg. aor. pple. ἀράσσω
54 πλεκταῖσιν ἀρτάναισι: with...; dat. means
55 ἀδελφὼ...: dual, just as the pples below
   μίαν καθ᾽ ἡμέραν: over...; distributive use
57 ἐπαλλήλοιν χεροῖν: dual dat. of means
58 λελειμμένα: dual pf. pass with νὼ 'us two'
   σκόπει: σκόπε-ε, sg. imper. ε-contract verb
59 ὅσῳ κάκιστα: by how much the worst; dat.
   degree of difference; adverb; fut. ὄλλυμι
   παρέξιμεν. fut., a fut. more vivid condition

4

ἀλλ᾽ ἐννοεῖν χρὴ τοῦτο μὲν γυναῖχ᾽ ὅτι
ἔφυμεν, ὡς πρὸς ἄνδρας οὐ μαχουμένα.
ἔπειτα δ᾽ οὕνεκ᾽ ἀρχόμεσθ᾽ ἐκ κρεισσόνων,
καὶ ταῦτ᾽ ἀκούειν κἄτι τῶνδ᾽ ἀλγίονα.
ἐγὼ μὲν οὖν αἰτοῦσα τοὺς ὑπὸ χθονὸς   65
ξύγγνοιαν ἴσχειν, ὡς βιάζομαι τάδε,
τοῖς ἐν τέλει βεβῶσι πείσομαι· τὸ γὰρ
περισσὰ πράσσειν οὐκ ἔχει νοῦν οὐδένα.
Ἀντ οὔτ᾽ ἂν κελεύσαιμ᾽ οὔτ᾽ ἄν, εἰ θέλοις ἔτι
πράσσειν, ἐμοῦ γ᾽ ἂν ἡδέως δρῴης μέτα.   70
ἀλλ᾽ ἴσθ᾽ ὁποῖά σοι δοκεῖ, κεῖνον δ᾽ ἐγὼ
θάψω· καλόν μοι τοῦτο ποιούσῃ θανεῖν.
φίλη μετ᾽ αὐτοῦ κείσομαι, φίλου μέτα,
ὅσια πανουργήσασ᾽. ἐπεὶ πλείων χρόνος
ὃν δεῖ μ᾽ ἀρέσκειν τοῖς κάτω τῶν ἐνθάδε.   75

αἰτέω: to ask, ask for, beg, 3
ἀκούω: to hear, listen to, 6
ἀλγίων, -ον: more painful or grievous, 1
ἀρέσκω: to be pleasing to, satisfy (dat.), 4
βαίνω: to walk, step, go, 6
βιάζω: do violence to, force, compel, 3
δεῖ: it is necessary, must, ought (+ inf.), 5
θάπτω: to bury, honor with funeral rites, 7
ἐν-νοέω: to have in mind, notice, consider, 1
ἐνθάδε: here, hither, there, thither, 3
ἔπ-ειτα: then, next, secondly, 5
ἡδέως: sweetly, pleasantly, gladly, 2
ἴσχω: to have, hold back, check, restrain, 4
κεῖμαι: to lie, lie down, 6
κελεύω: to bid, order, command, exhort, 2

κρείσσων, -ον: stronger, mighter, 2
μάχομαι: to fight, contend, quarrel, dispute, 1
μετά: with (+gen.); after (+ acc.), 5
νοῦς, ὁ: mind, thought, reason, attention, 5
ὁποῖος, -α, -ον: which, of what sort or kind 4
ὅσιος, -η, -ον: pious, holy, hallowed, 2
οὕνεκα: for the sake of, since, because (gen) 4
παν-ουργέω: commit a crime, act a villain 1
πείθω: to persuade, trust; mid. obey, 2
περισσός, -ή, -όν: needless, excessive, 2
πλέων, -οντος: more, greater, 7
ποιέω: to do, make, create, compose, 6
σύγ-γνοια: forgiveness; acknowledgment, 1
τέλος, -εος, τό: end, result; office; tribute 6

61 τοῦτο μὲν...ἔπειτα δ᾽: on the one hand...
'in this on the one hand,' acc. of respect
γυναῖ(κε): dual nom. pred. of aor. φύω
62 ὡς...μαχουμένα: on the grounds that they
do not fight...; 'since,' ὡς + pple indicates
alleged cause; pple is nom. pres. mid. dual
πρός: against...
63 οὕνεκα: that; 'the fact that,' parallel to ὅτι
ἀρχόμεσθ(α): 1st pl. dual (often identical to
1st pl.) pass.; -μεσθα is equiv. to Attic μεθα
ἐκ κρεισσόνων: by...; gen. of agent
64 ἀκούειν: so as to heed; 'obey' inf. of result
κἄτι: καὶ ἔτι; crasis
τῶνδε: than...; gen. of comparison
65 ἐγὼ μὲν οὖν: and so I on the one hand
τοὺς ὑπὸ χθονὸς: that those...; acc. subject

66 ὡς βιάζομαι: since...; passive
τάδε: acc. of respect
67 τοῖς...βεβῶσι: dat. pl. pf. pple βαίνω
ἐν τέλει: in office; i.e. in political office
πείσομαι: fut. πείθω
68 οὐκ...νοῦν οὐδένα: makes not any sense
69 ἂν κελευσαιμι: I would...; potential opt.
(ἐ)θέλοις...δρῴης: should...would; fut. less
vivid; pres. optatives ἐθέλω, δράω
70 ἐμοῦ γ᾽...μέτα: with me; emphatic γε
71 ἴσθ(ι): be...; imperative, εἰμί
72 καλόν (ἐστί): it is noble...; inf. θνήσκω
74 ὅσια: pious acts; acc. pl. obj. of aor. pple
πλείων χρόνος (ἐστί): add a linking verb
75 ὅν : during which (time); acc. duration
τῶν ἐνθάδε: than those here; comparison

5

ἐκεῖ γὰρ αἰεὶ κείσομαι· σοὶ δ' εἰ δοκεῖ,
τὰ τῶν θεῶν ἔντιμ' ἀτιμάσασ' ἔχε.
Ἰσμ ἐγὼ μὲν οὐκ ἄτιμα ποιοῦμαι, τὸ δὲ
βίᾳ πολιτῶν δρᾶν ἔφυν ἀμήχανος.
Ἀντ σὺ μὲν τάδ' ἂν προὔχοι· ἐγὼ δὲ δὴ τάφον   80
χώσουσ' ἀδελφῷ φιλτάτῳ πορεύσομαι.
Ἰσμ οἴμοι ταλαίνης, ὡς ὑπερδέδοικά σου.
Ἀντ μὴ 'μοῦ προτάρβει· τὸν σὸν ἐξόρθου πότμον.
Ἰσμ ἀλλ' οὖν προμηνύσῃς γε τοῦτο μηδενὶ
τοὔργον, κρυφῇ δὲ κεῦθε, σὺν δ' αὔτως ἐγώ.   85
Ἀντ οἴμοι, καταύδα· πολλὸν ἐχθίων ἔσει
σιγῶσ', ἐὰν μὴ πᾶσι κηρύξῃς τάδε.
Ἰσμ θερμὴν ἐπὶ ψυχροῖσι καρδίαν ἔχεις.
Ἀντ ἀλλ' οἶδ' ἀρέσκουσ' οἷς μάλισθ' ἀδεῖν με χρή.
Ἰσμ εἰ καὶ δυνήσει γ'· ἀλλ' ἀμηχάνων ἐρᾷς.   90

ἀ-μήχανος, -ον: without means; impossible 5
ἀ-τιμάζω: to dishonor, slight, disregard, 4
ἄ-τιμος, -ον: dishonored, disenfranchised, 2
ἀδελφός, ὁ: a brother, 6
ἀιεί: always, forever, in every case, 6
ἀνδάνω: to please, delight, gratify (dat), 2
ἀρέσκω: to please, satisfy, (dat.), 4
αὔτως: in the same manner, just, as it is, 1
βία, βιας, ἡ: violence, force, power, 3
δή: indeed, surely, really, certainly, just, 5
δύναμαι: to be able, can, be capable, 4
ἐάν: εἰ ἄν, if (+ subj.), 4
ἐκεῖ: there, in that place, 3
ἔν-τιμος, -ον: honored, in honor, 2
ἐξ-ορθόω: to set upright; straighten out, 1
ἐράω: to love, to be in love with (gen), 3
ἐχθίων, -ον: more hated or hateful, 1
θερμός, -ή, -όν: hot, warm; subst. heat, 2
καρδία, ἡ: the heart, 4

κατ-αυδάω: to speak out, speak plainly, 1
κεῖμαι: to lie, lie down, 6
κεύθω: to cover up, enclose; hide, conceal, 2
κηρύσσω: to be a herald, proclaim, 5
κρυφῇ: in secret, secretly, 3
μάλιστα: most of all; certainly, especially, 3
ποιέω: to do, make, create, compose, 6
πολίτης, ὁ: dweller of a city, citizen, 3
πορεύομαι: to travel, traverse; enter, 2
πότμος, ὁ: fate, lot, death, evil destiny, 5
προ-έχω: put forth (as pretext); excel in, 2
πρό-μηνύω: to denounce beforehand, 1
προ-ταρβέω: to be fearful for (gen), 1
σιγάω: to be silent, be still, hush, 1
ὑπερ-δείδω: to fear exceedingly for (gen), 1
φίλτατος, -η, -ον: dearest, most beloved, 2
χόω: to heap up, throw up, 2
ψυχρός, -ά, -όν: cold, chill, frigid, 2

---

77 τῶν θεῶν: i.e. by the gods; subjective gen.
   ἀτιμάσασ(α) ἔχε: keep dishonoring…!
78 ἄτιμα ποιοῦμαι: I consider (them)
   dishonored; i.e. the τὰ ἔντιμα
   τὸ…δρᾶν: in respect to acting; 'as for…'
   this articular inf. is an acc. of respect
79 βίᾳ πολιτῶν: with violence against the
   citizens…; dat. of manner, objective gen.
   ἔφυν: I am by nature; 1st sg. aor. φύω
80 ἂν προὔχοι(σο): you could put forth…(as
   a pretext); 2nd sg. mid. pres. potential opt.
82 ὡς: how…!

ὑπερδέδοικα: I am afraid; pf.
83 μὴ προτάρβει: προτάρβε-ε, sg. imper.
   ἐξόρθου: also imperative, ἐξόρθο-ε
84 ἀλλ' οὖν…γε: well, at any rate at least…
   προμηνύσῃς: you should not…to anyone;
   prohibitive subjunctive (μή + aor. subj.)
85 συν δ(ὲ κεύσω): with (you I will conceal it)
86 ἔσει,…ἐὰν…κηρύξῃς: future more vivid (εἰ
   ἂν + aor. subj., 2nd sg. fut. dep. εἰμί)
88 ἐπὶ ψυχροῖσι: for cold (deeds)
89 οἷς…ἀδεῖν: (those) whom; aor inf ἀνδάνω
90 εἰ..: yes, if you also have the power at least

6

Ἀντ οὐκοῦν, ὅταν δὴ μὴ σθένω, πεπαύσομαι.
Ἰσμ ἀρχὴν δὲ θηρᾶν οὐ πρέπει τἀμήχανα.
Ἀντ εἰ ταῦτα λέξεις, ἐχθαρεῖ μὲν ἐξ ἐμοῦ,
ἐχθρὰ δὲ τῷ θανόντι προσκείσει δίκῃ.
ἀλλ' ἔα με καὶ τὴν ἐξ ἐμοῦ δυσβουλίαν   95
παθεῖν τὸ δεινὸν τοῦτο· πείσομαι γὰρ οὐ
τοσοῦτον οὐδὲν ὥστε μὴ οὐ καλῶς θανεῖν.
Ἰσμ ἀλλ' εἰ δοκεῖ σοι, στεῖχε· τοῦτο δ' ἴσθ' ὅτι
ἄνους μὲν ἔρχει, τοῖς φίλοις δ' ὀρθῶς φίλη.

Χορ ἀκτὶς ἀελίου, τὸ κάλ-   100 στρ. α
-λιστον ἑπταπύλῳ φανὲν
Θήβᾳ τῶν προτέρων φάος,
ἐφάνθης ποτ', ὦ χρυσέας
ἀμέρας βλέφαρον, Διρκαί-
ων ὑπὲρ ῥεέθρων μολοῦσα,   105

ἀ-μήχανος, -ον: without means; impossible 5
ἄ-νους, -οῦν: senseless, silly, foolish, 3
ἀέλιος,, ὁ: the sun, (elsewhere, ἥλιος) 2
ἀκτίς, ἡ: ray, beam, 1
ἀρχή, ἡ: a beginning; rule, office, 4
βλέφαρον, τό: pl. eyelids, 3
δή: indeed, surely, really, certainly, just, 5
Διρκαῖος, -α, -ον: of Dirce, Dircean, 1
δυσ-βουλία, ἡ: ill counsel, poor advice, 2
ἐάω: to permit, allow, let be, suffer, 5
ἔμολον: go, come (aor. of βλώσκω,) 5
ἑπτά-πυλος, -ον: seven-gated, 2
ἐχθαίρω: to hate, detest, despise, 1
ἐχθρός, -ή, -όν: hated, hostile; enemy, 7
ἡμέρα, ἡ: day (ἀμέρα) 5
θάπτω: to bury, honor with funeral rites, 7
Θῆβαι, -ῶν, αἱ: Thebes (also in sg.), 9

θηράω: to hunt or chase, pursue, 2
ὀρθός, -ή, -όν: straight, upright, right, 9
ὅταν: ὅτε ἄν, whenever, 8
οὐκοῦν: well then, therefore, accordingly, 2
πάσχω: to suffer, experience, 7
παύω: to stop, make cease, 5
πρέπει: impers. it is fitting, it is suitable 1
πρόσ-κειμαι: lie out or exposed, be set out, 3
πρότερος, -α, -ον: before, in front; earlier, 1
ῥεῖθρον, τό: river, stream (ῥεέθρον) 3
σθένω: to be strong, have strength, 3
στείχω: to come or go, walk, proceed, 7
τοσοῦτος, -αύτη, -ο: so great, much, many 4
ὑπέρ: on behalf of (gen); over, beyond (acc) 5
φάος, τό: light, daylight, 3
χρύσεος, -η, -ον: golden, of gold, 2
ὥστε: so that, that, so as to, 7

---

91 ὅταν δὲ: at that very moment when…;
'exactly when,' general temporal clause
(ἄν + subj.); 1st sg. pres.
πεπαύσομαι: I will cease immediately; 'I
will have ceased,' fut. pf.
92 (τὴν) ἀρχὴν: to begin with; acc. of respect
θηρᾶν…τὰ ἀμήχανα: inf. θηράω
93 λέξεις: λέγω; emotional future more vivid
ἐχθαρε(σ)αι: 2nd sg. fut. pass. ἐχθαίρω
94 προσκείσε(σ)αι: you will be exposed; 2nd
sg. fut.; ἐχθρά is predicative: 'as an enemy'
δίκῃ: justly; 'with justice,' dat. of manner
95 ἔα με καὶ τὴν…: ἔα-ε, sg. imperative, ἐάω
96 παθεῖν: aor. inf. πάσχω

τὸ δεινὸν τοῦτο: this terrible thing
πείσομαι: fut. πάσχω
μὴ οὐ: instead of just μή after negative verb
98 τοῦτο….ὅτι: …this (namely) that…
ἴσθ(ι): imperative οἶδα
99 ἔρχε(σ)αι: 2nd sg. pres. mid. ἔρχομαι
100 ἀκτὶς: vocative, direct address
τὸ κάλλιστον…φάος: an appositive
101 ἑπταπύλῳ Θήβᾳ: to…; dat. ind. object
φανὲν: having appeared; aor. pass. pple
102 προτέρων: partitive + superlative καλός
103 ἐφάνθης: 2nd sg. aor. pass. dep., φαίνω
χρυσέας ἀμέρας: gen. sg., in Attic, ἡμέρας
105 μολοῦσα: aor. pple ἔμολον with ἀκτίς

7

τὸν λεύκασπιν Ἀργόθεν ἐκ-
βάντα φῶτα πανσαγίᾳ
φυγάδα πρόδρομον ὀξυτέρῳ
κινήσασα χαλινῷ·
ὃς ἐφ' ἡμετέρᾳ γᾷ Πολυνείκους   110
ἀρθεὶς νεικέων ἐξ ἀμφιλόγων
ὀξέα κλάζων
ἀετὸς εἰς γᾶν ὣς ὑπερέπτα,
λευκῆς χιόνος πτέρυγι στεγανός,
πολλῶν μεθ' ὅπλων   115
ξύν θ' ἱπποκόμοις κορύθεσσιν.
στὰς δ' ὑπὲρ μελάθρων φονώ-   ἀντ. α
σαισιν ἀμφιχανὼν κύκλῳ
λόγχαις ἑπτάπυλον στόμα
ἔβα, πρίν ποθ' ἁμετέρων   120

ἀετός, ὁ: eagle, (αἰετος) 2
αἴρω: to take up, lift, raise up, get up, 3
ἁμέτερος, -α, -ον: our, ours (ἡμέτερος 1) 2
ἀμφί-λογος, -ον: disputatious; disputed, 1
ἀμφι-χάσχω: to gape around, surround, 1
Ἀργό-θεν: from Argos, 1
βαίνω: to walk, step, go, 6
εἰς: into, to, in regard to (+ acc.), 28
ἐκ-βαίνω: step out, come from; turn out 1
ἑπτά-πυλος, -ον: seven-gated, 2
ἡμέτερος, -α, -ον: our, ours (ἁμέτερος 2) 1
ἱππό-κομος, -ον: decked with horse-hair, 2
ἵστημι: to make stand, set up, stop, establish 6
κινέω: set in motion, move; rouse, irritate, 3
κλάζω: to scream, 2
κόρυς, -υθος, ἡ: helmet, 2
κύκλος, ὁ: circle, ring; eyesocket 4
λεύκ-ασπις, -ιδος, ὁ, ἡ: white-shielded, 1
λευκός, -ή, -όν: white, bright, brilliant, 3

λόγχη, ἡ: spear(head), javelin(head), 2
μέλαθρον, τό: roof-beam; roof, house, 1
μετά: with (+gen.); after (+ acc.), 5
νεῖκος, -εος τό: quarrel, strife, taunt, abuse; 2
ὀξύς, -εῖα, -ύ: sharp, piercing, fierce, 4
ὅπλον, τό: arms; implement, tool, 1
παν-σαγία, ἡ: in full armor, 1
Πολυνείκης, -εος, ὁ: Polyneices, 5
πρό-δρομος, ον: headlong, running forth, 1
πτέρυξ, -υγος, ὁ: wing; bird, 1
στεγανός, -ή, -όν: covered, sheathed, 1
στόμα, -ατος, τό: the mouth; entrance, 3
ὑπερ-πέτομαι (aor. ἔπτην): fly over or past, 1
ὑπέρ: on behalf of (gen); over, beyond (acc) 5
φονάω: be thirsty for blood, be murderous, 1
φυγάς, -άδος, ὁ, ἡ: fugitive, banished man, 2
φώς, φωτός, ὁ: man, 2
χαλινός, ὁ: a bridle, bit, 2
χιών, χιόνος, ἡ: snow, 2

---

106 τὸν...φῶτα: acc. obj. of κινήσασα
  ἐκβάντα: acc. sg. aor. pple ἐκβαίνω
107 πανσαγίᾳ: dat. of manner
108 φυγάδα: as a exile; predicative acc.
  ὀξυτέρῳ...χαλινῷ: dat. of means;
  comparative degree of ὀξύς
109 κινήσασα: aor. pple modifies ἀκτὶς (100)
  πρόδρομον: i.e. in retreat
110 ὃς: he; 'this one,' demonstrative pronoun
  ἐφ': against...
  Πολυνείκους: subject. gen. with νεικέων
111 ἀρθεὶς: having taken up; i.e. attacked

nom. sg. aor. pass. deponent pple, αἴρω
  ἐξ: because of...
112 ὀξέα: sharply; 'sharp cries,' inner acc.
113 ἀετὸς...ὣς: just as an eagle...; simile
  ὑπερέπτα: 3ʳᵈ sg. aor. ὑπερ-πέτομαι
114 λευκῆς χιόνος: gen. of quality
103 ξύν: σύν
117 στὰς: nom. sg. aor. pple ἵστημι
  φονώσαισιν...λόγχαις: dat. pl. of means
118 κύκλῳ: in a circle; dat. of manner
120 ἔβα πρίν: he left before...; 3ʳᵈ sg. aor.
  βαίνω (Attic ἔβη)

8

Χορ αἱμάτων γένυσιν πλησθῆ-
      ναί τε καὶ στεφάνωμα πύργων
      πευκάενθ᾽ Ἥφαιστον ἑλεῖν.
      τοῖος ἀμφὶ νῶτ᾽ ἐτάθη
      πάταγος Ἄρεος, ἀντιπάλῳ   125
      δυσχείρωμα δράκοντος.
      Ζεὺς γὰρ μεγάλης γλώσσης κόμπους
      ὑπερεχθαίρει, καὶ σφας ἐσιδὼν
      πολλῷ ῥεύματι προσνισσομένους
      χρυσοῦ καναχῆς ὑπεροπλίαις,   130
      παλτῷ ῥιπτεῖ πυρὶ βαλβίδων
      ἐπ᾽ ἄκρων ἤδη
      νίκην ὁρμῶντ᾽ ἀλαλάξαι.
      ἀντιτύπᾳ δ᾽ ἐπὶ γᾷ πέσε τανταλωθεὶς   στρ. β
      πυρφόρος, ὃς τότε μαινομένᾳ ξὺν ὁρμᾷ   135

αἷμα, -ατος τό: blood, 3
ἄκρος, -η, -ον: topmost, excellent, 5
ἀλαλάζω: to cry out, shout ἀλαλαί, 1
ἀμφί: around, about, on both sides (dat, acc) 5
ἀντίπαλος ον: rival, one wrestling against, 1
ἀντί-τυπος, η, ον: resistent, rigid, repellent 1
Ἄρης, -εος, ὁ: Ares, god of bloody war, 4
βαλβίς, ῖδος, ἡ: goal; finishing-point (rope) 1
γένυς, -υος, ἡ: the under jaw, jaw, 1
γλῶσσα, ἡ: tongue, 6
δράκων, δράκοντος, ὁ: dragon, serpent, 2
δυσ-χείρωμα, τό: a thing hard to subdue, 1
εἰσ-οράω: to look upon, view, behold, 3
ἤδη: already, now, at this time, 4
Ἥφαιστος, ὁ: Hephaestus; fire 2
καναχή, ἡ: clang, ring, sharp sound, 1
κόμπος, ὁ: crash, noise, din, 1
μαίνομαι: to mad, rage, be furious, 4
νίκη, ἡ: victory in battle, 1
νῶτον, τό: back (of the body), 1
ὁρμάω: to set out, begin; set in motion, 3

ὁρμή, ἡ: assault, attack; push, onset, 1
παλτός, -ή, -όν: brandished, hurled, 1
πάταγος, ὁ: clatter, chatter, rattling, 1
πευκάεις, -εσσα, -εν: of pine, 1
πίμπλημι: to fill, fill full of (gen.) 2
προσ-νίσσομαι: to come to, approach, 1
πυρ-φόρος, ον: fire-bearing, torch-bearing, 1
πῦρ, -ος, τό: fire, 7
πύργος, ὁ: tower, turreted wall, 2
ῥεῦμα, -ατος, τό: flow, stream, current, 1
ῥιπτέω: to throw, cast, hurl, 1
στεφάνωμα, -ατος, τό: crown, 1
σφεῖς: they; as sg. him, her, it, 5
τανταλόομαι: to be balanced or swung, 1
τείνω: to stretch, extend, spread, direct, 4
τοῖος, -α, -ον: such, of such kind, such sort, 1
τότε: at that time, then, 6
ὑπερ-εχθαίρω: to hate exceedingly, 1
ὑπερ-οπλία, ἡ: arrogance/insolence in arms 1
χρυσός, ὁ: gold, 2

121 ἀμετέρων αἵματων: partitive gen. object
    of πλησθῆναι; Attic ἡμετέρων
    γένυσιν: in his...; dat. means or place where
    πλησθῆναι: he was filled of; πρὶν governs
    an inf., here aor. pass. inf. πίμπλημι
122 τε καὶ...ἐλεῖν: joins infs., aor. inf. αἱρέω
123 πευκάεντ(α) Ἥφαιστον: fire of pine-
    (torches); acc. subj.; 'fire' by metonymy
124 τοῖος...πάταγος Ἄρεος: such a clatter of
    battle; 'battle' or 'war' by metonomy
125 ἀντιπάλῳ...δράκοντος: for the rival of a

dragon; 'for one wrestling...' dat. interest
128 ἐσιδὼν: nom. sg. aor. pple εἰσοράω
129 πολλῷ ῥεύματι: in...; dat manner
130 ὑπεροπλίαις: with...; dat. of manner
131 ῥιπτεῖ...ὁρμῶντα: strikes the one setting
    out upon the highest goals; i.e. the walls
133 νίκην.: to cry 'victory'; inner acc., aor inf
134 πέσε τανταλωθεὶς: being swung, he fell;
    aor. πίπτω; nom. sg. aor pass. pple
135 ὁρμᾷ.: dat. sg., Attic ὁρμῃ

9

βακχεύων ἐπέπνει
ῥιπαῖς ἐχθίστων ἀνέμων.
εἶχε δ᾽ ἄλλᾳ τὰ μέν,
ἄλλα δ᾽ ἐπ᾽ ἄλλοις ἐπενώ-
μα στυφελίζων μέγας Ἄ-
ρης δεξιόσειρος.   140
ἑπτὰ λοχαγοὶ γὰρ ἐφ᾽ ἑπτὰ πύλαις
ταχθέντες ἴσοι πρὸς ἴσους ἔλιπον
Ζηνὶ τροπαίῳ πάγχαλκα τέλη,
πλὴν τοῖν στυγεροῖν, ὣ πατρὸς ἑνὸς
μητρός τε μιᾶς φύντε καθ᾽ αὑτοῖν   145
δικρατεῖς λόγχας στήσαντ᾽ ἔχετον
κοινοῦ θανάτου μέρος ἄμφω.
ἀλλὰ γὰρ ἁ μεγαλώνυμος ἦλθε Νίκα   ἀντ. β
τᾷ πολυαρμάτῳ ἀντιχαρεῖσα Θήβᾳ,
ἐκ μὲν δὴ πολέμων   150

ἄμφω: both (dual), 2
ἄνεμος, ὁ: wind, 2
ἀντι-χαίρω: to rejoice in response to (dat), 1
Ἄρης, -εος, ὁ: Ares, god of bloody war, 4
αὐτοῦ (ἑαυτοῦ), -ῆς, -οῦ: himself, her-, it- 7
βακχεύω: to rage, be in a frenzy, 1
δεξιό-σειρος, -η, -ον: spirited, impetuous, 1
δι-κρατής, -ές: double-slaying, -powerful, 1
ἐπι-νωμάω: to distribute, dispense, 1
ἐπι-πνέω: to blow upon; breathe over, 1
ἑπτά: seven, 2
ἔχθιστος, -η, -ον: most hated, hostile, 1
θάνατος, ὁ: death, 2
ἵστημι: to make stand, set up, stop, establish 6
λείπω: to leave, forsake, abandon, 5
λόγχη, ἡ: spear(head), javelin(head), 2

λοχαγός, ὁ: leader of armed band, captain, 1
μεγαλ-ώνυμος, -ον: great-named, 1
μέρος, -εος, τό: a part, share, portion, 3
Νίκη, ἡ: Victory, Nike, 1
πάγ-χαλκος, -ον: all-bronze (arms, armor), 1
πλήν: except, but (+ gen.), 3
πόλεμος, ὁ: battle, fight, war, 1
πολυ-άρματος, -ον: with many chariots, 1
πύλη, ἡ: gate, gates, 4
ῥιπή, ἡ: force, rush, impulse, 2
στυγερός, -ή, -όν: wretched; hateful, hated 1
στυφελίζω: smite, strike hard, drive away, 1
τάσσω: to arrange, put in order, 2
τέλος, -εος, τό: end, result; office; tribute 6
τροπαῖος, -α, -ον: turning the battle, 1

136 ῥιπαῖς: dat. of means
137 εἶχε δ᾽ἄλλᾳ τὰ μὲν: *but things went otherwise*; 'in another (way),' impf. ἔχω, dat. of manner
139 ἄλλα δ᾽ ἐπ᾽ ἄλλοις: *some things upon some, other things upon others*; the juxta-position of ἄλλος is distributive in force
ἐπενώμα: ἐπ-ενώμα-ε, 3rd sg. impf.
140 δεξιόσειρος: according to Jebb, this word refers to the spirited right-hand horse which drives on the entire team of chariot-horses
142 ταχθέντες: aor. pass. pple, τάσσω
ἐφ᾽: *on*...
ἴσοι πρὸς ἴσους: *equal against equal*; i.e.

seven against seven gates
143 ἔλιπον: aor. λείπω
Ζηνὶ τροπαίῳ: *for*...; dat. interest, Zeus
τέλη: *tributes*; i.e. offerings, acc. τέλε-α
144 τοῖν στυγεροῖν: dual genitive
ὣ: *who*...; dual. nom. relative pronoun
145 φύντε: *being born*; dual nom. φύω
καθ᾽αὑτοῖν: *against one another*; κατ(ὰ) ἑαυτοῖν; dual gen.
146 στήσαντ(ε): *having set*; dual aor. ἵστημι
ἔχετον: dual governs the acc. that follows
148 ἀλλὰ γάρ: *but because*...
149 ἀντιχαρεῖσα: nom. aor. deponent pple
150 ἐκ..νῦν: *from the recent wars*; i.e. 'after'

10

τῶν νῦν θέσθαι λησμοσύναν,
θεῶν δὲ ναοὺς χοροῖς
παννυχίοις πάντας ἐπέλ-
θωμεν, ὁ Θήβας δ' ἐλελί-
χθων Βάκχιος ἄρχοι.
ἀλλ' ὅδε γὰρ δὴ βασιλεὺς χώρας,   155
Κρέων ὁ Μενοικέως ἄρχων νεοχμὸς
νεαραῖσι θεῶν ἐπὶ συντυχίαις
χωρεῖ, τίνα δὴ μῆτιν ἐρέσσων,
ὅτι σύγκλητον τήνδε γερόντων
προὔθετο λέσχην,   160
κοινῷ κηρύγματι πέμψας;
Κρέ ἄνδρες, τὰ μὲν δὴ πόλεος ἀσφαλῶς θεοὶ
πολλῷ σάλῳ σείσαντες ὤρθωσαν πάλιν.
ὑμᾶς δ' ἐγὼ πομποῖσιν ἐκ πάντων δίχα
ἔστειλ' ἱκέσθαι τοῦτο μὲν τὰ Λαΐου   165

ἀ-σφαλής, -ές: not liable to fall, safe, secure 2
ἄρχων, -οντος, ὁ: ruler, commander, chief, 1
Βάκχιος, ὁ: Bacchus, Dionysus, 1
βασιλεύς, ὁ: a king, chief, 3
γέρων, -όντος, ὁ: old man, 2
δίχα: in two, apart, asunder, 1
ἐλελίχθων, -ον: earth-shaking, 1
ἐπ-έρχομαι: come to, approach, assault, 2
ἐρέσσω: to put into motion, row, ply, 1
ἱκνέομαι: to come to, attain, reach, 3
κήρυγμα, -ατος τό: proclamation, mandate 3
Λάϊος, ὁ: Laius, 1
λέσχη, ἡ: council council-hall,; lounge, 1
λησμοσύνη, ἡ: forgetfulness, 1
Μενοικεύς, -έως, ὁ: Menoeceus, 3
μῆτις, ἡ: counsel, plan, cunning, skill, 1
ναός, τό: temple, shrine, 2

νεαρός, -α, -ον: young, youthful, 1
νεοχμός, -όν: new, 1
ὀρθόω: to set straight, set upright, 4
πάλιν: again, once more; back, backwards, 2
παν-νύχιος, -ον: all night long or through, 1
πέμπω: to send, conduct, convey, dispatch, 2
πομπός, ὁ: escort, guide, messenger, 1
προ-τίθημι: to propose, set forth, 4
σάλος, ὁ: tossing, rolling; swell (of waves), 1
σείω: shake, move back and forth, agitate, 4
στέλλω: to send, set forth; arrange, 1
σύγ-κλητος όν: called together, summoned 1
συν-τυχία, ἡ: circumstance; incident, event, 1
τίθημι: to set, put, place, arrange, 6
χορός, ὁ: a dance, chorus, 1
χωρέω: to go, come; have room for, 4
χώρα, ἡ: land, region, area, place, 2

151 θέσθαι: *let us make (for ourselves)*;
   inf. as imperative, aor. mid. τίθημι
153 ἐπέλθωμεν: *let us…*; hortatory aor. subj.
   Θήβας: *(land) of Thebes*; objective gen.
   object of pple ἐλελίχθων
154 ἄρχοι: *may…lead!*; i.e the dance,
   optative of wish
155 ὅδε…δὴ: *right here*; 'exactly this one,' as
   if the chrous points as Creon approaches
   χώρας: gen. sg.
156 ὁ Μενοικέως: *the (son) of Menoecus*
157 νεαραῖσι…ἐπὶ συντυχίαις: *in new
   circumstances*

158 τίνα δὴ μῆτιν: *exactly what counsel…*
159 ὅτι…προὔθετο: *(namely) that…*; aor.
   mid. προτίθημι, in apposition to μῆτιν
161 κοινῷ κηρύγματι: *with a common
   mandate*; dat. of means
   πέμψας: nom. sg. aor. pple. πέμπτω
162 ἄνδρες: vocative, direct address
   τὰ μὲν…πόλεος: *the affairs fo the city*
   δὴ: *now*; temporal
163 ὤρθωσαν: 3rd pl. aor. ὀρθόω
164 ἐκ πάντων δίχα: *apart from all others*
165 τοῦτο μὲν: *as for this on the one hand*
   'in respect to this….' acc. of respect

11

σέβοντας εἰδὼς εὖ θρόνων ἀεὶ κράτη,
τοῦτ' αὖθις, ἡνίκ' Οἰδίπους ὤρθου πόλιν,
κἀπεὶ διώλετ', ἀμφὶ τοὺς κείνων ἔτι
παῖδας μένοντας ἐμπέδοις φρονήμασιν.
ὅτ' οὖν ἐκεῖνοι πρὸς διπλῆς μοίρας μίαν   170
καθ' ἡμέραν ὤλοντο παίσαντές τε καὶ
πληγέντες αὐτόχειρι σὺν μιάσματι,
ἐγὼ κράτη δὴ πάντα καὶ θρόνους ἔχω
γένους κατ' ἀγχιστεῖα τῶν ὀλωλότων.
ἀμήχανον δὲ παντὸς ἀνδρὸς ἐκμαθεῖν   175
ψυχήν τε καὶ φρόνημα καὶ γνώμην, πρὶν ἂν
ἀρχαῖς τε καὶ νόμοισιν ἐντριβὴς φανῇ.
ἐμοὶ γὰρ ὅστις πᾶσαν εὐθύνων πόλιν
μὴ τῶν ἀρίστων ἅπτεται βουλευμάτων
ἀλλ' ἐκ φόβου του γλῶσσαν ἐγκλῄσας ἔχει   180

ἀ-μήχανος, -ον: without means; impossible 5
ἀγχιστεία, τά: kinship; right of kinship, 1
ἀεί: always, forever, in every case, 6
ἀμφί: around, about, on both sides (dat, acc) 5
ἅπτω: to fasten, join; mid. touch, grasp, 1
ἄριστος, -η, -ον: best, most excellent, 3
ἀρχή, ἡ: a beginning; rule, office, 4
αὖθις: back again, later, 5
αὐτό-χειρ, -ος, ὁ, ἡ: with one's own hand, 5
βούλευμα, -ατος, τό: purpose, plan, design 2
γένος, -εος, ὁ: offspring, tribe, stock, race, 7
γλῶσσα, ἡ: tongue, 6
δι-όλλυμι: to destroy utterly, kill; mid. die 2
διπλοῦς, -ῆ, -οῦν: double, two-fold, 5
ἐγ-κλείω: to shut in, enclose, 2
ἐκ-μανθάνω: to learn well or thoroughly, 1
ἔμ-πεδος, -ον: steadfast, (standing) firm, 1

ἐν-τριβής, -ές: versed in, well-worn in, 1
εὐθύνω: to steer straight, straighten, 2
ἡμέρα, ἡ: day (ἀμέρα) 5
ἡνίκα: at which time, when, since, 1
θρόνος, ὁ: chair, seat, 4
κράτος, -εος, τό: strength, power, 6
μένω: to stay, remain, 4
μίασμα, -ατος, τό: pollution, defilement, 3
μοῖρα, ἡ: lot, fate, share; portion, 2
Οἰδίπους, ὁ: Oedipus, Antigone's father, 6
ὀρθόω: to set straight, set upright, 4
ὅτε: when, at some time, 2
παίω: to strike, beat, dash, smite, 4
πλήσσω: to strike, beat, 2
φόβος, ὁ: fear, terror, panic, 4
φρόνημα, τό: thought, purpose, resolve, 6

166 σέβοντας: modifies ὑμᾶς above
  εἰδὼς: nom. sg. pf. pple οἶδα
  κράτη: κράτε-α, neuter acc. pl.
167 τοῦτο αὖθις: again as for this; i.e. 'on
  the other hand' acc. respect, a reply to 165
  ὤρθου: ὤρθο-ε; 3rd sg. impf. ὀρθόω
168 κἀπεὶ: καὶ ἐπεί
  διώλετ(ο): aor. mid. διόλλυμι
  ἀμφί...μένοντας: remaining around...;
  modifies ὑμᾶς; τοὺς παῖδας is the obj.
  κείνων: of those; Oedipus and Laius
170 ὅτ(ε): since
  πρὸς : from....; 'from the side of...'

171 μίαν καθ' ἡμέραν: over a single day
  ὤλοντο: aor. mid. ὄλλυμι
172 πληγέντες: aor. pass. pple πλήσσω
173 κράτη: κράτε-α, neuter acc. pl.
  δὴ: now; temporal
174 ὀλωλότων: pf. act. pple ὄλλυμι
175 ἀμήχανον (ἐστί): (it is) impossible
176 πρὶν ἂν...φανῇ: until...; ἂν + 3rd sg. aor.
  subj. φαίνω; general temporal clause
179 ἅπτεται: lay hold of + partitive gen.
180 του: some; gen. sg. τινός
  ἐγκλῄσας ἔχει: periphrastic pf. (aor. pple
  ἐγκλείω + ἔχω)

12

κάκιστος εἶναι νῦν τε καὶ πάλαι δοκεῖ·
καὶ μεῖζον ὅστις ἀντὶ τῆς αὑτοῦ πάτρας
φίλον νομίζει, τοῦτον οὐδαμοῦ λέγω.
ἐγὼ γάρ, ἴστω Ζεὺς ὁ πάνθ' ὁρῶν ἀεί,
οὔτ' ἂν σιωπήσαιμι τὴν ἄτην ὁρῶν   185
στείχουσαν ἀστοῖς ἀντὶ τῆς σωτηρίας,
οὔτ' ἂν φίλον ποτ' ἄνδρα δυσμενῆ χθονὸς
θείμην ἐμαυτῷ, τοῦτο γιγνώσκων ὅτι
ἥδ' ἐστὶν ἡ σῴζουσα καὶ ταύτης ἔπι
πλέοντες ὀρθῆς τοὺς φίλους ποιούμεθα.   190
τοιοῖσδ' ἐγὼ νόμοισι τήνδ' αὔξω πόλιν,
καὶ νῦν ἀδελφὰ τῶνδε κηρύξας ἔχω
ἀστοῖσι παίδων τῶν ἀπ' Οἰδίπου πέρι·
Ἐτεοκλέα μέν, ὃς πόλεως ὑπερμαχῶν
ὄλωλε τῆσδε, πάντ' ἀριστεύσας δόρει,   195

ἀδελφός, ή, όν: akin to, related to, sibling to, 1
ἀεί: always, forever, in every case, 6
ἀντί: instead of, in place of (+ gen.), 4
ἀριστεύω: to be the best, be the noblest, 1
ἀστός, -ή, -όν: townsman, citizen, 4
αὐξάνω: to increase, augment, 1
αὑτοῦ (ἑαυτοῦ), -ῆς, -οῦ: himself, her-, it- 7
γιγνώσκω: to come to know, learn, realize, 6
δόρυ, δορ(ατ)ός, τό: spear, tree, stem 3
δυσ-μενής -ές: ill-willed, ill-minded, hostile 2
ἐμαυτοῦ, -ῆς, -οῦ: myself, 6
Ἐτεοκέης, -εος, ὁ: Eteocles, 2
κηρύσσω: to be a herald, proclaim, 5
μείζων, -ον: greater, bigger, better (μέγας) 7

νομίζω: believe, consider, deem, hold, 2
Οἰδίπους, ὁ: Oedipus, Antigone's father, 6
οὐδαμοῦ: nowhere, 1
παῖς, παιδός, ὁ, ἡ: child, boy, girl; slave, 31
πάλαι: long ago, long, all along, 5
πατρή, ἡ: fatherland, native land, 1
περί: around, about, concerning, 6
ποιέω: to do, make, create, compose, 6
σιωπάω: to keep silence, be silent, 1
στείχω: to come or go, walk, proceed, 7
σωτηρία, ἡ: salvation; safety, security, 2
τίθημι: to set, put, place, arrange, 6
τοιόσδε, -άδε, -όνδε: such, this (here) sort, 7
ὑπερ-μαχέω: to fight for or on behalf of, 1

181 κάκιστος....ὅστις..νομίζει: *whoever...*;
   a long relative clause, antecedent τοῦτον
   κάκιστος: predicate governed by inf. εἰμί
   πάλαι δοκεῖ: *has seemed for a long time*;
   πάλαι suggests pres. perfect
182 μεῖζον...φίλον: *a friend more important*;
   μεῖζον is an masc. sg. acc. predicate in a
   double acc. construction
   αὑτοῦ: reflexive ἑαυτοῦ
183 τοῦτο (εἶναι) οὐδαμοῦ: *that...*; ind. disc.
184 ἴστω: *let...*; 3rd sg. imperative
185 ἂν σιωπήσαιμι...ἂν...θείμην: *I would
   not...*; both potential aor. opt.; nom. sg.
   pple ὁράω is conditional in sense
186 ἀστοῖς: *for...*; dat. of interest
187 ἂν θείμην: *I would not make* (acc) (acc);
   aor. mid. τίθημι; governs a double acc.

188 ὅτι: *(namely) that*; apposition to τοῦτο
189 ἥδ(ε): *this here (polis)*
   ἡ σῴζουσα: *the one bearing (us) safely*;
   'the one saving (us),' pple σῴζω
190 ταύτης ἔπι...ὀρθῆς: *on this straight
   (course)*; ἐπὶ ταύτης ὀρθῆς ; ἐπί may
   governs a gen. of motion towards
   πλέοντες: pple πλέω
191 αὔξω: 1st sg. fut. αὐξάνω
192 ἀδελφὰ τῶνδε: *related to these things*;
   or 'akin to these,' lit. 'siblings of these'
193 παίδων...πέρι: περὶ παίδων, anastrophe
194 Ἐτεοκλέα μέν...κρύψαι: *(namely) that
   they...Eteocles...*; acc. object in ind. disc.
195 ὄλωλε: pf. ὄλλυμι
   πάντα: *in all things*; acc. respect
   δόρει: *in the spear*; dat. respect or means

τάφῳ τε κρύψαι καὶ τὰ πάντ' ἀφαγνίσαι
ἃ τοῖς ἀρίστοις ἔρχεται κάτω νεκροῖς.
τὸν δ' αὖ ξύναιμον τοῦδε, Πολυνείκη λέγω,
ὃς γῆν πατρῴαν καὶ θεοὺς τοὺς ἐγγενεῖς
φυγὰς κατελθὼν ἠθέλησε μὲν πυρὶ   200
πρῆσαι κατ' ἄκρας, ἠθέλησε δ' αἵματος
κοινοῦ πάσασθαι, τοὺς δὲ δουλώσας ἄγειν,
τοῦτον πόλει τῇδ' ἐκκεκήρυκται τάφῳ
μήτε κτερίζειν μήτε κωκῦσαί τινα,
ἐὰν δ' ἄθαπτον καὶ πρὸς οἰωνῶν δέμας   205
καὶ πρὸς κυνῶν ἐδεστὸν αἰκισθέν τ' ἰδεῖν.
τοιόνδ' ἐμὸν φρόνημα, κοὔποτ' ἔκ γ' ἐμοῦ
τιμὴν προέξουσ' οἱ κακοὶ τῶν ἐνδίκων·
ἀλλ' ὅστις εὔνους τῇδε τῇ πόλει, θανὼν
καὶ ζῶν ὁμοίως ἐξ ἐμοῦ τιμήσεται.   210

ἄ-θαπτος, -ον: unburied, 3
αἰκίζω: to maltreat, spoil, plague, torment, 2
αἷμα, -ατος τό: blood, 3
ἄκρος, -η, -ον: topmost, excellent, 5
ἄριστος, -η, -ον: best, most excellent, 3
ἀφαγνίζω: to consecrate, purify, 1
δέμας, τό: bodily frame, body, build, 3
δουλόω: to enslave, make a slave, 1
ἐάω: to permit, allow, let be, suffer, 5
ἐγ-γενής, -ές: innate, of one's family, 2
ἐδεστός, -ή, -όν: eatable, eaten, consumable 1
ἐκ-κηρύσσω: to proclaim by herald, 2
ἔν-δικος, -ον: just, right, legitimate, 1
εὔ-νους, -ουν: good-willed, kind, friendly, 1
κατ-έρχομαι: to return; descend, 3
κρύπτω: to hide, cover, conceal, 6
κτερίζω: bury with honors (κτερείζω), 1
κύων, κυνός, ὁ, ἡ: dog, 5

κωκύω: to shriek, wail, cry, 3
οἰωνός, ὁ: large bird, bird of prey, 6
ὅμοιος, -η, -ον: like, similar; adv likewise, 3
οὔ-ποτε: not ever, never, 2
πατέομαι: to eat, partake of, enjoy, 2
πατρῷος, η, -ον: of one's father, ancestral 7
Πολυνείκης, -εος, ὁ: Polyneices, 5
πρήθω: to burn; blow up, spout, 1
προ-έχω: put forth (as pretext); excel in, 2
πῦρ, -ος, τό: fire, 7
σύν-αιμος, -ον: of common blood, kindred, 4
τῇδε: here; in this way, thus, 3
τιμάω: to honour, value, esteem, 7
τιμή, ἡ: honor, 3
τοιόσδε, -άδε, -όνδε: such, this (here) sort, 7
φρόνημα, τό: thought, purpose, resolve, 6
φυγάς, -άδος, ὁ, ἡ: fugitive, banished man, 2

---

196 τάφῳ: dat. of means
  κρύψαι...ἀφαγνίσαι: that (they) ....; aor.
  infs., Ἐτεοκλέα is the acc. object
  τὰ πάντ(α)...ἃ: all the (offerings) which;
  the notion of rites or offerings is implied in
  the relative clause
197 τοῖς ἀρίστοις...νεκροῖς: comes to the
  noblest dead below; dat. of interest
198 Πολυνείκη: Πολυνείκε-α, 3rd decl. acc.
  λέγω: I mean
199 κατελθὼν: aor. pple καθέρχομαι
200 ἠθέλησε: aor. ἐθέλω
201 πρῆσαι: aor. inf. πρήθω + dat. means

κατὰ ἄκρας: down from the top; gen., i.e.
  from top to bottom
202 κοινοῦ: i.e. kin, of shared kin.
  πάσαθαι: aor. πατέομαι + partitive gen.
  τοὺς δὲ...ἄγειν: to lead away some (kin);
203 πόλει τῇδε: to this city; dat. ind. object
  ἐκεκήρυκται: it has been proclaimed
205 ἐᾶν: but to let it be; inf. ἐάω
  πρὸς: by...; gen. of agent
206 αἰκισθέν: aor. pass. pple αἰκίζω
  ἰδεῖν: explanatory aor. inf. ὁράω
208 προέξουσι: will excel in (acc) over (gen)
209 θανὼν, ζῶν: aor., pres. pple, θνῄσκω

14

Χορ σοὶ ταῦτ᾽ ἀρέσκει, παῖ Μενοικέως Κρέον,
τὸν τῇδε δύσνουν κἀς τὸν εὐμενῆ πόλει·
νόμῳ δὲ χρῆσθαι παντί που πάρεστί σοι
καὶ τῶν θανόντων χὠπόσοι ζῶμεν πέρι.
Κρέ ὡς ἂν σκοποὶ νῦν εἶτε τῶν εἰρημένων. 215
Χορ νεωτέρῳ τῳ τοῦτο βαστάζειν πρόθες.
Κρέ ἀλλ᾽ εἶσ᾽ ἕτοιμοι τοῦ νεκροῦ γ᾽ ἐπίσκοποι.
Χορ τί δῆτ᾽ ἂν ἄλλο τοῦτ᾽ ἐπεντέλλοις ἔτι;
Κρέ τὸ μὴ 'πιχωρεῖν τοῖς ἀπιστοῦσιν τάδε.
Χορ οὐκ ἔστιν οὕτω μῶρος ὃς θανεῖν ἐρᾷ. 220
Κρέ καὶ μὴν ὁ μισθός γ᾽, οὗτος· ἀλλ᾽ ὑπ᾽ ἐλπίδων
ἄνδρας τὸ κέρδος πολλάκις διώλεσεν.
Φύλ ἄναξ, ἐρῶ μὲν οὐχ ὅπως τάχους ὕπο
δύσπνους ἱκάνω κοῦφον ἐξάρας πόδα.
πολλὰς γὰρ ἔσχον φροντίδων ἐπιστάσεις, 225

ἀ-πιστέω: disbelieve, disobey, distrust +dat 3
ἀρέσκω: to please, satisfy, (dat.), 4
βαστάζω: to raise, lift up, bear, carry, 1
δῆτα: certainly, to be sure, of course, 7
δι-όλλυμι: to destroy utterly, kill, 2
δύσ-νους, -ουν: ill-willed, ill-disposed, 1
δύσ-πνους, -ουν: breathless; contrary wind, 2
ἐξ-αίρω: to lift up, life off (the ground), 1
ἐπ-εν-τέλλω: to command in addition, 1
ἐπί-σκοπος, ὁ: overseer, look-out, 2
ἐπι-χωρέω: to give way, yield; go against, 1
ἐπίστασις, ἡ: a stopping, stop, halting, halt, 1
ἐράω: to love, to be in love with, 3
ἐρέω: I will say or speak, 4
ἕτοιμος, -η, -ον: ready, prepared, at hand, 2
εὐ-μενής, -ές: good-willed, kind, 2
ἱκάνω: to approach, come, arrive, reach, 1
κοῦφος, -η, -ον: light, agile, 1

Μενοικεύς, -έως, ὁ: Menoeceus, 3
μήν: truly, surely, 7
μισθός, ὁ: wages, pay, hire, 3
μῶρος, -α, -ον: foolish, stupid, sluggish, 3
ὅμως: nevertheless, however, yet, 2
ὁπόσος, -α, -ον: how much, many, or great, 1
παῖς, παιδός, ὁ, ἡ: child, boy, girl; slave, 31
περί: around, about, concerning, 6
πολλάκις: many times, often, frequently, 1
που: anywhere, somewhere; I suppose, 4
πούς, ποδός, ὁ: a foot; a (sheet) of sail, 5
προ-τίθημι: to propose, set forth, 4
σκοπός, ὁ: watchman, scout; mark, aim, 2
τάχος, τό: speed, swiftness, 1
τῇδε: here; in this way, thus, 3
φροντίς, -ιδός, ἡ: deliberation, thought, 1
χράομαι: to use, employ, possess (+ dat.), 1

211 ταῦτ(α): neut. pl. subject of 3rd sg. verb
παῖ...Κρέον: vocative, direct address
212 κἀς: καὶ εἰς; εἰς, 'toward' governs both
accusatives; καί joins the accusatives
τῇδε πόλει: dat. interest
214 τῶν θανόντων: θνήσκω, object of περί
χὠπόσοι: καὶ (ἡμῶν) ὁπόσοι; a relative
clause, the lost antecedent is obj. of περί
215 ὡς: (consider) how...
ἂν...εἶτε: you could be; potential opt. εἰμί
τῶν εἰρημένων: pf. pass. pple λέγω (ερ)
216 νεωτέρῳ: comparative, νέος
τῳ: a, some; indefinite τινι

πρόθες: sg. aor. imperative προ-τίθημι
217 εἶσ(ιν): 3rd pl. pres. εἰμί
218 τί δῆτα: what then...; δῆτα is inferential
ἂν...ἐπεντέλλοις: would...; potential opt.
219 τὸ...ἐπιχωρεῖν: not to...; articular inf.
220 οὐκ ἔστιν: there is not (anyone)
221 καὶ μὴν...γὲ: and indeed this is the cost
ὑπὸ ἐλπίδων: because of...; gen. of cause
222 διώλεσεν: gnomic aor. διόλλυμι
223 ἐρῶ...ὅπως: I will not say how; ἐρέω
τάχους ὕπο: because of...; ὑπὸ τάχους
224 ἐξάρας: nom. sg. aor. pple. ἐξαίρω
225 ἔσχον: 1st sg. aor. ἔχω

ὁδοῖς κυκλῶν ἐμαυτὸν εἰς ἀναστροφήν·
ψυχὴ γὰρ ηὔδα πολλά μοι μυθουμένη·
τάλας, τί χωρεῖς οἷ μολὼν δώσεις δίκην;
τλήμων, μενεῖς αὖ; κεἰ τάδ᾽ εἴσεται Κρέων
ἄλλου παρ᾽ ἀνδρός, πῶς σὺ δῆτ᾽ οὐκ ἀλγύνει;   230
τοιαῦθ᾽ ἑλίσσων ἤνυτον σχολῇ βραδύς.
χοὔτως ὁδὸς βραχεῖα γίγνεται μακρά.
τέλος γε μέντοι δεῦρ᾽ ἐνίκησεν μολεῖν
σοί. κεἰ τὸ μηδὲν ἐξερῶ, φράσω δ᾽ ὅμως·
τῆς ἐλπίδος γὰρ ἔρχομαι δεδραγμένος,   235
τὸ μὴ παθεῖν ἂν ἄλλο πλὴν τὸ μόρσιμον.

Κρέ τί δ᾽ ἐστὶν ἀνθ᾽ οὗ τήνδ᾽ ἔχεις ἀθυμίαν;
Φύλ φράσαι θέλω σοι πρῶτα τἀμαυτοῦ· τὸ γὰρ
πρᾶγμ᾽ οὔτ᾽ ἔδρασ᾽ οὔτ᾽ εἶδον ὅστις ἦν ὁ δρῶν,
οὐδ᾽ ἂν δικαίως ἐς κακὸν πέσοιμί τι.   240

ἀ-θυμία, ἡ: fainthearted, disheartened, 1
ἀλγύνω: to pain, distress, grieve, 2
ἀνα-στροφή, ἡ: overturning; return 1
ἀντί: instead of, in place of (+ gen.), 4
ἀνύω, ἀνύτω: reach, accomplish, complete 4
αὐδάω: to call out, address, speak, 2
βλώσκω: to go, come, (aor. μολ-), 5
βραδύς, -εῖα, -ύ: slow, 1
βραχύς, -έα, -ύ: short, brief, 2
γίγνομαι: to come to be, become, be born, 6
δεῦρο: here, to this point, hither, 4
δῆτα: certainly, to be sure, of course, 7
δίδωμι: to give, offer, grant, provide, 6
δράσσομαι: to grasp, lay hold of (gen) 1
ἑλίσσω: to wind or turn around, revolve, 1
ἐμαυτοῦ, -ῆς, -οῦ: myself, 6
ἔμολον: go, come (aor. of βλώσκω,) 5
ἐξ-ερέω: I will say or speak out, utter aloud, 2
κυκλέω: to wheel about, circle, 1

μακρός, -ή, -όν: long, far, distant, large, 4
μέντοι: however, nevertheless; certainly, 7
μένω: to stay, remain, 4
μόρσιμον, τό: destiny, fate; doom, 1
μυθέομαι: to say, speak of, mention, declare 1
νικάω: to conquer, defeat, win, 3
ὁδός, ἡ: road, way, path, journey, 7
οἷ: whither, to where, 1
ὅμως: nevertheless, however, yet, 2
πάσχω: to suffer, experience, 7
πλήν: except, but (+ gen.), 3
πρᾶγμα, -ματος, τό: action, deed, matter 6
πρῶτος, -η, -ον: first, earliest, 4
πῶς: how? in what way? 5
σχολή, ἡ: leisure, ease, free time, 4
τέλος, -εος, τό: end, result; office; tribute 6
τλήμων, ὁ ἡ: wretched, suffering, enduring 2
φράζω: to point out, tell, indicate, 5
χωρέω: to go, come; have room for, 4

225 ὁδοῖς: dat. place where
226 ηὔδα: ηὔδα-ε, 3rd sg. impf. αὐδάω
  πολλά: *many things*; acc. dir. object
227 τί: *why*
  οἷ: *to where*; relative adv. with pple
  μολών: aor. pple ἔμολον
  δώσεις: i.e. pay a penalty; fut. δίδωμι
229 μενεῖς: μενέεις, fut. μένω
  κεἰ: καὶ εἰ
  εἴσεται: fut. deponent. οἶδα
230 ἀλγύνει: ἀλγύνε(σ)αι; 2nd sg. passive
231 ἤνυτον: 1st sg. impf. ἀνύω

  σχολῇ: *at leisure*; dat. of manner
232 χοὔτως: καὶ οὕτως
233 τέλος γε: *finally, however*; adverbial acc.
  ἐνίκησεν: *it won out*; the inf. is subject
234 σοί: *to you*; 'for you,' dat. of interest
  τὸ μηδέν: i.e. nothing good
235 δεδραγμένος: pf. pass. pple δράσσομαι
236 τὸ μὴ παθεῖν: *namely that...*; aor πάσχω
237 ἀνθ᾽ οὗ: *on account of which*
238 (ἐ)θέλω: governs aor. inf.
239 εἶδον: 1st sg. aor. ὁράω
  ἂν...πέσοιμι: *I would fall*; potential, πίπτω

16

Κρέ εὖ γε στοχάζει κἀποφάργνυσαι κύκλῳ
το πρᾶγμα· δηλοῖς δ' ὥς τι σημανῶν νέον.
Φύλ τὰ δεινὰ γάρ τοι προστίθησ' ὄκνον πολύν.
Κρέ οὔκουν ἐρεῖς ποτ', εἶτ' ἀπαλλαχθεὶς ἄπει;
Φύλ καὶ δὴ λέγω σοι. τὸν νεκρόν τις ἀρτίως   245
θάψας βέβηκε κἀπὶ χρωτὶ διψίαν
κόνιν παλύνας κἀφαγιστεύσας ἃ χρή·
Κρέ τί φής; τίς ἀνδρῶν ἦν ὁ τολμήσας τάδε;
Φύλ οὐκ οἶδ'· ἐκεῖ γὰρ οὔτε του γενῆδος ἦν
πλῆγμ', οὐ δικέλλης ἐκβολή. στύφλος δὲ γῆ   250
καὶ χέρσος, ἀρρὼξ οὐδ' ἐπημαξευμένη
τροχοῖσιν, ἀλλ' ἄσημος οὑργάτης τις ἦν.
ὅπως δ' ὁ πρῶτος ἡμὶν ἡμεροσκόπος
δείκνυσι, πᾶσι θαῦμα δυσχερὲς παρῆν.
ὁ μὲν γὰρ ἠφάνιστο, τυμβήρης μὲν οὔ,   255

ἄ-σημος, -ον: unrecognizable, without signs, 4
ἀ-φανίζω: remove (from sight) veil, hide, 1
ἀπ-αλλάσσω: to set free, release, deliver, 5
ἀπ-έρχομαι: to go away, depart, 2
ἀπο-φράγνυμι: block up, stop up, fence off 1
ἀρρώξ, ὁ, ἡ: unbroken, without breaks, 1
ἀρτίως: just, now first; exactly 5
βαίνω: to walk, step, go, 6
γενηΐς, -ῆδος, ἡ: pickaxe, mattock, 1
δείκνυμι: to point out, display, show, 4
δηλόω: to show, reveal, make clear, 3
δί-κελλα, ἡ: mattock, two-pronged hoe, 1
δίψιος, -α, -ον: thirsty, dry, parched, 2
δυσ-χερής, -ές: hard to handle, distressing, 1
ἐκ-βολή, ἡ: cast out (earth), banishment, 2
εἶτα: then, next, 1
ἐκεῖ: there, in that place, 3
ἐπ-αμαξεύω: to traverse with a cart, mark 1
ἐργάτης, ὁ: doer, agent; worker, workman, 1
ἐρέω: I will say or speak, 4
ἐφ-αγιστεύω: to perform funeral rites over, 1

ἡμερό-σκοπος, ὁ: day-watcher, day watch, 1
θάπτω: to bury, honor with funeral rites, 7
θαῦμα, -ατος τό: wonder, amazement, 1
κόνις, ἡ: dust, 5
κύκλος, ὁ: circle, ring; eyesocket 4
ὄκνος, ὁ: a shrinking (away), hesitancy, 1
οὔκ-ουν: not therefore, and so not, 6
παλύνω: to strew, sprinkle, 1
πλῆγμα, ατος, τό: a strike, a blow, 2
πρᾶγμα, -ματος, τό: action, deed, matter 6
προσ-τίθημι: to add, attribute, impose, give 2
πρῶτος, -η, -ον: first, earliest, 4
σημαίνω: to indicate, tell, point out, 2
στοχάζομαι: to aim, take aim, shoot at, 1
στύφλος, -η, -ον: hard, rough; harsh, severe 2
τοι: you know, as you know, surely, 7
τολμάω: to dare, undertake, endure, 3
τροχός, ὁ: wheel, cycle, 2
τυμβήρης, -ες: entombed, buried, 2
χέρσος, ἡ: dry land, barren land, shore, 1
χρώς, -ωτός, ὁ: skin, body (χροΐ: dat. sg.), 1

241 στοχάζει: στοχάζε(σ)αι, 2nd sg. mid.
   ἀποφάργνυσαι: *you fence yourself off*;
   2nd sg. pres. mid.; i.e. protect yourself
242 δηλοῖς δ' ὥς: i.e. you are clearly + pple
   σημανῶν: *intending to...*; fut. pple,
243 τοι: *you know*; 'to be sure,' a particle
   προστίθησ(ι): 3rd sg. pres.
244 ἀπαλλαχθείς: nom. sg. aor. pass. pple
   ἄπει: 2nd sg. fut. ἀπ-έρχομαι (ἄπ-ειμι)
245 καὶ δὴ: *now in fact*; δή is temporal

246 βέβηκε: pf. βαίνω
247 παλύνας: nom. sg. aor. pple
   κἀφαγιστεύσας: καὶ ἐφαγιστεύσας; aor.
   ἃ: *which (rites)...*; '(the rites) which' the
   missing antecedent is an inner acc.
248 φής: 2nd sg. pres. φημί
251 ἐπημαξευμένη: pf. pass. pple
254 ὅπως: *when...*
   παρῆν: *was at hand for all*; impf πάρειμι
255 ὁ...ἠφάνιστο: *he had been veiled*; plpf.

λεπτὴ δ᾽, ἄγος φεύγοντος ὥς, ἐπῆν κόνις
σημεῖα δ᾽ οὔτε θηρὸς οὔτε του κυνῶν
ἐλθόντος, οὐ σπάσαντος ἐξεφαίνετο.
λόγοι δ᾽ ἐν ἀλλήλοισιν ἐρρόθουν κακοί,
φύλαξ ἐλέγχων φύλακα, κἂν ἐγίγνετο   260
πληγὴ τελευτῶσ᾽, οὐδ᾽ ὁ κωλύσων παρῆν.
εἷς γάρ τις ἦν ἕκαστος οὑξειργασμένος,
κοὐδεὶς ἐναργής, ἀλλ᾽ ἔφευγε μὴ εἰδέναι.
ἦμεν δ᾽ ἑτοῖμοι καὶ μύδρους αἴρειν χεροῖν
καὶ πῦρ διέρπειν καὶ θεοὺς ὁρκωμοτεῖν,   265
τὸ μήτε δρᾶσαι μήτε τῳ ξυνειδέναι
τὸ πρᾶγμα βουλεύσαντι μηδ᾽ εἰργασμένῳ.
τέλος δ᾽ ὅτ᾽ οὐδὲν ἦν ἐρευνῶσιν πλέον,
λέγει τις εἷς, ὃ πάντας ἐς πέδον κάρα
νεῦσαι φόβῳ προὔτρεψεν· οὐ γὰρ εἴχομεν   270

ἄγος, -εος, τό: pollution, guilt; expiation, 2
αἴρω: to lift, raise up, get up, 3
ἀλλήλος, -α, -ον: one another, 2
βουλεύω: to deliberate, plan, take counsel, 5
γίγνομαι: to come to be, become, be born, 6
διέρπω: to pass through, creep throught, 1
ἐκ-φαίνω: to disclose, reveal, show, 2
ἕκαστος, -η, -ον: each, every one, 1
ἐλέγχω: cross-examine, accuse test, refute, 2
ἐν-αργής, -ές: clearly seen, visible, distinct, 2
ἐξ-εργάζομαι: accomplish entirely, finish 2
ἔπ-ειμι: to be upon, be on, 1
ἐργάζομαι: to work, labor, toil, 4
ἐρευνάω: to search out, seek, track, trace, 1
ἑτοῖμος, -η, -ον: ready, prepared, at hand, 2
θήρ, θηρός, ὁ: beast, wild beast, animal, 3
κάρα, τό: head, 7
κόνις, ἡ: dust, 5
κύων, κυνός, ὁ, ἡ: dog, 5
κωλύω: to hinder, check, prevent, 1

λεπτός, -ή, -όν: fine, thin; narrow, 1
μύδρος, ὁ: a mass of red-hot metal, 1
νεύω: to bend, nod, 2
ὀρκ-ωμοτέω: to take an oath to, swear to, 1
πέδον, τό: plain, flat land, ground, 2
πλέων, -οντος: more, greater, 7
πληγή, ἡ: blow, strike, 2
πρᾶγμα, -ματος, τό: action, deed, matter 6
προ-τρέπω: impel, urge on, turn forward, 1
πῦρ, -ος, τό: fire, 7
ῥοθέω: to roar, make a clamor, mutter, 2
σημεῖον, τό: sign, mark, omen; signal, flag, 2
σπάω: to pull, tear, 2
σύν-οιδα: to know with, witness, 1
τελευτάω: to end, complete, finish; die, 1
τέλος, -εος, τό: end, result; office; tribute 6
φεύγω: to flee, escape; defend in court, 6
φόβος, ὁ: fear, terror, panic, 4
φύλαξ, -κος, ὁ: a watcher, guard, sentinel, 3

256 ἄγος...ὥς: as if of one avoiding religious
    pollution; i.e. of passing without burying
    ἐπῆν: 3rd sg. impf. ἔπ-ειμι
257 του: of one…; indefinite gen. τινος
258 ἐλθόντος: gen. sg. aor. pple ἔρχομαι
    ἐξεφαίνετο: impf. pass.
259 ἐρρόθουν: 3rd pl. impf. ῥοθέω
260 κἂν ἐγίγνετο: would have occurred
    ἄν + impf. for unrealized pres. potential
    τελευτῶσ(α): at last; pple often as adverb
261 παρῆν: impf. πάρειμι

ἦν: 3rd sg. pres. εἰμί
262 ὁ ἐξειργασμένος: pf., i.e. the wrongdoer
263 ἔφευγε: each pleaded in defense; φεύγω
    is a legal-term for 'defending' in a lawcourt
    εἰδέναι: inf. οἶδα; μή after verb of hindering
264 ἦμεν: 1st pl. pres. εἰμί
266 τὸ...δρᾶσαι: articular inf., the oath itself
    τῳ: with anyone; governs both aor. pples.
268 τέλος δ᾽: in the end, finally; adv. acc.
    ὅτ(ε): when
    ἐρευνῶσιν: for (us) searching; dat. pl. pple

18

οὔτ' ἀντιφωνεῖν οὔθ' ὅπως δρῶντες καλῶς
πράξαιμεν. ἦν δ' ὁ μῦθος ὡς ἀνοιστέον
σοὶ τοὔργον εἴη τοῦτο κοὐχὶ κρυπτέον.
καὶ ταῦτ' ἐνίκα, κἀμὲ τὸν δυσδαίμονα
πάλος καθαιρεῖ τοῦτο τἀγαθὸν λαβεῖν.   275
πάρειμι δ' ἄκων οὐχ ἑκοῦσιν, οἶδ' ὅτι·
στέργει γὰρ οὐδεὶς ἄγγελον κακῶν ἐπῶν.
Χορ ἄναξ, ἐμοί τοί, μή τι καὶ θεήλατον
     τοὔργον τόδ', ἡ ξύννοια βουλεύει πάλαι.
Κρέ παῦσαι, πρὶν ὀργῆς καὶ 'μὲ μεστῶσαι λέγων,   280
     μὴ 'φευρεθῇς ἄνους τε καὶ γέρων ἅμα.
     λέγεις γὰρ οὐκ ἀνεκτὰ δαίμονας λέγων
     πρόνοιαν ἴσχειν τοῦδε τοῦ νεκροῦ πέρι.
     πότερον ὑπερτιμῶντες ὡς εὐεργέτην
     ἔκρυπτον αὐτόν, ὅστις ἀμφικίονας   285

ἀ-έκων, -ουσα, -ον: against will, unwilling, 1
ἄ-νοῦς, -οῦν: senseless, silly, foolish, 3
ἀγαθός, -ή, -όν: good, brave, capable, 3
ἄγγελος, ὁ: messenger, envoy; message, 1
ἅμα: at the same time; along with (dat.), 5
ἀμφι-κίων, ονος, -ον: with pillars all round, 1
ἀν-εκτός, -όν: bearable, endurable, 1
ἀν-οιστέος, -ον: one must report, refer, 1
ἀντι-φωνέω: to reply, answer in response, 1
βουλεύω: to deliberate, plan, take counsel, 5
γέρων, -όντος, ὁ: old man, 2
δαίμων, -ονος, ὁ: divine being or spirit, 3
δυσ-δαίμων, -ονος: unfortunate, unhappy, 1
ἑκών, ἑκοῦσα, ἑκόν: willing, intentionally, 2
εὐ-εργέτης, ὁ: benefactor, well-doer, 1
ἐφ-ευρίσκω: to find out, discover, 1
θε-ήλατος, -ον: driven by god, 1
ἴσχω: to have, hold back, check, restrain, 4

καθ-αιρέω: to take down, reduce, destroy, 3
κρυπτέος, -ον: one must hide, hidden, 1
κρύπτω: to hide, cover, conceal, 6
μεστόω: to fill full of (gen), 2
μῦθος, ὁ: story, word, speech, 3
νικάω: to conquer, defeat, win, 3
ὀργή, ἡ: anger; temperment, 6
πάλαι: long ago, long, all along, 5
πάλος, ὁ: lot cast from a helmet, lottery, 1
παύω: to stop, make cease, 5
περί: around, about, concerning, 6
πότερος, -α, -ον: which of two? whether? 3
πρό-νοια ἡ: foresight, forethought, concern 1
στέργω: to love, be fond of; submit to, 3
σύν-νοια, ἡ: reflection, deep thought, 1
τοι: you know, as you know, surely, 7
ὑπερ-τιμάω: to honor exceedingly, 1

271 εἴχομεν...: we did not know how ....;
     common meaning for ἔχω + infinitive
     ὅπως...καλῶς πράξαιμεν: how we were to
     fare well; ind. deliberative question, subj.
     becomes opt. (aor.) in secondary sequence
272 ἦν ὁ μῦθος ὡς: his speech was that...
     ἀνοιστέον...εἴη: must be reported; verbal
     adj. + εἰμί expresses obligation or necessity;
     3rd sg. opt. εἰμί, ind. disc. secondary seq.
273 κρυπτέον (εἴη): see above
     ἐνίκα: won out; ἐνίκα-ε, impf. νικάω
275 καθαιρεῖ: condemns; a legal term
     τοῦτο τ(ὸ) ἀγαθὸν: this good; being ironic

276 ἑκοῦσιν: to...; dat. pl. of compound verb
     οἶδ(α): 1st sg.
278 ἐμοί...ἡ ξύννοια: my (deep) thought; dat.
     of interest, 'for me:' use as dat. possession
     μή...θεήλατον: surely this deed is not...;
     ind. question, μή anticipates a 'no' reply
280 παῦσαι: aor. imperative
281 μὴ...: lest...; purpose + aor. pass. subj.
     μεστῶσαι: aor. inf. + partitive gen
283 πότερον: leave untranslated, this word
     opens a yes/no question with two options
     ὡς εὐεργέτην: as if a benefactor

19

ναοὺς πυρώσων ἦλθε κἀναθήματα
καὶ γῆν ἐκείνων καὶ νόμους διασκεδῶν;
ἢ τοὺς κακοὺς τιμῶντας εἰσορᾷς θεούς;
οὔκ ἔστιν. ἀλλὰ ταῦτα καὶ πάλαι πόλεως
ἄνδρες μόλις φέροντες ἐρρόθουν ἐμοί,   290
κρυφῇ κάρα σείοντες, οὐδ᾽ ὑπὸ ζυγῷ
λόφον δικαίως εἶχον, ὡς στέργειν ἐμέ.
ἐκ τῶνδε τούτους ἐξεπίσταμαι καλῶς
παρηγμένους μισθοῖσιν εἰργάσθαι τάδε.
οὐδὲν γὰρ ἀνθρώποισιν οἷον ἄργυρος   295
κακὸν νόμισμ᾽ ἔβλαστε. τοῦτο καὶ πόλεις
πορθεῖ, τόδ᾽ ἄνδρας ἐξανίστησιν δόμων·
τόδ᾽ ἐκδιδάσκει καὶ παραλλάσσει φρένας
χρηστὰς πρὸς αἰσχρὰ πράγματ᾽ ἵστασθαι βροτῶν·
πανουργίας δ᾽ ἔδειξεν ἀνθρώποις ἔχειν   300

ἀνά-θημα, -ατος, τό: offering, dedication, 1
ἄργυρος, ὁ: silver, 2
βλαστάνω: to be born, grow, sprout, 3
δείκνυμι: to point out, display, show, 4
διασκεδάννυμι: to scatter, disperse over, 1
εἰσ-οράω: to look upon, view, behold, 3
ἐκ-διδάσκω: to teach well or thoroughly, 1
ἐξ-αν-ίστημι: to raise up, remove, expel, 1
ἐξ-επίσταμαι: to know well or thoroughly, 2
ἐργάζομαι: to work, labor, toil, 4
ζυγόν, τό: yoke, harness, 1
ἵστημι: to make stand, set up, stop, establish 6
κρυφῇ: in secret, secretly, 3
λόφος, ὁ: crest, mane; back of the neck, 2
μισθός, ὁ: wages, pay, hire, 3

μόλις: scarcely, hardly, 2
ναός, τό: temple, shrine, 2
νόμισμα, -ατος, τό: custom, institution, 1
πάλαι: long ago, long, all along, 5
παν-ουργία, ἡ: knavery, villainy, 1
παρ-άγω: to lead by, mislead, lead astray, 1
παρ-αλλάσσω: to change, alter, set astray, 1
πορθέω: to sack, plunder, devastate, 2
πρᾶγμα, -ματος, τό: action, deed, matter 6
πυρόω: to burn, burn up, 1
ῥοθέω: to roar, make a clamor, mutter, 2
σείω: shake, move back and forth, agitate, 4
στέργω: to love, be fond of; submit to, 3
τιμάω: to honour, value, esteem, 7
χρηστός, -ή, -όν: useful, worthy, good, 4

285 πυρώσων: fut. pple
    ἦλθε: aor. ἔρχομαι
286 νόμους διασκεδῶν: intending to scatter
    the laws (to the wind); fut. pple
287 ἢ: or; 2nd half of a question; corresponds
    to πότερον above
    τιμῶντας: τιμάοντες, pple modifies θεούς;
    τοὺς κακοὺς is object of the pple.
289 ἔστιν: it is possible
    ταῦτα...ἐρρόθουν ἐμοί: were muttering
    these things to me; impf. ῥοθέω
    καὶ πάλαι: even long before
291 κάρα σείοντες: i.e. shaking off the
    harness/yoke like a beast of burden
292 λόφον: neck; lit. 'back of the neck'

ὡς: so as to...; ~ὥστε; result clause
293 τῶνδε: i.e. those disobedient
    τούτους: i.e. these guarding the corpse
294 παρηγμένους: pf. pass. παρ-άγω
    μισθοῖσιν: dat. of means
    εἰργάσθαι: pf. inf. ἐργάζομαι, in ind.
    disc, τούτους is acc. subject
295 οὐδὲν...οἷον...ἔβλαστε: for no institution
    (as) evil as money grew for men; aorist
297 τοῦτο...τόδε...τόδε: this...this...this;
    subjects, emphatic by anaphora, asyndeton
    καὶ: actually, in fact; adverbial
    δόμων: from...; gen. of separation
299 ἵστασθαι: to set (themselves) towards...
300 πανουργίας ἔχειν: to engage in villiany

καὶ παντὸς ἔργου δυσσέβειαν εἰδέναι.
ὅσοι δὲ μισθαρνοῦντες ἤνυσαν τάδε,
χρόνῳ ποτ᾽ ἐξέπραξαν ὡς δοῦναι δίκην.
ἀλλ᾽ εἴπερ ἴσχει Ζεὺς ἔτ᾽ ἐξ ἐμοῦ σέβας,
εὖ τοῦτ᾽ ἐπίστασ᾽, ὅρκιος δέ σοι λέγω·   305
εἰ μὴ τὸν αὐτόχειρα τοῦδε τοῦ τάφου
εὑρόντες ἐκφανεῖτ᾽ ἐς ὀφθαλμοὺς ἐμούς,
οὐχ ὑμὶν Ἅιδης μοῦνος ἀρκέσει, πρὶν ἂν
ζῶντες κρεμαστοὶ τήνδε δηλώσηθ᾽ ὕβριν,
ἵν᾽ εἰδότες τὸ κέρδος ἔνθεν οἰστέον   310
τὸ λοιπὸν ἁρπάζητε, καὶ μάθηθ᾽ ὅτι
οὐκ ἐξ ἅπαντος δεῖ τὸ κερδαίνειν φιλεῖν.
ἐκ τῶν γὰρ αἰσχρῶν λημμάτων τοὺς πλείονας
ἀτωμένους ἴδοις ἂν ἢ σεσωσμένους.
Φύλ   εἰπεῖν τι δώσεις ἢ στραφεὶς οὕτως ἴω;   315

ἀνύω, ἀνύτω: reach, accomplish, complete 4
ἅπας, ἅπασα, ἅπαν: every, quite all, 2
ἀρκέω: to suffice, be enough, ward off, 2
ἁρπάζω: seize, carry off, kidnap, 2
ἀτάομαι: to suffer greatly, be in distress, 2
αὐτό-χειρ, -ος, ὁ, ἡ: with one's own hand, 5
δεῖ: it is necessary, must, ought (+ inf.), 5
δηλόω: to show, reveal, make clear, 3
δίδωμι: to give, offer, grant, provide, 6
δυσ-σέβεια, ἡ: impiety, ungodliness, 2
εἴ-περ: if really, if, 4
ἐκ-πράττω: to do completely, accomplish, 1
ἐκ-φαίνω: to disclose, reveal, show, 2
ἔνθεν: from where; thence, on the one side, 1
ἐπίσταμαι: to know (how), understand, 5
εὑρίσκω: to find, discover, devise, invent, 2

ἵνα: in order that (+ subj.); where (+ ind.), 4
ἴσχω: to have, hold back, check, restrain, 4
κερδαίνω: to gain, profit, make a profit, 2
κρεμαστός, -ή, -όν: suspended, hung, 2
λῆμμα, λήμματος, τό: gain, profit, income, 1
λοιπός, -ή, -όν: remaining, the rest, 3
μισθ-αρνέω: to work for hire, receive pay, 1
οἰστέος, -α, -ον: to be carried, to be gained, 1
ὅρκιος, -α, -ον: of an oath, on oath, 1
ὀφθαλμός, ὁ: eye, 2
πλέων, -οντος: more, greater, 7
σέβας, τό: reverence, awe, worship, 1
στρέφω: to turn, turn aside; overturn, 2
ὕβρις, ἡ: arrogance, insolence, outrage, 2
φιλέω: to love, befriend, 7

301 εἰδέναι: inf. οἶδα
302 ὅσοι: as many as…; antecedent missing
303 χρόνῳ ποτ(ε): at some time or other;
    part of the following result clause
    ἐξέπραξαν: they brought it about…; aor.
    ὡς δοῦναι δίκην: that…; result clause,
    aor. inf. δίδωμι means 'pay' in this idiom
305 ἐπίστασ(ο): know!; pres. mid. imperative
    ὅρκιος: on oath; adverbial
    τὸν αὐτόχειρα: the very hand; i.e. the
    source or agent
307 ἐκφανεῖτ(ε): 2nd pl. fut. ἐκ-φαίνω
    protasis in an emotional future more vivid
308 Ἅιδης: i.e. death, μοῦνος is μόνος
309 δηλώσῃ(τε): 2nd pl. future

310 ἵν(α)…ἁρπάζητε: so that you may
    continue stealing…; purpose, subjunctive
    εἰδότες: pf. pple οἶδα
    ἔνθεν οἰστέον (ἐστί): from where…must be
    gained; relative clause, κέρδος is subject,
    a verbal adj. + εἰμί expresses necessity
311 τὸ λοιπόν: for the future; acc. duration
    μάθη(τε): aor. subj. in same purpose clause
312 ἐξ ἅπαντος: from everyone
313 τοὺς πλείονας: more people; 'more men'
314 ἴδοις ἂν: you would see; potential opt.
    σεσωσμένους: than…; pf. pass. σῴζω
315 δώσεις: will you allow me?; fut.. δίδωμι
    στραφεὶς ἴω: am I to go…; 1st s deliberative
    subj. ἔρχομαι ; nom. sg. aor. pass. στρέφω

21

Κρέ   οὐκ οἶσθα καὶ νῦν ὡς ἀνιαρῶς λέγεις;

Φύλ   ἐν τοῖσιν ὠσὶν ἢ 'πὶ τῇ ψυχῇ δάκνει;

Κρέ   τί δὲ ῥυθμίζεις τὴν ἐμὴν λύπην ὅπου;

Φύλ   ὁ δρῶν σ' ἀνιᾷ τὰς φρένας, τὰ δ' ὦτ' ἐγώ.

Κρέ   οἴμ' ὡς λάλημα δῆλον ἐκπεφυκὸς εἶ.   320

Φύλ   οὔκουν τό γ' ἔργον τοῦτο ποιήσας ποτέ.

Κρέ   καὶ ταῦτ' ἐπ' ἀργύρῳ γε τὴν ψυχὴν προδούς.

Φύλ   φεῦ·

      ἦ δεινὸν ᾧ δοκῇ γε καὶ ψευδῆ δοκεῖν.

Κρέ   κόμψευέ νυν τὴν δόξαν· εἰ δὲ ταῦτα μὴ

      φανεῖτέ μοι τοὺς δρῶντας, ἐξερεῖθ' ὅτι   325

      τὰ δειλὰ κέρδη πημονὰς ἐργάζεται.

Φύλ   ἀλλ' εὑρεθείη μὲν μάλιστ'· ἐὰν δέ τοι

      ληφθῇ τε καὶ μή, τοῦτο γὰρ τύχη κρινεῖ,

      οὐκ ἔσθ' ὅπως ὄψει σὺ δεῦρ' ἐλθόντα με·

      καὶ νῦν γὰρ ἐκτὸς ἐλπίδος γνώμης τ' ἐμῆς   330

ἀνια-ρός, -ή, -όν: grievous, distressing, 1
ἀνιάω: trouble, distress; grieve, 1
ἄργυρος, ὁ: silver, 2
δάκνω: to bite; sting, prick, 1
δειλός, -ή, -όν: worthless; cowardly, 1
δεῦρο: here, to this point, hither, 4
δῆλος, -η, -ον: clear, evident, conspicuous, 1
δόξα, ἡ: opinion, reputation, honor, glory, 2
ἐάν: εἰ ἄν, if (+ subj.), 4
ἐκ-φύω: to generate, produce, 1
ἐκτός: outside; out of, far from (+ gen.), 5
ἐξ-ερέω: I will say or speak out, utter aloud, 2
ἐργάζομαι: to work, labor, toil, 4
εὑρίσκω: to find, discover, devise, invent, 2
ἦ: in truth, truly (begins open question), 6
κομψεύω: to quibble upon, refine upon, 1

κρίνω: to choose, decide; interpret, 2
λάλημα, -ατος, τό: babble(r), prattle(r), 1
λύπη, ἡ: pain; grief, 1
μάλιστα: most of all; certainly, especially, 3
ὅ-που: where, 1
οἴομαι: to suppose, think, imagine, 4
οὔκ-ουν: not therefore, and so not, 6
οὖς, ὠτός, τό: ear, 3
πημονή, ἡ: misery, woe, suffering, 1
ποιέω: to do, make, create, compose, 6
προ-δίδωμι: to betray, deliver; give before, 3
ῥυθμίζω: define, arrange, bring into tune 1
τοι: you know, as you know, surely, 7
τύχη, ἡ: chance, luck, fortune, success, 6
φεῦ: ah, alas, woe, 7
ψευδής, -ές: false, lying, 3

316 οἶσθα: 2nd sg. οἶδα
    ὡς: how
317 ὠσὶν: dat. pl. οὖς, 'ear'
318 τί: why
    ὅπου (ἐστί): where…is; λύπην is proleptic
319 δρῶν: pres. pple δράω
    τὰς φρένας: in…; acc. of respect
    τὰ ὦτ(α): in…; acc. respect, οὖς, 'ear'
320 οἴμ(οι) ὡς: alas, how…; in exclamation
    ἐκπεφυκὸς: a born…; pf. pple modifies
    neut. predicate, λάλημα; εἶ is 2nd sg. εἰμί
321 οὔκουν τό γ(ε): (I am) not at any rate
    (the one) having…; nom. sg. aor. pple
322 καὶ ταῦτα…γε: yes, and what is more in

fact; 'in respect to these,' acc. respect.
    ἐπὶ ἀργύρῳ: for silver
    προδούς: nom. sg. aor. pple. προδίδωμι
323 δεινὸν…δοκεῖν: truly (it is) terrible that
    the very one who decides also has false
    opinions; two senses of δοκέω; subj. in a
    relative clause of characteristic; γε with ᾧ
325 φανεῖτε, ἐξερεῖτε: futures: fut. more vivid
327 εὑρεθείη: may he be found!; aor. opt wish
328 ληφθῇ: he is caught; aor. pass λαμβάνω
329 οὐκ ἔστ(ι) ὅπως: it is not possible that
    ὄψει: ὄψε(σ)αι, 2nd sg. fut. ὁράω
330 καὶ νῦν: even now

22

σωθεὶς ὀφείλω τοῖς θεοῖς πολλὴν χάριν.

Χορ πολλὰ τὰ δεινὰ κοὐδὲν ἀν-   στρ. α
θρώπου δεινότερον πέλει.
τοῦτο καὶ πολιοῦ πέραν
πόντου χειμερίῳ νότῳ   335
χωρεῖ, περιβρυχίοισιν
περῶν ὑπ' οἴδμασιν. θεῶν
τε τὰν ὑπερτάταν, Γᾶν
ἄφθιτον, ἀκαμάταν, ἀποτρύεται
ἰλλομένων ἀρότρων ἔτος εἰς ἔτος   340
ἱππείῳ γένει πολεύων.
κουφονόων τε φῦλον ὀρ-   ἀντ. α
νίθων ἀμφιβαλὼν ἄγει
καὶ θηρῶν ἀγρίων ἔθνη
πόντου τ' εἰναλίαν φύσιν   345

ἀ-κάματος, -ον: tireless, unwearied, 1
ἄ-φθιτος, -ον: imperishable, unfailing, 1
ἄγριος, -α, -ον: wild, fierce, 5
ἀμφι-βάλλω: to throw or put round, put on, 2
ἀπο-τρύω: to wear out or away, rub away, 1
ἄροτρον, τό: plow, 1
γένος, -εος, ὁ: offspring, tribe, stock, race, 7
ἔθνος, -εος, τό: race, people, tribe, 1
εἴλω: to wind, turn round; hem in, confine, 1
ἐν-άλιος, -ον: of the sea, in the sea, 1
ἔτος, -εως, τό: a year, 2
θήρ, θηρός, ὁ: beast, wild beast, animal, 3
ἵππειος, -α, -ον: of a horse, 1
κουφό-νοος,-ον: light-hearted, thoughtless, 2
νότος, ὁ: south wind, 1
οἶδμα, -ατος, τό: swell, sea-swell, 2

ὄρνις, ὄρνιθος, ὁ, ἡ: a bird, 4
ὀφείλω: to owe, 5
πέλω: to be, become, 3
πέρα(ν): beyond, to the further side of (gen), 1
περάω: to cross, traverse, make one's way, 2
περι-βρύχιος, -η, -ον: engulfing (surge) 1
πολεύω: to turn back and forth, go about, 1
πολιός, -όν: grey, 1
πόντος, ὁ: sea, 6
ὑπέρτατος, -η, -ον: highest, top of, 3
φῦλον, τό: tribe, class, race, clan, 1
φύσις, -εως, ἡ: nature, character; birth, 3
χάρις, -ριτος, ἡ: favor, gratitude, thanks, 6
χειμέριος, -α, -ον: stormy, wintery, 1
χωρέω: to go, come; have room for, 4

---

331 σωθείς: nom. sg. aor. pass. pple σῴζω
332 τὰ δεινὰ (ἐστί): (are) the wonders; or 'wonderful things' δεινός can vary from 'terrible' to 'awesome,' add a linking verb
ἀνθρώπου: than...; gen. of comparison
333 δεινότερον: comparative adj., predicate
334 τοῦτο: this (wonder); i.e. man
335 χειμεριῳ νότῳ: dat. of means
337 περῶν: nom. sg. pres. pple. περάω
οἴδμασιν: dat. pl. place where
τε: and
τὰν ὑπερτάταν: i.e. the eldest; acc. sg. because it modifies fem. sg. Γᾶν
Γᾶν: Earth; Attic Γῆν

338 ἀποτρύεται: he wears away (for his own purposes); the middle voice suggests action undertaken in the interest of the subject
339 ἰλλομένων: i.e. the back and forth of the plow; gen. absolute, pres. pass. pple εἴλω
ἔτος εἰς ἔτος: year after year
340 ἱππείῳ γένει: dat. of means
341 κουφονόων: i.e. care-free, not simple
342 ἀμφιβαλὼν: nom. sg. aor. ἀμφιβάλλω with σπείραισι δικτυοκλώστοις
ἄγει: i.e. catches, leads away captive
345 πόντου...φύσιν: and sea creatures of the sea; redundant

23

σπείραισι δικτυοκλώστοις,
περιφραδὴς ἀνήρ· κρατεῖ
δὲ μηχαναῖς ἀγραύλου
θηρὸς ὀρεσσιβάτα, λασιαύχενά θ'   350
ἵππον ὀχμάζεται ἀμφὶ λόφον ζυγῶν
οὔρειόν τ' ἀκμῆτα ταῦρον.
καὶ φθέγμα καὶ ἀνεμόεν φρόνημα καὶ   στρ. β
   ἀστυνόμους
ὀργὰς ἐδιδάξατο καὶ δυσαύλων   356
πάγων ὑπαίθρεια καὶ
δύσομβρα φεύγειν βέλη
παντοπόρος· ἄπορος ἐπ' οὐδὲν ἔρχεται   360

ἀ-κμητος, -ον: tireless, unwearied, 1
ἄ-πορος, -ον: unresourceful, without means, 1
ἄγρ-αυλος, -ον: field-dwelling, 1
ἀμφί: around, about, on both sides (dat, acc) 5
ἀνεμόεις, -εσσα, -εν: windy, airy, 1
ἀστυνόμος -όν: city-protecting, law-abiding 1
βέλος, -εος, τό: a arrow, missle, dart, 1
διδάσκω: to teach, instruct, 4
δικτυό-κλωστος, -ον: woven in meshes, 1
δύσ-αυλος, -ον: inhospitable, 1
δύσ-ομβρος, -ον: stormy, 1
ζυγόω: yoke together, harness, 1
θήρ, θηρός, ὁ: beast, wild beast, animal, 3
ἵππος, ὁ: a horse, 2
κρατέω: control, gain control, overpower, 2
λασι-αύχην, -χενος: shaggy-necked, 1

λόφος, ὁ: crest, mane; back of the neck, 2
μηχανή, ἡ: devices, contrivances, means, 1
ὀργή, ἡ: anger; temperment, mood, 6
ὀρεσσι-βάτης, ὁ: mountain-roaming, 1
οὔρειος, -α, -ον: mountain (dwelling), 1
ὀχμάζω: to bind fast, get a firm grip on, 1
πάγος, ὁ: frost; rock, hill, 3
παντο-πόρος, ον: all-resourceful, inventive 1
περι-φραδής, -ές: very thoughful or skilled, 1
σπεῖρα, ἡ: coils, folds (of a net), 1
ταῦρος, ὁ: bull, 1
ὑπ-αίθρειος, -α, -ον: under the sky, 1
φεύγω: to flee, escape; defend in court, 6
φθέγμα, -ατος, τό: speech, voice, utterance, 2
φρόνημα, τό: thought, purpose, resolve, 6

349 μηχαναῖς: dat. of means
350 ὀρεσσιβάτα: ὀρεσσιβάταο, contracted
   Doric gen. sg., the adj. modifies θηρὸς
   θ'...τ' : both...and; τε...τε
355 ἀνεμόεν: i.e. as fast as the wind
   ἀστυνόμους ὀργὰς: i.e. social
   dispositions that give rise to cities
356 ἐδιδάξατο: he taught to himself...; aor.
   mid., middle indicates reflexive action
   καὶ...καὶ: both...and
   δυσαύλων πάγων ὑπαίθρεια (βέλη): i.e.

the biting cold; βέλε-α, acc. neuter pl. is
   employed twice
359 δύσομβρα...βέλη: neuter pl. βέλε-α, i.e.
   downpour, the second object of φεύγειν
   φεύγειν: ...how to avoid; governed by
   ἐδιδάξατο
360 ἐπὶ οὐδὲν...τὸ μέλλον: comes to nothing
   (that is) going to be; or perhaps 'nothing
   intending to be,' τὸ μέλλον (neut. pple)
   often denotes 'the future'

24

τὸ μέλλον· Ἅιδα μόνον
φεῦξιν οὐκ ἐπάξεται·
νόσων δ' ἀμηχάνων φυγὰς
ξυμπέφρασται.
σοφόν τι τὸ μηχανόεν τέχνας ὑπὲρ ἐλπίδ'   365 ἀντ. β
    ἔχων
τοτὲ μὲν κακόν, ἄλλοτ' ἐπ' ἐσθλὸν ἕρπει,
νόμους γεραίρων χθονὸς
θεῶν τ' ἔνορκον δίκαν,
ὑψίπολις· ἄπολις ὅτῳ τὸ μὴ καλὸν   370
ξύνεστι τόλμας χάριν.
μήτ' ἐμοὶ παρέστιος
γένοιτο μήτ' ἴσον φρονῶν
ὃς τάδ' ἔρδει.   375

ἀ-μήχανος, -ον: without means; impossible 5
ἄ-πολις, -ιδος: one without a city, citiless, 1
ἄλλ-οτε: at another time, at other times, 1
γεραίρω: to honor, reward, 1
γίγνομαι: to come to be, become, be born, 6
ἔν-ορκος, -ον: bound by oath, 1
ἐπ-άγω: to bring on or against, 1
ἔρδω: to do, make, 1
ἕρπω: to creep, move slowly, come, go, 6
ἐσθλός, -ή, -όν: good, noble, brave, 4
μηχανόεις, εσσα, εν: resourceful, ingenious 1
νόσος, ὁ: sickness, illness, disease, 6
παρ-έστιος, -ον: near or by the hearth, 1

σοφός, -ή, -όν: wise, learned, skilled, 3
συμ-φράζομαι: to contrive, devise together, 1
σύν-ειμι: to be, associate, be engaged with, 2
τέχνη, ἡ: art, skill, craft, 2
τόλμα, -ης, ἡ: daring, boldness, rashness, 1
τοτέ: at one time, at some time; at times, 1
ὑπέρ: on behalf of (gen); over, beyond (acc) 5
ὑψί-πολις, -ιδος: a citizen of a lofty city, 1
φεῦξις, ἡ: refuge, escape, 1
φρονέω: to think, to be wise, prudent, 16
φυγή, ἡ: flight, escape, exile, 2
χάρις, -ριτος, ἡ: favor, gratitude, thanks, 6

361 Ἅιδα μόνον: *in respect to death alone*; acc. of respect, metonymy
362 ἐπάξεται: fut., middle suggests action in the subject's interest: 'for himself/herself'
363 νόσων...ἀμηχάνων: *from diseases without remedy*; gen. of separation
364 συμπέφρασται: pf mid.; φύγας is acc.
365 τὸ μηχανόεν τέχνας: *a resourcefulness of skill*; acc. direct obj., τέχνας is gen. sg.
ὑπὲρ ἐλπίδ(α): *beyond...*
367 τοτὲ μὲν...ἄλλοτ(ε): *at times...at other times*
(ἐπὶ) κακόν: *toward...*; parallel to ἐσθλὸν
369 τ': *and*
ἔνορκον δίκαν: i.e. justice which people swear to uphold
370 ὑψίπολις (ἐστι): *(he is)....*; nom. pred.

ἄπολις (ἐστι): *citiless is (anyone)*; supply a linking verb; ἄπολις is nom. predicate
ὅτῳ τὸ μὴ καλὸν σύνεστι: *who is engaged with what is disgraceful*; lit. '(with) whom what is disgraceful associates' dat. ὅστις is dat. of compound verb; μή is prefered to οὐ with adjectives that are generic
371 χάριν: *on account of...*; 'thanks to...' as a preposition χάριν governs a preceding gen.
373 μὴτ(ε)...γένοιτο: *may he...*; aor. opt. of wish γίγνομαι
μήτε...μήτε: governing two nominatives, an adjective and a pres. pple
374 ἴσον: *similar thoughts*; inner acc. of pple φρονέω
375 ὅς: *who...*; missing subject is antecedent.

25

ἐς δαιμόνιον τέρας ἀμφινοῶ
τόδε· πῶς εἰδὼς ἀντιλογήσω
τήνδ' οὐκ εἶναι παῖδ' Ἀντιγόνην.
ὦ δύστηνος καὶ δυστήνου
πατρὸς Οἰδιπόδα,   380
τί ποτ'; οὐ δή που σέ γ' ἀπιστοῦσαν
τοῖς βασιλείοισιν ἄγουσι νόμοις
καὶ ἐν ἀφροσύνῃ καθελόντες;
Φύλ ἥδ' ἔστ' ἐκείνη τοὔργον ἡ 'ξειργασμένη·
       τήνδ' εἵλομεν θάπτουσαν. ἀλλὰ ποῦ Κρέων;   385
Χορ ὅδ' ἐκ δόμων ἄψορρος εἰς δέον περᾷ.
Κρέ τί δ' ἔστι; ποίᾳ ξύμμετρος προὔβην τύχῃ;
Φύλ ἄναξ, βροτοῖσιν οὐδέν ἔστ' ἀπώμοτον.
       ψεύδει γὰρ ἡ 'πίνοια τὴν γνώμην· ἐπεὶ
       σχολῇ ποθ' ἥξειν δεῦρ' ἂν ἐξηύχουν ἐγὼ   390

ἀ-πιστέω: disbelieve, disobey, distrust +dat 3
ἀ-φροσύνη, ἡ: folly, thoughtlessness, 1
ἀμφι-νοέω: to think two ways about, be of
   two minds about, be ambivalent about, 1
ἀντι-λογέομαι: to dispute, deny, quarrel, 2
Ἀντιγόνη, ἡ: Antigone, 4
ἀπ-ώμοτος ον: foresworn, sworn not to act 2
ἄψορρος, -ον: backwards, back again, 1
βασίλειος, -ον: royal, kingly, 1
δαιμόνιος, -α, -ον: god-sent, of a δαίμων, 3
δεῦρο: here, to this point, hither, 4
δεῖ: it is necessary, must, ought (+ inf.), 5
δύσ-τηνος, -ον: ill-suffering, wretched, 6
ἐξ-αυχέω: to boast loudly, vow outloud, 1
ἐξ-εργάζομαι: accomplish entirely, finish 2

ἐπί-νοια, ἡ: afterthoughts, second thoughts, 1
θάπτω: to bury, honor with funeral rites, 7
καθ-αιρέω: to seize, catch; reduce, destroy, 3
Οἰδίπους, ὁ: Oedipus, Antigone's father, 6
περάω: to cross, traverse, make one's way, 2
ποῖος, -α, -ον: what sort of? what kind of? 6
που: anywhere, somewhere; I suppose, 4
ποῦ: where? 2
προ-βαίνω: step forward, advance, 2
πῶς: how? in what way? 5
σύμ-μετρος, όν: suitable for, in time for, 1
σχολή, ἡ: leisure, ease, free time, 4
τέρας, τό: portent, sign, wonder, marvel, 2
τύχη, ἡ: chance, luck, fortune, event, 6
ψεύδω: to prove false; mid. lie, cheat, 1

376 ἐς: εἰς
377 εἰδώς: i.e. recognizing her; pf. pple οἶδα
   ἀντιλογήσω: either fut. ind. or aor.
   deliberative subj.: 'How am I to…'
378 εἶναι: inf. εἰμί
379 ὦ δύστηνος: direct address with a
   nominative endings instead of vocative
   δυστήνου πατρὸς Οἰδιπόδα: (daughter)
   of…; gen. of source; Οἰδιπόδα is a Doric
   gen. sg.
380 τί ποτ(ε): what in the world?; idiom
   οὐ δὴ…που: Certainly they are not, I
   suppose,…; an incredulous question,
   anticipating a 'yes' response
   σέ γ': you in fact.; γε emphasizes σέ
   ἀπιστοῦσαν: fem. acc. sg. pple with σέ

381 τοῖς βασιλείοισιν νόμους: obj. of pple
383 καθελόντες: aor. pple καθ-αιρέω (-ελ)
384 (ἐ)ξειργασμένη: reduplicated pf. pple
385 εἵλομεν: 1st pl. aor. αἱρέω (stem ἑλ)
386 εἰς δέον: at the right time; 'for what
   is needed,' neut. sg. pple δεῖ
387 σύμμετρος…: in time for…; this
   compound adj. governs a dat.
388 βροτοῖσιν: for…; dat. of interest
   οὐδέν ἔστ' ἀπώμοτον: i.e. there is nothing
   which men can swear not to do
389 ψεύδει: proves false, makes false
390 σχολῇ: at leisure; 'slowly,' dat. manner,
   may also mean 'hardly' or 'scarcely'
   ἂν ἐξηύχουν: I would have vowed; ἄν +
   impf. indicates unrealized potential

26

τοῖς σαῖς ἀπειλαῖς αἷς ἐχειμάσθην τότε.
ἀλλ' ἡ γὰρ ἐκτὸς καὶ παρ' ἐλπίδας χαρὰ
ἔοικεν ἄλλῃ μῆκος οὐδὲν ἡδονῇ,
ἥκω, δι' ὅρκων καίπερ ὢν ἀπώμοτος,
κόρην ἄγων τήνδ', ἣ καθῃρέθη τάφον   395
κοσμοῦσα. κλῆρος ἐνθάδ' οὐκ ἐπάλλετο,
ἀλλ' ἔστ' ἐμὸν θοὔρμαιον, οὐκ ἄλλου, τόδε.
καὶ νῦν, ἄναξ, τήνδ' αὐτός, ὡς θέλεις, λαβὼν
καὶ κρῖνε κἀξέλεγχ'· ἐγὼ δ' ἐλεύθερος
δίκαιός εἰμι τῶνδ' ἀπηλλάχθαι κακῶν.   400
Κρέ   ἄγεις δὲ τήνδε τῷ τρόπῳ πόθεν λαβών;
Φύλ   αὕτη τὸν ἄνδρ' ἔθαπτε· πάντ' ἐπίστασαι.
Κρέ   ἦ καὶ ξυνίης καὶ λέγεις ὀρθῶς ἃ φής;
Φύλ   ταύτην γ' ἰδὼν θάπτουσαν ὃν σὺ τὸν νεκρὸν
ἀπεῖπας. ἆρ' ἔνδηλα καὶ σαφῆ λέγω;   405

ἄλλῃ: in another place; in another way, 1
ἀπ-αλλάσσω: to set free, release, deliver, 5
ἀπ-εῖπον: speak against, refuse, renounce, 1
ἀπ-ώμοτος ον: foresworn, sworn not to act 2
ἀπειλή, ἡ: threat, boast, 2
ἐκτός: outside; out of, far from (+ gen.), 5
ἐλεύθερος, -η, -ον: free, 2
ἔν-δηλος, -ον: visible, manifest, clear, 1
ἐνθάδε: here, hither, there, thither, 3
ἐξ-ελέγχω: cross-examine, accuse, refute 1
ἔοικα: to be or seem likely, be reasonable, 5
ἐπίσταμαι: to know (how), understand, 5
ἕρμαιον, τό: wind-fall, god-send, 1
ἔστε: ἔσ-οτε until, up to the time that, 1
ἦ: in truth, truly (begins open question), 6
ἡδονή, ἡ: pleasure, enjoyment, delight, 4
θάπτω: to bury, honor with funeral rites, 7

καθ-αιρέω: to take down, reduce, destroy, 3
καίπερ: although, albeit, 1
κλῆρος, ὁ: a lot, plot (of land), 2
κόρα, ἡ: girl, maiden, 5
κοσμέω: to order, arrange, adorn, 3
κρίνω: to choose, decide; judge, interpret, 2
μῆκος, τό: length; extent, magnitude, 2
ὅρκος, ὁ: oath, 1
πάλλω: to poise, brandish; mid. draw lots, 1
πόθεν: whence? from where?, 2
σαφής, -ές: reliable, definite, clear, distinct, 2
συν-ίημι: to understand; put together, 2
τότε: at that time, then, 6
τρόπος, ὁ: a manner, way; turn, direction, 2
χαρά, ἡ: joy, delight, 2
χειμάζομαι: be storm-tossed, be distressed 1

---

391 ταῖς...ἀπειλαῖς: because of...; dat. cause
    αἷς: by which...; dat. of cause
    ἐχειμάσθην: 1st sg. aor. pass.
392 ἀλλ(ὰ)...γὰρ: but since...
    ἐκτὸς καὶ παρ(ὰ) ἐλπίδας: exceeding and
    beyond expectations
393 ἔοικεν...οὐδὲν: is not at all like; + dat.,
    adverbial acc.
    μῆκος: in...; acc. of respect
394 ὢν: nom. sg pres. pple εἰμί
395 καθῃρέθη: 3rd sg. aor. pass. καθαιρέω
396 ἐνθάδε: at this point; in time, not space
397 θοὔρμαιον: τὸ ἕρμαιον
    ἄλλου: possessive, parallel to ἐμὸν

398 αὐτὸς: (you) yourself; intensive pronoun
    ὡς: as...; parenthetical, (ἐ)θέλεις
399 κρῖνε κα(ὶ ἐ)ξέλεγχε: imperatives
400 δικαιός εἰμί: I am right to...; governs an
    epexegetic (explanatory) inf.
    τῶνδε...κακῶν: from...; gen. of separation
    ἀπηλλάχθαι: pf. pass. inf.
401 τῷ τρόπῳ πόθεν: in what way and from
    where?; double interrogative, τῷ is dat τίνι
404 γ': yes; an affirmative
    ἰδὼν: nom. sg. aor. pple εἶδον

27

Κρέ καὶ πῶς ὁρᾶται κἀπίληπτος ᾑρέθη;

Φύλ τοιοῦτον ἦν τὸ πρᾶγμ᾽. ὅπως γὰρ ἥκομεν,
πρὸς σοῦ τὰ δείν᾽ ἐκεῖν᾽ ἐπηπειλημένοι,
πᾶσαν κόνιν σήραντες, ᾗ κατεῖχε τὸν
νέκυν, μυδῶν τε σῶμα γυμνώσαντες εὖ,   410
καθήμεθ᾽ ἄκρων ἐκ πάγων ὑπήνεμοι,
ὀσμὴν ἀπ᾽ αὐτοῦ μὴ βάλοι πεφευγότες,
ἐγερτὶ κινῶν ἄνδρ᾽ ἀνὴρ ἐπιρρόθοις
κακοῖσιν, εἴ τις τοῦδ᾽ ἀκηδήσοι πόνου.
χρόνον τάδ᾽ ἦν τοσοῦτον, ἔστ᾽ ἐν αἰθέρι   415
μέσῳ κατέστη λαμπρὸς ἡλίου κύκλος
καὶ καῦμ᾽ ἔθαλπε· καὶ τότ᾽ ἐξαίφνης χθονὸς
τυφὼς ἀείρας σκηπτόν οὐράνιον ἄχος,
πίμπλησι πεδίον, πᾶσαν αἰκίζων φόβην
ὕλης πεδιάδος, ἐν δ᾽ ἐμεστώθη μέγας   420

ἀ-κηδέω: to neglect, be neglectful, 1
ἀείρω: to lift, raise up, 1
αἰθήρ, αἰθέρος, ὁ: sky, wide air, aether, 2
αἰκίζω: to treat injuriously, mar, torment, 2
ἄκρος, -η, -ον: topmost, excellent, 5
ἄχος, -εος, τό: anguish, distress, grief, 3
βάλλω: to throw, pelt, hit, strike, 3
γυμνόω: to strip naked, be naked, 1
ἐγερτί: busily, eagerly, wakefully, 1
ἐξαίφνης: suddenly, immediately, 1
ἐπ-απειλέω: direct a threat against, threaten 2
ἐπί-ληπτος, -ον: caught, detected, 1
ἐπί-ρροθος, -ον: abusive or bandied words, 1
ἔστε: ἔσ-οτε until, up to the time that, 1
ἥλιος, ὁ: the sun, (else ἀέλιος) 2
θάλπω: to warm, heat up, 1
κάθ-ημαι: to sit, sit down, 1
καθ-ίστημι: stand, establish; put into a state, 5
κατ-έχω: to hold fast; check, cover; possess 4
καῦμα, -ατος, τό: heat, burning heat, 1
κινέω: set in motion, move; rouse, irritate, 3
κόνις, ἡ: dust, 5
κύκλος, ὁ: circle, ring; eyesocket 4

λαμπρός, -ά, -όν: bright, brilliant, radiant, 1
μέσος, -η, -ον: middle, in the middle of, 3
μεστόω: to fill full of (gen), 2
μυδάω: to be damp, clammy; drip 2
ὀσμή, ἡ: smell, scent, odor, 2
οὐράνιος, -η, -ον: heavenly, of the sky, 2
πάγος, ὁ: frost; rock, hill, 3
πεδιάς, -άδος: level, flat, 1
πεδίον, τό: plain; flat land, 2
πίμπλημι: to fill, fill full, 2
πόνος, ὁ: work, toil, labor, 5
πρᾶγμα, -ματος, τό: action, deed, matter 6
πῶς: how? in what way? 5
σαίρω: to sweep away, clean, 1
σκηπτός, ὁ: a thunderbolt, 1
σῶμα, -ατος, τό: the body, 3
τοσοῦτος, -αύτη, -ο: so great, much, many 4
τότε: at that time, then, 6
τυφώς, -ῶ ὁ: typhoon, whirlwind, 1
ὕλη, ἡ: wood, forest, 1
ὑπ-ήνεμος, -ον: under the wind, sheltered, 1
φεύγω: to flee, escape; defend in court, 6
φόβη, ἡ: foliage, leafage, tufts; lock of hair, 1

406 ᾑρέθη: 3rd sg. aor. pass. αἱρέω
407 ὅπως: when
408 πρὸς: from…; gen. of source, often
    the equivalent to a gen. of agent
    τὰ δεῖνα ἐκεῖνα: i.e. threats, inner acc.
    ἐπηπειλημένοι: pf. pass. pple
409 ᾗ: which…; κόνιν is fem. sg. antecedent
410 μυδῶν: μυδάων, neut. pple with σῶμα

411 ἄκρων ἐκ πάγων: here 'hills' not 'frost'
412 μὴ βάλοι: lest it strike (us); opt. replaces
    subj. in a fearing clause in secondary seq.
414 ἀκηδήσοι: neglects; fut. opt. replacing a
    fut. indicative in ind. disc. secondary seq.
416 κατέστη: aor. καθ-ίστημι
418 σκηπτόν: a metaphor for a sand-storm
420 ἐν δ᾽ἐμεστώθη: and therein…; aor. pass.

28

αἰθήρ· μύσαντες δ᾽ εἴχομεν θείαν νόσον.
καὶ τοῦδ᾽ ἀπαλλαγέντος ἐν χρόνῳ μακρῷ,
ἡ παῖς ὁρᾶται, κἀνακωκύει πικρᾶς
ὄρνιθος ὀξὺν φθόγγον, ὡς ὅταν κενῆς
εὐνῆς νεοσσῶν ὀρφανὸν βλέψῃ λέχος.   425
οὕτω δὲ χαὕτη, ψιλὸν ὡς ὁρᾷ νέκυν,
γόοισιν ἐξώμωξεν, ἐκ δ᾽ ἀρὰς κακὰς
ἠρᾶτο τοῖσι τοὔργον ἐξειργασμένοις.
καὶ χερσὶν εὐθὺς διψίαν φέρει κόνιν,
ἔκ τ᾽ εὐκροτήτου χαλκέας ἄρδην πρόχου   430
χοαῖσι τρισπόνδοισι τὸν νέκυν στέφει.
χἠμεῖς ἰδόντες ἱέμεσθα, σὺν δέ νιν
θηρώμεθ᾽ εὐθὺς οὐδὲν ἐκπεπληγμένην,
καὶ τάς τε πρόσθεν τάς τε νῦν ἠλέγχομεν
πράξεις· ἄπαρνος δ᾽ οὐδενὸς καθίστατο,   435

αἰθήρ, αἰθέρος, ὁ: sky, wide air, aether, 2
ἀνα-κωκύω: to shriek out, wail out, cry out 2
ἀπ-αλλάσσω: to set free, release, deliver, 5
ἄπ-αρνος, -ον: denying utterly, 1
ἀρά, ἡ: prayer, vow, curse, 1
ἀράομαι: pray to, invoke; to vow that + inf. 1
ἄρδην: lifted up, on high, 1
βλέπω: to see, look at, 5
γόος, ὁ: wailing, weeping, lamenting, 3
δίψιος, -α, -ον: thirsty, dry, parched, 2
ἐκ-πλήσσω: strike, shock, amaze, 1
ἐλέγχω: cross-examine, accuse test, refute, 2
ἐξ-εργάζομαι: accomplish utterly, finish 2
ἐξ-οιμώζω: to wail aloud, cry outloud, 1
εὐ-κρότητος ον: well-hammered or -made, 1
εὐθύς: right away, straight, directly, at once, 3
εὐνή, ἡ: bed, couth, 6
θεῖος, -α, -ον: divine, sent by the gods, 1
θηράω: to hunt or chase, pursue, 2
ἵημι: to let go, send, throw; mid. hasten, 2
καθ-ίστημι: to set, establish; put into a state, 5

κενός, -ή, -όν: empty; void, destitute, 4
κόνις, ἡ: dust, 5
λέχος, -εος, τό: bed, couch, 4
μακρός, -ή, -όν: long, far, distant, large, 4
μύω: to close, shut (one's eyes), 1
νεοσσός, ὁ: nestling, young bird, chick, 1
νιν: him, her (not reflexive) 7
νόσος, ὁ: sickness, illness, disease, 6
ὀξύς, -εῖα, -ύ: sharp, piercing, fierce, 4
ὄρνις, ὄρνιθος, ὁ, ἡ: a bird, 4
ὀρφανός, -ή, -όν: bereft of, bereaved of, 1
πικρός, -ά, -όν: sharp, keen, bitter, 1
πρᾶξις, -εως, ἡ: a action, deed, business, 2
πρό-χοος, ὁ: jug, pitcher (esp. for water), 1
πρόσθεν: before (+ gen.) 3
στέφω: to put around, crown, 1
τρί-σπονδος, -ον: thrice-poured, 1
φθόγγος, ὁ: voice, 5
χαλκεύς, -έως, ὁ: blacksmith, 1
χοή, ἡ: libation, drink-offering, 2
ψιλός, -όν: bare, stript, simple, 1

---

421 νόσον: plague; a metaphor for disaster
422 τοῦδ(ε) ἀπαλλαγέντος: after this
    (storm)...; gen. abs., aor. pass. pple
423 πικρᾶς ὄρνιθος: i.e. embittered; gen. sg.
424 ὡς: just as...; beginning a bird simile
    κενῆς εὐνῆς: partitive gen. with λέχος
425 νεοσσῶν: gen. separation with ὀρφανὸν
    βλέψῃ: 3rd sg. aor. subj., temporal clause
426 οὕτω...χαὕτη: so this one too; καὶ αὕτη
    ὡς: when...
427 ἐκ δ᾽...ἠρᾶτο: tmesis, impf. ἀράομαι

ἀρὰς κακὰς: cognate acc.
428 τοῖσι...ἐξειργασμένοις: against those...;
    'for...' pf. pple, dat. of interest
429 χερσὶν: dat. pl. of means, χείρ
432 χἠμεῖς...ἱέμεσθα: we rush; καὶ ἡμεῖς,
    ~ἵημι
    σὺν δέ...θηρώμεθ(α): tmesis
433 οὐδὲν: not at all
434 τάς..νῦν: deeds both past and present
435 καθίστατο: she became; impf. '

29

ἄμ᾽ ἡδέως ἔμοιγε κἀλγεινῶς ἅμα.
τὸ μὲν γὰρ αὐτὸν ἐκ κακῶν πεφευγέναι
ἥδιστον, ἐς κακὸν δὲ τοὺς φίλους ἄγειν
ἀλγεινόν· ἀλλὰ πάντα ταῦθ᾽ ἥσσω λαβεῖν
ἐμοὶ πέφυκε τῆς ἐμῆς σωτηρίας.   440

Κρέ   σὲ δή, σὲ τὴν νεύουσαν εἰς πέδον κάρα,
  φῂς ἢ καταρνεῖ μὴ δεδρακέναι τάδε;
Ἀντ   καὶ φημὶ δρᾶσαι κοὐκ ἀπαρνοῦμαι τὸ μή.
Κρέ   σὺ μὲν κομίζοις ἂν σεαυτὸν ᾗ θέλεις
  ἔξω βαρείας αἰτίας ἐλεύθερον·   445
  σὺ δ᾽ εἰπέ μοι μὴ μῆκος, ἀλλὰ συντόμως,
  ᾔδησθα κηρυχθέντα μὴ πράσσειν τάδε;
Ἀντ   ᾔδη· τί δ᾽ οὐκ ἔμελλον; ἐμφανῆ γὰρ ἦν.
Κρέ   καὶ δῆτ᾽ ἐτόλμας τούσδ᾽ ὑπερβαίνειν νόμους;
Ἀντ   οὐ γάρ τί μοι Ζεὺς ἦν ὁ κηρύξας τάδε,   450

αἰτία, ἡ: cause, responsibility, blame, 4
ἀλγεινός, -ή, -όν: painful, grievous, 5
ἅμα: at the same time; along with (dat.), 5
ἀπ-αρνέομαι: to deny, deny utterly, 1
βαρύς, -εῖα, -ύ: low, heavy; grievous, 3
δῆτα: indeed, to be sure, of course, 7
ἔγωγε: I, for my part, 5
ἐλεύθερος, -η, -ον: free, 2
ἐμ-φανής, -ες: open, public, visible, 2
ἔξω: out of (+ gen.); adv. outside, 3
ἡδέως: sweetly, pleasantly, gladly, 2
ἡδύς, -εῖα, -ύ: sweet, pleasant, glad, 3
ἥσσων, -ον: inferior, weaker, less, 3

κατ-αρνέομαι: deny strongly, keep denying 1
κήρυγμα, -ατος, τό: proclamation, notice, 3
κηρύσσω: to be a herald, proclaim, 5
κομίζω: carry, bring; provide for, attend, 2
μῆκος, τό: length; extent, magnitude, 2
νεύω: to nod, 2
πέδον, τό: plain, flat land, ground, 2
σεαυτοῦ, -ῆς, -οῦ: yourself, 6
συν-τόμως: quickly, concisely, briefly, 1
σωτηρία, ἡ: salvation; safety, security, 2
τολμάω: to dare, undertake, endure, 3
ὑπερ-βαίνω: to overstep, transgress, 3
φεύγω: to flee, escape; defend in court, 6

336 ἅμ(α)...ἅμα: *at once...at once...*; both
 ...and, on the one hand... on the other
 ἔμοιγε: dat. of interest
337 τὸ...πεφευγέναι: *that...have escaped*;
 articular inf., pf. active, as subject
 αὐτὸν: *that (I) myself*; intensive pronoun
 modifying a missing acc. subject of the inf.
338 ἥδιστον (ἐστί): superlative ἡδύς is a
 neut. predicate. adj., supply a linking verb
 ἐς κακὸν: *to trouble*
339 ἀλγεινόν (ἐστι): neut. pred. adjective
 πάντα ταῦτα: i.e. everything noted in
 lines 338-9 (ἐς κακὸν...ἀλγεινόν);
 ἥσσο(ν)α λαβεῖν: neuter pl. predicate of
 πέφυκε with an explanatory infinitive
440 πέφυκε: *are (naturally)*; pf. φύω, the
 subject is neuter plural πάντα ταῦτα

τῆς...σωτηρίας: *than...*; gen. comparison
441 σέ δή: *you then....*?; δή may express a
 contemptuous or indignant tone with σύ ;
442 φῂς: 2nd sg. pres. φημί
 καταρνε(σ)αι: 2nd sg. pres. mid.
 μὴ δεδρακέναι τάδε: *that...*; μή follows a
 verb of denial and may be left untranslated;
 σέ is the acc. subject of the pf. inf. δράω
443 δρᾶσαι: *that (I)...* aor. inf., add a subject
 τὸ μὴ (δρᾶσαι): *that (I)...*; for μή, see 442
444 σὺ μὲν, σὺ δὲ: i.e. the guard and Antigone
 κομίζοις ἂν: *you may...*; potential opt.,
 ᾗ θέλεις: *where you wish*; 'in which (place)'
445 μῆκος: *at length*; acc. of duration
447 ᾔδησθα: 2nd sg. plpf. οἶδα as simple past
448 ᾔδη: 1st sg. plpf. οἶδα as simple past
450 οὐ...τι: *not at all*

30

οὐδ᾽ ἡ ξύνοικος τῶν κάτω θεῶν Δίκη
τοιούσδ᾽ ἐν ἀνθρώποισιν ὥρισεν νόμους.
οὐδὲ σθένειν τοσοῦτον ᾠόμην τὰ σὰ
κηρύγμαθ᾽, ὥστ᾽ ἄγραπτα κἀσφαλῆ θεῶν
νόμιμα δύνασθαι θνητὸν ὄνθ᾽ ὑπερδραμεῖν.   455
οὐ γάρ τι νῦν γε κἀχθές, ἀλλ᾽ ἀεί ποτε
ζῇ ταῦτα, κοὐδεὶς οἶδεν ἐξ ὅτου 'φάνη.
τούτων ἐγὼ οὐκ ἔμελλον, ἀνδρὸς οὐδενὸς
φρόνημα δείσασ᾽, ἐν θεοῖσι τὴν δίκην
δώσειν· θανουμένη γὰρ ἐξῄδη, τί δ᾽ οὔ;   460
κεἰ μὴ σὺ προὐκήρυξας. εἰ δὲ τοῦ χρόνου
πρόσθεν θανοῦμαι, κέρδος αὔτ᾽ ἐγὼ λέγω.
ὅστις γὰρ ἐν πολλοῖσιν ὡς ἐγὼ κακοῖς
ζῇ, πῶς ὅδ᾽ οὐχὶ κατθανὼν κέρδος φέρει;
οὕτως ἔμοιγε τοῦδε τοῦ μόρου τυχεῖν   465

ἄ-γραπτος, -ον: unwritten, 1
ἀ-σφαλής, -ές: not liable to fall, safe, secure 2
ἀεί: always, forever, in every case, 6
δείδω: fear, dread, shrink from, feel awe, 5
δίδωμι: to give, offer, grant, provide, 6
δύναμαι: to be able, can, be capable, 4
ἔγωγε: I, for my part, 5
ἐξ-οιδα: to know utterly, know well, 1
ἐχθές, -ον: yesterday (χθές,) 1
θνητός, -ή, -όν: liable to death, mortal, 4
κατα-θνήσκω: to die, 6
κήρυγμα, -ατος, τό: proclamation, notice, 3
νόμιμα, τά: observances, customs, usages, 1

οἴομαι: to suppose, think, imagine, 4
ὁρίζω: to mark out, establish; divide, 1
προ-κηρύσσω: to proclaim by herald, 2
πρόσθεν: before (+ gen.) 3
πῶς: how? in what way? 5
σθένω: to be strong, have strength, 3
σύν-οικος, ὁ, ἡ: fellow-dweller, co-habitant, 1
τοιόσδε, -άδε, -όνδε: such, this (here) sort, 7
τοσοῦτος, -αύτη, -ο: so great, much, many 4
τυγχάνω: chance upon, get, attain; happen, 5
ὑπερ-τρέχω: to run over, overrun, 1
φρόνημα, τό: thought, purpose, resolve, 6
ὥστε: so that, that, so as to, 7

451 τῶν κάτω θεῶν: i.e. of the underworld, one usually expects a dat. after σύνοικος
Δίκη: personified as a goddess
453 ᾠόμην: impf. οἴομαι
τοσοῦτον: so (strong); inner acc.
454 ὥστε...δύνασθαι: that...; result, + inf.
θνητὸν ὄντ(α): (one)...; acc. pple εἰμί and acc. predicate modify the missing acc. subject of δύνασθαι; add the acc. subject
455 ὑπερδραμεῖν: aor. inf. ὑπερ-τρέχω
456 οὐ...τι: not at all
νῦν γε κα(ὶ) ἐχθές: i.e. the present and past
ποτε: at any time
457 ζῇ: ζάει, pres. ind. with neut. pl. subject
ἐξ ὅτου: ἐξ οὗτινος, gen. sg. ὅστις
(ἐ)φάνη: appeared; aor. pass. dep. φαίνω
458 τούτων: i.e. the νόμιμα θεῶν; modifies δίκην

ἔμελλον...δώσειν: μέλλω governs a fut. inf., δίδωμι
οὐδενὸς: of any...; following οὐ
459 φρόνημα: this word can frequently mean 'high thoughts' or 'pride'
δείσασ(α): fem. nom. sg. aor. pple
ἐν: among...; i.e. before the eyes of...
δίκην δώσειν: pay the penalty; fut., idiom
460 θανουμένη: (that I) will die; fut. mid. pple as the ind. disc. of a verb of knowing
ἐξῄδη: 1st sg. plpf. οἶδα, past in sense
τί δ᾽ οὔ: supply ἐξῄδη
461 κεἰ: even if...
462 θανοῦμαι: fut. dep. (stem θανε)
κέρδος αὔτ(ό): I call it a gain; double acc.
463 ὡς ἐγώ: just as I
465 τυχεῖν: to attain; aor. inf. + partitive gen.

31

παρ' οὐδὲν ἄλγος· ἀλλ' ἄν, εἰ τὸν ἐξ ἐμῆς
μητρὸς θανόντ' ἄθαπτον ἠνσχόμην νέκυν,
κείνοις ἂν ἤλγουν· τοῖσδε δ' οὐκ ἀλγύνομαι.
σοὶ δ' εἰ δοκῶ νῦν μῶρα δρῶσα τυγχάνειν,
σχεδόν τι μώρῳ μωρίαν ὀφλισκάνω.   470

Χορ δηλοῖ τὸ γέννημ' ὠμὸν ἐξ ὠμοῦ πατρὸς
τῆς παιδός. εἴκειν δ' οὐκ ἐπίσταται κακοῖς.

Κρέ ἀλλ' ἴσθι τοι τὰ σκλήρ' ἄγαν φρονήματα
πίπτειν μάλιστα, καὶ τὸν ἐγκρατέστατον
σίδηρον ὀπτὸν ἐκ πυρὸς περισκελῆ   475
θραυσθέντα καὶ ῥαγέντα πλεῖστ' ἂν εἰσίδοις·
σμικρῷ χαλινῷ δ' οἶδα τοὺς θυμουμένους
ἵππους καταρτυθέντας· οὐ γὰρ ἐκπέλει
φρονεῖν μέγ' ὅστις δοῦλός ἐστι τῶν πέλας.
αὕτη δ' ὑβρίζειν μὲν τότ' ἐξηπίστατο,   480

ἄ-θαπτος, -ον: unburied, 3
ἄγαν: too much, excessively, 6
ἀλγέω: to feel pain, suffer, 3
ἄλγος, τό: pain, distress, grief, 1
ἀλγύνω: to pain, distress, grieve, 2
ἀν-έχω: to allow, endure, sustain, 1
γέννημα, -ατος, τό: offspring, 2
δηλόω: to show, reveal, make clear, 4
δοῦλος, ὁ: a slave, 2
ἐγ-κρατής, -ές: strong, firm, self-controlled, 2
εἴκω: yield, give way to dat. (aor. εἰκάθον) 5
εἰσ-οράω: to look upon, view, behold, 3
ἐκ-πέλει: it is permitted, it is allowed, 1
ἐξ-επίσταμαι: to know well or thoroughly, 2
ἐπίσταμαι: to know (how), understand, 5
θραύω: to shatter, break into pieces, 1
θυμόω: make spirited; *mid.* be spirited 2
ἵππος, ὁ: a horse, 2
κατ-αρτύω: to discipline, train, prepare, 1
μάλιστα: most of all; certainly, especially, 3

μωρία, ἡ: folly, silliness, 1
μῶρος, -α, -ον: foolish, stupid, sluggish, 3
ὀπτός, -ή, -όν: baked, roasted, 1
ὀφλισκάνω: owe, incur a charge of acc., 2
πέλας: near, close; neighbor, other, 2
περι-σκελής, -ές: very hard, 1
πλεῖστος, -η, -ον: most, greatest, largest, 3
πῦρ, -ος, τό: fire, 7
ῥήγνυμι: to break, burst, rend, 1
σίδηρος, ὁ: iron; sword, knife, 1
σκληρός, -ά, -όν: hard, stiff, unyielding, 1
σμικρός, -ά, -όν: small, little, 2
σχεδόν: nearly, almost, just about, 1
τοι: you know, as you know, surely, 7
τότε: at that time, then, 6
τυγχάνω: chance upon, get, attain; happen, 5
ὑβρίζω: to commit outrage, insult, maltreat, 2
φρόνημα, τό: thought, purpose, resolve, 6
χαλινός, ὁ: a bridle, bit, 2
ὠμός, -ή, -όν: wild, savage, cruel, raw, 2

466 παρ(ὰ) ουδέν ἄλγος (ἐστί): *is pain of no
  account;* 'equivalent to nothing,' add a
  linking verb; the subject is τυχεῖν
  ἄν, εἰ...ἠνσχόμην, ἂν ἤλγουν: *if... I had,
  I would...*; mixed contrafactual (εἰ aor., ἂν
  impf.), the duplicated ἄν is untranslated
  τὸν...μητρὸς: *a (son) from my mother (is)*;
  the article reveals the male gender, add
  a verb, ἄθαπτον νέκυν is acc. predicate
467 ἠνσχόμην: aor. mid. ἀν-έχω (εσχ-)
468 (ἐ)κείνοις, τοῖσδε: dat. of means
469 τυγχάνειν: *to happen to...*; + pple

470 σχεδόν τι: *perhaps;* 'almost'
  μώρῳ: *in the eyes of a fool*; dat. reference
471 δηλοῖ: *she reveals;* or 'shows herself'
472 τῆς παιδός: *of a daughter;* an appositive
  gen. (gen. explanation) modifies γέννημα
473 ἴσθι: sg. imperative οἶδα
476 ῥαγέντα: aor. pass. ῥήγνυμι, θραύω
  ἂν εἰσίδοις: potential aor. opt. εἰσ-οράω
479 φρονεῖν μέγα: *to think arrogant thoughts*
  (τουτῳ) ὅστις: *(for anyone) who...*
  τῶν πέλας: *of the neighbors*
480 αὕτη: *this one;* Creon talks to the chorus

32

νόμους ὑπερβαίνουσα τοὺς προκειμένους·
ὕβρις δ', ἐπεὶ δέδρακεν, ἥδε δευτέρα,
τούτοις ἐπαυχεῖν καὶ δεδρακυῖαν γελᾶν.
ἦ νῦν ἐγὼ μὲν οὐκ ἀνήρ, αὕτη δ' ἀνήρ,
εἰ ταῦτ' ἀνατὶ τῇδε κείσεται κράτη.   485
ἀλλ' εἴτ' ἀδελφῆς εἴθ' ὁμαιμονεστέρα
τοῦ παντὸς ἡμῖν Ζηνὸς ἑρκείου κυρεῖ,
αὐτή τε χἠ ξύναιμος οὐκ ἀλύξετον
μόρου κακίστου· καὶ γὰρ οὖν κείνην ἴσον
ἐπαιτιῶμαι τοῦδε βουλεῦσαι τάφου.   490
καί νιν καλεῖτ'· ἔσω γὰρ εἶδον ἀρτίως
λυσσῶσαν αὐτὴν οὐδ' ἐπήβολον φρενῶν.
φιλεῖ δ' ὁ θυμὸς πρόσθεν ᾑρῆσθαι κλοπεὺς
τῶν μηδὲν ὀρθῶς ἐν σκότῳ τεχνωμένων·
μισῶ γε μέντοι χὤταν ἐν κακοῖσί τις   495

ἀδελφή, ἡ: a sister, 2
ἀλύσκω: to escape, evade, avoid, forsake, 1
ἀνατί: without harm, with impunity, 1
ἀρτίως: just, now first; exactly 5
βουλεύω: to deliberate, plan, take counsel, 5
δεύτερος, -η, -ον: second; next, 2
ἐπ-αιτιάομαι: charge, accuse (acc) of, 1
ἐπ-αυχέω: to exult in, boast loudly in (dat), 1
ἐπήβολος, ον: in possession of, in reach of, 1
ἑρκεῖος, -ον: of the courtyard or household, 1
ἔσω: into, inwards, to within, into, in, 3
ἦ: in truth, truly (begins open question), 6
θυμός, ὁ: desire, heart; soul, life, 5
καλέω: to call, summon, invite, 3
κεῖμαι: to lie at hand, lie down, 6
κλοπεύς, ὁ: thief, stealer; perpetrator, 1

κράτος, -εος, τό: strength, power, 6
κυρέω: hit upon, light upon, encounter, 3
λυσσάω: to be raging, rave, be mad, 1
μέντοι: however, nevertheless; certainly, 7
μισέω: to hate, 1
νιν: him, her (not reflexive) 7
ὅμ-αιμων, -ονος: near in blood, related 1
πρό-κειμαι: to lie exposed, be set before, 4
πρόσθεν: before (+ gen.) 3
σκότος, ὁ: darkness, gloom, 2
σύν-αιμος, -ον: of common blood, kindred, 4
τεχνάομαι: to devise, make by art, 1
τῇδε: here; in this way, thus, 3
ὕβρις, ἡ: arrogance, insolence, outrage, 2
ὑπερ-βαίνω: to overstep, transgress, 3
φιλέω: to love, befriend, 7

481 τοὺς προκειμένους: settled; prescribed
482 δέδρακεν: unaugmented plpf., δράω;
  supply a direct object, e.g. 'this deed'
  (ἐστί) δευτέρα: is the second; add verb
483 ἐπαυχεῖν, γελᾶν: (namely that she)...;
  these infinitives are in apposition to ὕβρις
  δεδρακυῖαν: while...; pf. act. pple δράω
  modifying the missing fem. acc. subject
484 ἀνήρ (εἰμι)...ἀνήρ (ἐστι): add linking verb
485 τῇδε: for this one; dat. of interest
  κράτη: κράτε-α; neut. nom. subj.
486 εἴτ(ε)...εἴ(τε): whether...or
  ἀδελφῆς: (the child) of my sister; gen. sg.
  ὁμαιμοεστέρα: fem. comparative degree
487 τοῦ παντός...Ζηνὸς ἑρκείου: than

anyone of my houshold Zeus; i.e. all family
  who worship in my household; comparison
  κυρεῖ: happens (to be); may govern a
  complementary pple, supply οὖσα
488 χἠ σύναιμος: καὶ ἡ σύναιμος; i.e. Ismene
  ἀλύξετον: 3ʳᵈ pers. dual fut. ἀλύσκω
489 μόρου κακίστου: gen. of separation
  καὶ γὰρ οὖν...ἴσον: for in fact...equally
490 τοῦδε...τάφου: of...; gen. of charge; the
  aor. inf. is perhaps epexegetic: 'in plotting'
491 καλεῖτ(ε): pl. imperative
493 φιλεῖ...ᾑρῆσθαι: tends to be caught as a
  thief beforehand. pf. pass. inf.
494 μηδέν: nothing (good)
495 μισῶ γε μέντοι: however, I truly hate...

33

ἁλοὺς ἔπειτα τοῦτο καλλύνειν θέλῃ.

Ἀντ θέλεις τι μεῖζον ἢ κατακτεῖναί μ᾽ ἑλών;

Κρέ ἐγὼ μὲν οὐδέν· τοῦτ᾽ ἔχων ἅπαντ᾽ ἔχω.

Ἀντ τί δῆτα μέλλεις; ὡς ἐμοὶ τῶν σῶν λόγων
ἀρεστὸν οὐδὲν μηδ᾽ ἀρεσθείη ποτέ·   500
οὕτω δὲ καὶ σοὶ τἄμ᾽ ἀφανδάνοντ᾽ ἔφυ.
καίτοι πόθεν κλέος γ᾽ ἂν εὐκλεέστερον
κατέσχον ἢ τὸν αὐτάδελφον ἐν τάφῳ
τιθεῖσα; τούτοις τοῦτο πᾶσιν ἁνδάνειν
λέγοιτ᾽ ἄν, εἰ μὴ γλῶσσαν ἐγκλῄοι φόβος.   505
ἀλλ᾽ ἡ τυραννὶς πολλά τ᾽ ἄλλ᾽ εὐδαιμονεῖ
κἄξεστιν αὐτῇ δρᾶν λέγειν θ᾽ ἃ βούλεται.

Κρέ σὺ τοῦτο μούνη τῶνδε Καδμείων ὁρᾷς.

Ἀντ ὁρῶσι χοὖτοι, σοὶ δ᾽ ὑπίλλουσιν στόμα.

Κρέ σὺ δ᾽ οὐκ ἐπαιδεῖ, τῶνδε χωρὶς εἰ φρονεῖς;   510

ἁλίσκομαι: to be taken, be caught, 2
ἀνδάνω: to please, delight, gratify (dat) 2
ἅπας, ἅπασα, ἅπαν: every, quite all, 2
ἀρέσκω: to please, satisfy, (dat.), 4
ἀρεστός, -ή, -όν: acceptable, pleasing, 1
αὐτά-δελφος, -ον: of one's sister or brother 3
ἀφ-ανδάνω: to displease, not please, 1
βούλομαι: to wish, be willing, desire, 7
γλῶσσα, ἡ: tongue, 6
δῆτα: certainly, to be sure, of course, 7
ἐγ-κλείω: to shut in, enclose, 2
ἔξεστι: it is allowed, permitted; is possible, 1
ἐπ-αιδέομαι: to be ashamed, 1
ἔπ-ειτα: then, next, secondly, 5
εὐ-κλεής, -ές: glorious, well-renowned, 2

εὐδαιμονέω: to be prosperous, happy, 1
Καδμεῖος, -η, -ον: Cadmean, of Thebes, 3
καίτοι: and yet, and indeed, and further, 4
καλλύνω: ennoble, make noble or glorious, 1
κατ-έχω: to hold fast; check, cover; possess 4
κατα-κτείνω: to kill, slay, 3
κλέος, -εος, τό: glory, fame, rumor, 1
μεῖζων -ον: greater, bigger, better (~μέγας) 7
πόθεν: whence? from where?, 2
στόμα, -ατος, τό: the mouth, 3
τίθημι: to set, put, place, arrange, 6
τυραννίς, -ίδος, ἡ: sovereignty, 1
ὑπ-ίλλω: to keep down, force beneath, 1
φόβος, ὁ: fear, terror, panic, 4
χωρίς: separately; apart from, without +gen 1

496 ἁλούς: nom. sg. aor. pple ἁλίσκομαι
  (ἐ)θέλῃ: 3rd sg. pres. subj. (ἐ)θέλω in a
  general temporal clause
497 ἑλών: nom. sg. aor. pple αἱρέω
498 οὐδέν (ἐθέλω): i.e. nothing else, in reply
  to (ἐ)θέλεις above
499 τί δῆτα: just what...?, what exactly...?
  ὡς: since...; 'as'
  τῶν...λόγων: partitive gen.
500 ἀρεστόν (ἐστι): (is) pleasing; neut. pple
  is a predicate nominative
  μηδ(ὲ) ἀρεσθείη: May it....; negative
  opt. of wish (hence, μή instead of οὐ); 3rd
  sg. aor. pass. opt. deponent. ἀρέσκω
501 τἄμε: τὰ ἐμὰ; possessive adj.
  ἔφυ: are naturally; 1 pple, as often for

3rd sg. aor. φύω
502 ἄν...κατέσχον: could I...; ἄν + aor.
  indicative for past potential
  εὐκλεέστερον...ή: comparative degree
503 τὸν αὐτάδελφον: my brother; an adj.
  employed as a substantive, see line 696
504 τιθεῖσα: fem. sg. pres. pple
  τοῦτο...ἁνδάνειν: subject of λέγοιτο
505 λέγοιτ(ο) ἄν, εἰ...ἐγκλῄοι: could...if...
  should; fut. less vivid, opt.
506 πολλά...ἄλλα: in...; acc. of respect
  κα(ὶ) ἐξεστι αὐτῇ: ...for it; i.e. ἡ τυραννίς
509 χοὖτοι: these also...; καὶ οὗτοι
  σοι: dat. of interest
510 ἐπαιδε(σ)αι: 2nd sg. pres. mid.

34

Ἀντ   οὐδὲν γὰρ αἰσχρὸν τοὺς ὁμοσπλάγχνους σέβειν.

Κρέ   οὔκουν ὅμαιμος χὠ καταντίον θανών;

Ἀντ   ὅμαιμος ἐκ μιᾶς τε καὶ ταὐτοῦ πατρός.

Κρέ   πῶς δῆτ' ἐκείνῳ δυσσεβῆ τιμᾷς χάριν;

Ἀντ   οὐ μαρτυρήσει ταῦθ' ὁ κατθανὼν νέκυς.   515

Κρέ   εἴ τοί σφε τιμᾷς ἐξ ἴσου τῷ δυσσεβεῖ.

Ἀντ   οὐ γάρ τι δοῦλος, ἀλλ' ἀδελφὸς ὤλετο.

Κρέ   πορθῶν δὲ τήνδε γῆν· ὁ δ' ἀντιστὰς ὕπερ.

Ἀντ   ὅμως ὅ γ' Ἅιδης τοὺς νόμους τούτους ποθεῖ.

Κρέ   ἀλλ' οὐχ ὁ χρηστὸς τῷ κακῷ λαχεῖν ἴσος.   520

Ἀντ   τίς οἶδεν εἰ κάτωθεν εὐαγῆ τάδε;

Κρέ   οὔτοι ποθ' οὑχθρός, οὐδ' ὅταν θάνῃ, φίλος.

Ἀντ   οὔτοι συνέχθειν, ἀλλὰ συμφιλεῖν ἔφυν.

Κρέ   κάτω νυν ἐλθοῦσ', εἰ φιλητέον, φίλει
        κείνους· ἐμοῦ δὲ ζῶντος οὐκ ἄρξει γυνή.   525

ἀδελφός, ὁ: a brother, 6
ἀνθ-ίστημι: to set against, resist, 2
δῆτα: certainly, to be sure, of course, 7
δοῦλος, ὁ: a slave, 2
δυσ-σεβής, -ές: impious, ungodly, profane, 2
εὐ-αγής, -ές: pure, holy, pollution-free, 1
ἐχθρός, -ή, -όν: hated, hostile; enemy, 7
κατα-θνήσκω: to die, 6
καταντίον: over against, right opposite, 1
κάτω-θεν: (from) below, up from below, 2
λαγχάνω: to obtain by lot, 6
μαρτυρέω: to bear witness, give evidence 2
ὅμ-αιμος, -η, -ον: of the same blood, related 2
ὁμό-σπλαγχος, -η, -ον: of the same belly, 1
ὅμως: nevertheless, however, yet, 2

οὔκ-ουν: not therefore, and so not, 6
ποθέω: to long for, yearn after, 1
πορθέω: to sack, plunder, devastate, 2
πῶς: how? in what way? 5
συμ-φιλέω: to love one another, mutually, 1
συν-εχθέω: to hate one another, mutually, 1
σφεῖς: they; as sg. him, her, it, 5
τιμάω: to honour, value, esteem, 7
τοι: you know, as you know, surely, 7
ὑπέρ: on behalf of (gen); over, beyond (acc) 5
φιλέω: to love, befriend, 7
φιλητέος, -α, -ον: to be loved, 1
χάρις, -ριτος, ἡ: favor, gratitude, thanks, 6
χρηστός, -ή, -όν: useful, worthy, good, 4

511 αἰσχρὸν (ἐστί): predicate, add verb
512 οὔκουν: anticipates a 'yes' response
     χὠ...θανών: κ(αὶ) ὁ θανών; supply ἐστί
     aor. pple. θνήσκω
513 ἐκ μιᾶς: fem. sg., not modifying πατρός
     τοῦ αὐτοῦ: the same; as often in the
     attributive position.
514 ἐκείνῳ: i.e. to Eteocles. dat. of reference;
     δυσσεβῆ: δυσσεβέα acc. sg. with χάριν
     τιμᾷς χάριν: you honor a favor; i.e. render
     an service to the dead
515 μαρτυρήσει: i.e. bear witness in support
     κατθανών: aor. pple καταθνήσκω
516 σφε: him; acc. sg. σφεῖς
     ἐξ ἴσου: equally
517 οὐ...τι: not at all

ὤλετο: aor. mid. ὄλλυμι
518 πορθῶν δ(ὲ): but...; a strong adversative
     ὁ δ': but the other...; change of subject
     ἀντιστάς: nom. sg. aor. pple
     (τῆς γῆς) ὕπερ: supply object of ὑπέρ
519 γ': at least; limitive and emphatic
520 ὁ χρηστός: the noble man is; in contrast
     to τῷ κακῷ, dat. of special adjective ἴσος
     λαχεῖν: to obtain a share; aor. explanatory
     (epexegetic) inf. following ἴσος
521 εὐαγῆ: εὐαγέα; neut. predicate, add ἐστί
522 οὔτοι: not, you know; οὔ τοι
     οὑχθρός: ὁ ἐχθρός
523 ἔφυν: My nature is; 'I am by nature' aor.
524 φιλητέον (ἐστί): it must be loved; impers.
     φίλει: φίλε-ε, sg. imperative.

35

Χορ   καὶ μὴν πρὸ πυλῶν ἥδ' Ἰσμήνη,
      φιλάδελφα κάτω δάκρυ' εἰβομένη·
      νεφέλη δ' ὀφρύων ὕπερ αἱματόεν
      ῥέθος αἰσχύνει,
      τέγγουσ' εὐώπα παρειάν.   530

Κρέ   σὺ δ', ἣ κατ' οἴκους ὡς ἔχιδν' ὑφειμένη
      λήθουσά μ' ἐξέπινες, οὐδ' ἐμάνθανον
      τρέφων δύ' ἄτα κἀπαναστάσεις θρόνων,
      φέρ', εἰπὲ δή μοι, καὶ σὺ τοῦδε τοῦ τάφου
      φήσεις μετασχεῖν, ἢ 'ξομεῖ τὸ μὴ εἰδέναι;   535

Ἰσμ   δέδρακα τοὔργον, εἴπερ ἥδ' ὁμορροθεῖ
      καὶ ξυμμετίσχω καὶ φέρω τῆς αἰτίας.

Ἀντ   ἀλλ' οὐκ ἐάσει τοῦτό γ' ἡ δίκη σ', ἐπεὶ
      οὔτ' ἠθέλησας οὔτ' ἐγὼ 'κοινωσάμην.

Ἰσμ   ἀλλ' ἐν κακοῖς τοῖς σοῖσιν οὐκ αἰσχύνομαι   540

αἱματόεις, -εσσα, -εν: bloody, full of blood, 1
αἰσχύνω: to befoul, shame; feel ashamed, 2
αἰτία, ἡ: cause, responsibility, blame, 4
δάκρυον, τό: a tear, 2
δή: indeed, surely, really, certainly, just, 5
δύο: two, 5
ἐάω: to permit, allow, let be, suffer, 5
εἴ-περ: if really, if, 4
εἴβω: to let fall (in drops), drop, 1
ἐκ-πίνω: to drink up, gulp down, 1
ἐξ-όμνυμι: to forswear, swear (in denial), 1
ἐπανάστασις ἡ: rising up against, rebellion 1
εὔ-ώψ, -ῶπος: fair to look on, fair-eyed, 1
ἔχιδνα, ἡ: snake, viper, 1
θρόνος, ὁ: chair, seat, 4
Ἰσμήνη, ἡ: Ismene, 1
λανθάνω: escape notice of, act unnoticed 2

μετ-έχω: to partake in, have share in (gen.) 1
μήν: truly, surely; yet, however 7
νεφέλη, ἡ: a cloud, 1
οἶκος, ὁ: a house, abode, dwelling, 4
ὁμό-ρροθέω: consent, agree; flow together 1
ὀφρύς, ἡ: eyebrow, brow, 2
παρεία, ἡ: cheek, 2
πρό: before, in front; in place of (gen.), 3
πύλη, ἡ: gate, gates, 4
ῥέθος, -εος, τό: sg. face; pl., limb, 1
συμ-μετίσχω: to share, take part together, 1
τέγγω: to wet, moisten; stain, 2
τρέφω: to rear, foster, nuture, 5
ὑπέρ: on behalf of (gen); over, beyond (acc) 5
ὑφ-ίημι: to lurk, cower, let down, 1
φιλάδελφος -ον: loving one's sister/brother 1

526 καὶ μὴν: *and look!*; 'and truly,' these two
    particles, in tragedy, often introduce a new
    scene or new character
    ἥδ'(ἐστί): *here (is)...*
527 δάκρυ(α): neuter pl. acc. object
528 ὀφρύων ὕπερ: ὑπὲρ ὀρφύων
529 αἰσχύνει: *makes ugly, befouls*
530 ἣ: *who*
    κατὰ οἴκους: *in the house*
    ὡς: *just as*
    ὑφειμένη: pf. mid. pple ὑφ-ίημι
532 λήθουσα: aor. pple λανθάνω
533 δύ(ο) ἄτα: dual fem. acc., ἄτη
534 φέρ(ε): *come now*; 'carry on' imperative

    often preceding another imperative
    δή: *now..., just...;* δή adds urgency to an
    imperative, here the aor. imperative λέγω
    καὶ: *also*; i.e. along with Antigone
    τοῦδε...τάφου: partitive gen.
535 φήσεις: fut. φημί
    (ἐ)ξομεῖ: fut. ἐξόμνυμι (ομε-)
    τὸ μὴ...: articular inf. μὴ is often used in
    oaths; here, the force of μὴ is redundant
    and may be left untranslated
537 τῆς αἰτίας: partitive gen. object of both
    verbs; φέρω does not often govern a gen.,
    supply an indefinite: 'some of the charge'
538 ἐάσει: *will allow (x) (y)*; double acc.

36

ξύμπλουν ἐμαυτὴν τοῦ πάθους ποιουμένη.

Ἀντ ὧν τοὔργον, Ἅιδης χοἰ κάτω ξυνίστορες·
λόγοις δ' ἐγὼ φιλοῦσαν οὐ στέργω φίλην.

Ἰσμ μήτοι, κασιγνήτη, μ' ἀτιμάσῃς τὸ μὴ οὐ
θανεῖν τε σὺν σοὶ τὸν θανόντα θ' ἁγνίσαι.   545

Ἀντ μή μοι θάνῃς σὺ κοινὰ μηδ' ἃ μὴ 'θιγες
ποιοῦ σεαυτῆς. ἀρκέσω θνῄσκουσ' ἐγώ.

Ἰσμ καὶ τίς βίος μοι σοῦ λελειμμένῃ φίλος;

Ἀντ Κρέοντ' ἐρώτα· τοῦδε γὰρ σὺ κηδεμών.

Ἰσμ τί ταῦτ' ἀνιᾷς μ', οὐδὲν ὠφελουμένη;   550

Ἀντ ἀλγοῦσα μὲν δῆτ' εἰ γελῶ γ' ἐν σοὶ γελῶ.

Ἰσμ τί δῆτ' ἂν ἀλλὰ νῦν σ' ἔτ' ὠφελοῖμ' ἐγώ;

Ἀντ σῶσον σεαυτήν· οὐ φθονῶ σ' ὑπεκφυγεῖν.

Ἰσμ οἴμοι τάλαινα, κἀμπλάκω τοῦ σοῦ μόρου;

Ἀντ σὺ μὲν γὰρ εἵλου ζῆν, ἐγὼ δὲ κατθανεῖν.   555

ἀ-τιμάζω: to dishonor, slight, disregard, 4
ἁγνίζω: to cleanse away, purify, 1
ἀλγέω: to feel pain, suffer, 3
ἀμπλάκω: to fall short, fail; lose (gen) 3
ἀνιάω: grieve, distress, trouble, 2
ἀρκέω: to suffice, be enough, ward off, 2
βίος, ὁ: life, 6
γελάω: to laugh, mock, 4
δῆτα: certainly, to be sure, of course, 7
ἐμαυτοῦ, -ῆς, -οῦ: myself, 6
ἐρωτάω: to ask, inquire, question, 2
θιγγάνω: to take hold of, touch (gen), 2
κασιγνήτη, ἡ: sister, 2
κατα-θνῄσκω: to die, 6

κηδέμών, -όνος, ὁ: guardian, caretaker, 1
λείπω: to leave, forsake, abandon, 5
μη-τοι: not, you know; at least not, 1
πάθος, -εος, τό: misfortune, suffering, 2
ποιέω: to do, make, create, compose, 6
ποιός, -ά, -όν: of a certain sort or kind, 1
σεαυτοῦ, -ῆς, -οῦ: yourself, 6
στέργω: to love, be fond of; submit to, 3
σύμ-πλους, -ουν: fellow-sailor, shipmate, 1
συν-ίστωρ, -ιστόρος, ὁ, ἡ: witness, 1
ὑπ-εκ-φεύγω: to flee, escape, 2
φθονέω: to begrudge, be reluctant, 1
φιλέω: to love, befriend, 7
ὠφελέω: to help, to be of use, benefit, 3

541 ὧν τὸ ἔργον (ἐστί): whose deed this (is)
χοἰ κάτω: and those below; καὶ οἱ κάτω
συνίστορες (εἰσίν): predicate; add verb
542 λόγοις δ(ἐ): with words (alone)
544 μήτοι...ἀτιμάσῃς: Don't, you know,...;
'You should not, you know...' prohibitive
subj. (μή + aor. subj.) as a neg. command
545 τὸ μὴ οὐ θανεῖν...ἁγνίσαι: from...; aor.
articular inf., μὴ οὐ, untranslated, often
follows a negative verb of prohibition
546 μή...θάνῃς: Don't...; prohibitive subj.
κοινὰ: in common
μηδ(ἐ)...ποιοῦ: Don't consider...; ποιέ(σ)ο,
negative pres. mid. imperative
ἃ...ἔθιγες: (these things) which...; (ταῦτα)
ὧν; partitive gen. attracted into the acc. of
the antecedent; aor. θιγγάνω

547 σεαυτῆς: as their own; predicative
ἀρκέσω: I will suffice; fut. ἀρκέω
θνῄσκουσ(α): by...; pple causal in sense
548 καὶ τίς: and what...?; καί expresses
surprise before an interrogative (here adj.)
σοῦ: gen. of separation
λελειμμένῃ: pf. pass. pple
φίλος (ἐστί): dear; predicate, add verb
550 τί...: why....?; ταῦτα is acc. of respect
551 μὲν δῆτα: indeed; reply to ὠφελουμένη
ἐν σοί: at you; governed by εἰ γελῶ γ(ε)
552 τί δῆτα...ἀλλὰ νῦν : What then...still
now; δῆτα inferential, ἀλλά inferential,
ἂν...ὠφελοῖμι: could...; potential opt.
553 σῶσον: aor. imperative, σῴζω
554 τοῦ σοῦ μόρου: from...; gen. separation
555 εἵλε(σ)ο: 2nd sg. aor. mid. αἱρέω (ἑλ)

37

Ἰσμ ἀλλ᾽ οὐκ ἐπ᾽ ἀρρήτοις γε τοῖς ἐμοῖς λόγοις.

Ἀντ καλῶς σὺ μὲν τοῖς, τοῖς δ᾽ ἐγὼ 'δόκουν φρονεῖν.

Ἰσμ καὶ μὴν ἴση νῷν ἐστιν ἡ 'ξαμαρτία.

Ἀντ θάρσει· σὺ μὲν ζῇς, ἡ δ᾽ ἐμὴ ψυχὴ πάλαι
     τέθνηκεν, ὥστε τοῖς θανοῦσιν ὠφελεῖν.   560

Κρέ τὼ παῖδε φημὶ τώδε τὴν μὲν ἀρτίως
     ἄνουν πεφάνθαι, τὴν δ᾽ ἀφ᾽ οὗ τὰ πρῶτ᾽ ἔφυ.

Ἰσμ οὐ γάρ ποτ᾽, ὦναξ, οὐδ᾽ ὃς ἂν βλάστῃ μένει
     νοῦς τοῖς κακῶς πράσσουσιν, ἀλλ᾽ ἐξίσταται.

Κρέ σοὶ γοῦν, ὅθ᾽ εἵλου σὺν κακοῖς πράσσειν κακά.   565

Ἰσμ τί γὰρ μόνη μοι τῆσδ᾽ ἄτερ βιώσιμον;

Κρέ ἀλλ᾽ ἥδε μέντοι μὴ λέγ᾽· οὐ γὰρ ἔστ᾽ ἔτι.

Ἰσμ ἀλλὰ κτενεῖς νυμφεῖα τοῦ σαυτοῦ τέκνου;

Κρέ ἀρώσιμοι γὰρ χατέρων εἰσὶν γύαι.

Ἰσμ οὐχ ὥς γ᾽ ἐκείνῳ τῇδέ τ᾽ ἦν ἡρμοσμένα.   570

ἄ-νους, -οῦν: senseless, silly, foolish, 3
ἄ-ρρητος, ον: unspoken, not to be spoken 1
ἁρμόζω: harmonize, fit together, join, 2
ἀρτίως: just, now first; exactly 5
ἀρώσιμος, -ον: plowable, fruitful, 1
ἄτερ: without; aloof, apart from, 2
βιώσιμος, -ον: worth living, to be lived, 1
βλαστά(ν)ω: to sprout, bring forth, grow, 3
γοῦν: certainly; at any rate, any way, 4
γύης, ἡ: plot, land, field, piece of land, 1
ἐξ-αμαρτία, ἡ: error, mistake, transgression 1
ἐξ-ίσταμαι: to stand apart, be displaced, 2
ἕτερος, -α, -ον: one of two, other, different, 2
θαρσέω: to be confident, take courage, 3

κτείνω: to kill, slay, kill, slay, 4
μέντοι: however, nevertheless; certainly, 7
μένω: to stay, remain, 4
μήν: truly, surely, 7
νοῦς, ὁ: mind, thought, reason, attention, 5
νυμφεῖος, -α, -ον: bridal; *subst.* bride, 1
νῷν: we two (gen. dat. dual), 3
ὅτε: when, at some time, 2
πάλαι: long ago, long, all along, 5
πρῶτος, -η, -ον: first, earliest, 4
σεαυτοῦ, -ῆς, -οῦ: yourself, 6
τῇδε: here; in this way, thus, 3
ὥστε: so that, that, so as to, 7
ὠφελέω: to help, to be of use, benefit, 3

555 ἀλλά: *well;* 'at least,' 'at any rate'
  οὐκ ἐπ(ὶ): *(you did) not (choose death)*
  without...; ἐπὶ + dat. describes the
  conditions: 'on the condition/terms of...'
556 σὺ (ἐδόκες φρονεῖν): supply verb
  μὲν..τοῖς....τοῖς δ(ὲ): *to some...to others*
558 καὶ μὴν: *and yet;* adversative
  νῷν: dat. pl. νῷν with predicate ἴση
559 θάρσει: θαρσε-ε, imperative
560 τέθνηκεν: pf. θνήσκω
  ὥστε: *so as...*; result clause
  τοῖς θανοῦσιν: dat. pl. ind. obj., θνήσκω
561 τὼ παῖδε τώδε...τὴν μὲν...τὴν δὲ: *that
  these two girls, this one...that one;* dual acc.
  subj.; the acc. sg. are partitive apposition
562 πεφάνθαι: aor. pass. inf. φαίνω
  τὴν δ(ὲ) (ἄνουν πεφάνθαι): supply inf.

and predicate for second τὴν δὲ
ἀφ᾽οὗ: *from which (time);* i.e. since
ἔφυ: aor. φύω
563 ὦναξ: ὦ ἄναξ, vocative direct address
  ὃς ἂν βλάστῃ...νοῦς: *reason, whatever
  grows (from birth);* general relative clause
  ἄν + subj.; νοῦς is subject of μενει
  τοῖς πράσσουσιν: *for those faring...*
565 σοὶ γοῦν: a reply to πράσσουσιν
  ὅτ(ε) εἵλε(σ)ο: *you chose;* aor. mid. αἱρέω
566 τῇδε ἄτερ: clarifying μόνη
  βιώσιμον (ἐστί): predicate, add verb
567 ἀλλά...μέντοι: *Nay but don't say 'this'*
568 νυμφεῖα: *bride;* 'bridal,' acc. neut. pl.
570 οὐχ ὥς γ(ε): *not just as...*
  ἦν ἡρμοσμένα: *things had been united;*
  periphrastic plpf. (impf. + pf. pass. pple)

38

Κρέ κακὰς ἐγὼ γυναῖκας υἱέσι στυγῶ.

Ἀντ ὦ φίλταθ᾽ Αἷμον, ὥς σ᾽ ἀτιμάζει πατήρ.

Κρέ ἄγαν γε λυπεῖς καὶ σὺ καὶ τὸ σὸν λέχος.

Χορ ἦ γὰρ στερήσεις τῆσδε τὸν σαυτοῦ γόνον;

Κρέ Ἅιδης ὁ παύσων τούσδε τοὺς γάμους ἔφυ.   575

Χορ δεδογμέν᾽, ὡς ἔοικε, τήνδε κατθανεῖν.

Κρέ καὶ σοί γε κἀμοί. μὴ τριβὰς ἔτ᾽, ἀλλά νιν
     κομίζετ᾽ εἴσω, δμῶες· ἐκ δὲ τοῦδε χρὴ
     γυναῖκας εἶναι τάσδε μηδ᾽ ἀνειμένας.
     φεύγουσι γάρ τοι χοἰ θρασεῖς, ὅταν πέλας   580
     ἤδη τὸν Ἅιδην εἰσορῶσι τοῦ βίου.

Χορ εὐδαίμονες οἷσι κακῶν ἄγευστος αἰών.   στρ. α
     οἷς γὰρ ἂν σεισθῇ θεόθεν δόμος, ἄτας
     οὐδὲν ἐλλείπει γενεᾶς ἐπὶ πλῆθος ἕρπον·   585

ἄ-γευστος, -ον: not having tasted (gen) 1
ἀ-τιμάζω: to dishonor, slight, disregard, 4
ἄγαν: too much, excessively, enough, 6
Αἷμων, ὁ: Haemon, 2
αἰών, -ῶνος ὁ: span of life, life, 2
ἀν-ίημι: to send up, let go, give up, 2
βίος, ὁ: life, 6
γάμος, ὁ: a wedding, wedding-feast, 4
γενεά, -ας, ἡ: race, family, lineage, descent, 3
γόνος, ὁ: offspring, a child, 2
δμώς, -ωός, ὁ: a male servant, 1
εἰσ-οράω: to look upon, view, behold, 3
εἴσω: into, inwards, to within, into, in, 1
ἐλ-λείπω: to be lacking, fail; leave out, 1
ἔοικα: to be or seem likely, be reasonable, 5
ἕρπω: to creep, move slowly, come, go, 6
εὐ-δαίμων, -ονος: fortunate, happy, blessed 1
ἦ: in truth, truly (begins open question), 6
ἤδη: already, now, at this time, 4

θεό-θεν: from a god, by way of the gods, 1
θρασύς, -εῖα, -ύ: bold, daring, confident, 3
κατα-θνήσκω: to die, 6
κομίζω: carry, bring; provide for, attend, 2
λέχος, -εος, τό: (marriage) bed, couch, 4
λυπέω: to cause pain, distress, grief, 2
νιν: him, her (not reflexive) 7
παύω: to stop, make cease, 5
πέλας: near, close; neighbor, other, (gen.) 2
πλῆθος, ἡ: crowd, multitude; size, 1
σεαυτοῦ, -ῆς, -οῦ: yourself, 6
σείω: shake, move back and forth, agitate, 4
στερέω: to deprive, rob of (gen.), 3
στυγέω: to loathe, abominate, hate, 1
τοι: you know, as you know, surely, 7
τριβή, ἡ: delay, spending; wearing away, 2
υἱός, -οῦ, ὁ: a son, 1
φεύγω: to flee, escape; defend in court, 6
φίλτατος, -η, -ον: dearest, most beloved, 2

---

571 γυναῖκας, υἱέσι: translate the acc. and
    dat. pl. in the sg.; dat. of interest
572 ὥς: how...!
573 ἄγαν γε: too much!; γε is emphatic
    and may be conveyed through intonation
    καὶ σὺ...λέχος: both...and; both nom. sg.
574 τῆσδε: from...; gen. of separation
    ὁ παύσων...: the one...; predicate
    ἔφυ: is naturally; aor. φύω
576 δεδογμένα (ἐστί): periphrastic pf. pass.;
    (εἰμί + pf. pass. pple) δοκέω
    ὡς ἔοικε: as...; parenthetical, impersonal
    κατθανεῖν: aor. inf., τήνδε is subject
577 καὶ σοί γε κα(ὶ) ἐμοί: yes, both...and; γε,

'indeed,' is affirmative and emphatic
μὴ τριβὰς ἔτι: No longer (make) delays;
    acc pl.; the pl. imperative is missing
νιν: singular but it applies to both girls
578 ἐκ...τοῦδε: from this (moment)
579 εἶναι: that (they) be...; γυναῖκας is pred.
    ἀνειμένας: let go; pf. pass. pple ἀνίημι
580 πέλας: adv. governs gen. τοῦ βίου
582 οἷσι: (are those) for whom; add verb
584 ἂν σεισθῇ: for whomever...; gen. relative
    clause ἄν + 3rd sg. aor. pass. subj
    ἄτας οὐδὲν: partitive Dorc gen. ἄτη
585 ἐπὶ πλῆθος γενεᾶς: over...; partitive gen.
    ἕρπον: neuter pple

39

ὅμοιον ὥστε ποντίαις
οἶδμα δυσπνόοις ὅταν
Θρῄσσαισιν ἔρεβος ὕφαλον ἐπιδράμῃ πνοαῖς,
κυλίνδει βυσσόθεν
κελαινὰν θῖνα καὶ δυσάνεμοι,   590
στόνῳ βρέμουσι δ' ἀντιπλῆγες ἀκταί.
ἀρχαῖα τὰ Λαβδακιδᾶν οἴκων ὁρῶμαι   ἀντ. α
πήματα φθιτῶν ἐπὶ πήμασι πίπτοντ',   595
οὐδ' ἀπαλλάσσει γενεὰν γένος, ἀλλ' ἐρείπει
θεῶν τις, οὐδ' ἔχει λύσιν.
νῦν γὰρ ἐσχάτας ὕπερ
ῥίζας ὃ τέτατο φάος ἐν Οἰδίπου δόμοις,   600

ἀκτή, ἡ: headland, projecting land, 4
ἀντι-πλήξ -ῆγος: beaten by opposing wave 1
ἀπ-αλλάσσω: to set free, release, deliver, 5
ἀρχαῖος, -α, -ον: ancient, old, 1
βρέμω: to roar, 1
βυσσό-θεν: from the bottom, 1
γενεά, -ας, ἡ: race, family, lineage, descent, 3
γένος, -εος, ὁ: offspring, tribe, stock, race, 7
δύναμαι: to be able, can, be capable, 4
δυσ-ήνεμος, -ον: of ill-wind, contrary wind, 1
δύσ-πνους, -ουν: breathless; contrary wind, 2
ἐπι-τρέχω: to overrun, rush upon, 1
ἔρεβος, τό: darkness, 1
ἐρείπω: to throw down, cast down (to ruin), 1
ἔσχατος, -η, -ον: extreme, last, furthest, 2
θίς, θινός, ὁ: sand, sandbank, shore, beach, 1
Θρῇσσα, ἡ: Thracian (fem. adj. of Θρῇξ) 1
κελαινός, -ή, -όν: dark, black, 3

κυλίνδω: to roll, 2
Λαβδακίδαι, οἱ: (descendents) of Labdacus 1
λύσις, ἡ: means of escape or release, 1
Οἰδίπους, ὁ: Oedipus, Antigone's father, 6
οἶδμα, -ατος, τό: swell, sea-swell, 2
οἶκος, ὁ: a house, abode, dwelling, 4
ὅμοιος, -η, -ον: like, similar; adv likewise, 3
πῆμα, -ατος, τό: woe, misery, suffering, 2
πνοή, ἡ: blast, blows, breeze, 1
πόντιος, -α, -ον: of the sea, 1
ῥίζα, ἡ: a root, 1
στόνος, ὁ: groaning, mournful sighing, 1
τείνω: to stretch, extend, spread, direct, 4
ὑπέρ: on behalf of (gen); over, beyond (acc) 5
ὕφ-αλος, -ον: under the sea, 1
φάος, τό: light, daylight, 3
φθιτός, -ή, -όν: dead (φθιτοί = the dead), 1
ὥστε: so that, that, so as to, 7

586 ὅμοιον ὥστε...ὅταν: in a similar
    manner as...whenever; ὅμοιον is an
    adverbial acc.
588 ἐπιδράμῃ: aor. subj. ἐπιτρέχω in a
    general temporal clause
591 στόνῳ: with...; dat. of manner
594 Λαβδακιδᾶν: i.e. of the living, -α(ω)ν,
    Doric gen. pl. in contrast to φθιτῶν
595 φθιτῶν ἐπὶ πήμασι: upon...

πίπτοντα: heaping upon...; the image is of
    adding new suffering on top of the old
596 γένος: each generation
599 ἐσχάτας ὕπερ...: ὑπὲρ ἐστάτας ῥίζας
600 ὃ τέτατο: which...; neuter φάος is the
    antecedent; unaugmented plpf. pass. τείνω
    φάος: light (of hope); subject of ἀμᾷ

40

κατ' αὖ νιν φοινία
θεῶν τῶν νερτέρων ἀμᾷ κόνις
λόγου τ' ἄνοια καὶ φρενῶν ἐρινύς.   στρ. β
τεάν, Ζεῦ, δύνασιν τίς ἀν-   605
δρῶν ὑπερβασία κατάσχοι;
τὰν οὔθ' ὕπνος αἱρεῖ ποθ' ὁ πάντ' ἀγρεύων,
οὔτε θεῶν ἄκματοι
μῆνες, ἀγήρῳ δὲ χρόνῳ δυνάστας
κατέχεις Ὀλύμπου
μαρμαρόεσσαν αἴγλαν.   610
τό τ' ἔπειτα καὶ τὸ μέλλον
καὶ τὸ πρὶν ἐπαρκέσει
νόμος ὅδ', οὐδὲν ἔρπει
θνατῶν βιότῳ πάμπολύ γ' ἐκτὸς ἄτας.
ἁ γὰρ δὴ πολύπλαγκτος ἐλ-   615 ἀντ. β

ἀ-γήραος, -ον: ageless, unfading, 1
ἀ-κμητος, -ον: tireless, unwearied, 2
ἄ-νοια, ἡ: mindlessness, foolishness, 1
ἀγρεύω: to hunt down, catch (by hunting), 1
αἴγλη, ἡ: radiance, splendor, gleam, 1
αἱρέω: to seize, take; mid. choose (aor. ἑλ) 11
ἀμάω: to cut down, mow down, reap, 1
ἀνήρ, ἀνδρός, ὁ: a man, 42
βίοτος, ὁ: life, livelihood, goods, 1
δή: indeed, surely, really, certainly, just, 5
δύνασις, ἡ: power, might, strength (δύναμις) 2
δυνάστης, ὁ: lord, master, ruler (δυνάστης) 1
ἐκτός: outside; out of, far from (+ gen.), 5
ἐλπίς, -ίδος, ἡ: hope, expectation, 8
ἐπ-αρκέω: be strong, suffice, prevail, 1
ἔπ-ειτα: then, next, secondly, 5
ἐρινύς, ἡ: frenzy, fury; avenging spirit, 1
ἔρπω: to creep, move slowly, come, go, 6
Ζεύς, ὁ: Zeus, 11

θνητός, -ή, -όν: liable to death, mortal, 4
κατ-έχω: to hold fast; check, cover; possess 4
κόνις, ἡ: dust, 5
λόγος, ὁ: word, talk, discourse; account, 12
μαρμαρόεις, -εσσα, -εν: sparkling, flashing, 1
μείς, μηνός ὁ: a month, 1
μέλλω: to be about to, to intend to, 8
νέρτερος, α, ον: infernal, of the underworld 2
νιν: him, her (not reflexive), it, 7
Ὄλυμπος, ὁ: Mt. Olympus, 1
παμπολύς, πολλή, πολύ: very great/much 1
πολυ-πλαγκτος, -ον: much-wandering, 1
πρίν: until, before, 9
τεός, -ή, -όν: your, yours, 3
ὑπερ-βασία, ἡ: overstepping, transgression, 1
ὕπνος, ὁ: sleep, slumber, 1
φοίνιος, -α, -ον: blood-stained, of blood, 2
φρήν, φρενός, ἡ: the midriff; mind, wits, 16

---

601 κατ'...ἀμᾷ: cuts down; tmesis, 3rd sg.
  κατ-αμάω; the subject is φάος, which is
  the 'light of hope'
  αὖ: in turn
  νιν: it; i.e. 'light (of hope),' φάος
  φοινία: fem. sg. modifies κόνις
604 λόγου: of speech
605 τίς...ὑπερβασία: interrogative adj.
  ἀνδρῶν: subjective gen. with ὑπερβασία
606 κατάσχοι (ἄν): could...; aor. potential
  opt. without ἄν
607 τὰν: your (power); τεάν (δύνασιν)

ὁ...ἀγρεύων: the one...; in apposition to
  ὕπνος
608 δυνάστας: you, ruler; nom. apposition,
  δυνάστης
611 τό τ' ἔπειτα: for the next (moment); i.e.
  the near future, acc. of duration
  τὸ μέλλον: for the future; neut. pple
612 τὸ πρὶν: for...; i.e. the past; acc. duration
  οὐδὲν πάμπολύ: neuter subject
614 ἔρπει...βιότῳ: comes to...; 'creeps
  for...' dat. of interest
  ἄτας: Doric gen. sg. ἄτης
615 ἁ: ἡ, the article of ἐλπίς

41

πὶς πολλοῖς μὲν ὄνασις ἀνδρῶν,
πολλοῖς δ' ἀπάτα κουφονόων ἐρώτων·
εἰδότι δ' οὐδὲν ἕρπει,
πρὶν πυρὶ θερμῷ πόδα τις προσαύσῃ.
σοφίᾳ γὰρ ἔκ του   620
κλεινὸν ἔπος πέφανται.
τὸ κακὸν δοκεῖν ποτ' ἐσθλὸν
τῷδ' ἔμμεν ὅτῳ φρένας
θεὸς ἄγει πρὸς ἄταν·
πράσσει δ' ὀλίγιστον χρόνον ἐκτὸς ἄτας.   625
ὅδε μὴν Αἵμων, παίδων τῶν σῶν
νέατον γέννημ'· ἆρ' ἀχνύμενος
τάλιδος ἥκει μόρον Ἀντιγόνης,
ἀπάτης λεχέων ὑπεραλγῶν;   630

Αἵμων, ὁ: Haemon, 2
Ἀντιγόνη, ἡ: Antigone, 4
ἀπάτη, ἡ: deceit, cheating, fraud, guile, 2
ἀχεύω: to grieve, vex, annoy, 1
γέννημα, -ατος, τό: offspring, 2
ἐκτός: outside; out of, far from (+ gen.), 5
ἕρπω: to creep, move slowly, come, go, 6
ἔρως, -ωτος, ὁ: desire, love, 1
ἐσθλός, -ή, -όν: good, noble, brave, 4
θερμός, -ή, -όν: hot, warm; subst. heat, 2
κλεινός, -ή, -όν: glorious, renowned, 4
κουφό-νοος,-ον: light-hearted, thoughtless, 2

λέχος, -εος, τό: (marriage) bed, couch, 4
μήν: truly, surely, 7
νέατος, -η, -ον: last, latest, 3
ὀλίγιστος, -η, -ον: fewest, least, 1
ὄνασις, ἡ: benefit, profit (ὄνησις) 1
πούς, ποδός, ὁ: a foot; a (sheet) of sail, 5
προσ-αύω: to kindle, light a fire, burn 1
πῦρ, -ος, τό: fire, 7
σοφία, ἡ: wisdom, skill, intelligence, 1
τᾶλις, τάλιδος, ἡ: marriageable maiden, 1
ὑπερ-αλγέω: to feel exceeding pain for, 1

616 πολλοῖς μὲν...πολλοῖς δ': to many... but
to many; in contrast; dat. of interest
ὄνασις (ἐστί): predicate, supply verb
617 ἀπάτα (ἐστί): predicate, supply verb
618 εἰδότι δὲ οὐδὲν: to one knowing nothing;
dat. of interest
619 πρὶν...προσαύσῃ: until...; general
temporal clause; ἄν is missing; aor. subj.
πυρὶ θερμῷ: dat. of means
620 σοφίᾳ: with...; dat. of manner
του: indefinite pronoun, τινος
621 ἔπος: maxim; clarified in line 622
πέφανται: pf. pass. φαίνω
622 τὸ...δοκεῖν: (namely) that...; in
apposition to ἔπος, κακόν is acc. subj.
ποτ(ε): at some time
623 τῷδ(ε)...ὅτῳ: to this one...whose; dat.

of reference and dat. of possession
respectively; dat. sg. ὅστις
ἔμμεν: epic inf. εἰμί governed by δοκεῖν
625 ὀλίγιστον χρόνον: for...; acc. duration
626 ὅδε: here (is)...; as if pointing
μὴν: look!; 'truly' καὶ μὴν introduces a
new scene or new character (cf. Ismene in
l. 526); here καί is missing, signifying an
abrupt change is the choral ode
628 ἀχνύμενος: pres. pass. ἀχεύω
μόρον: in respect to...; acc. respect with
the pple ἀχνύμενος
630 ἀπάτης λεχέων: because of being
cheated out of marriage; gen. of cause and
gen. of separation; through metonomy the
bed indicates the institution itselfs

42

Κρέ τάχ᾽ εἰσόμεσθα μάντεων ὑπέρτερον.
 ὦ παῖ, τελείαν ψῆφον ἆρα μὴ κλύων
 τῆς μελλονύμφου πατρὶ λυσσαίνων πάρει;
 ἢ σοὶ μὲν ἡμεῖς πανταχῇ δρῶντες φίλοι;
Αἵμ πάτερ, σός εἰμι, καὶ σύ μοι γνώμας ἔχων 635
 χρηστὰς ἀπορθοῖς, αἷς ἔγωγ᾽ ἐφέψομαι.
 ἐμοὶ γὰρ οὐδεὶς ἀξιώσεται γάμος
 μείζων φέρεσθαι σοῦ καλῶς ἡγουμένου.
Κρέ οὕτω γάρ, ὦ παῖ, χρὴ διὰ στέρνων ἔχειν,
 γνώμης πατρῴας πάντ᾽ ὄπισθεν ἑστάναι. 640
 τούτου γὰρ οὕνεκ᾽ ἄνδρες εὔχονται γονὰς
 κατηκόους φύσαντες ἐν δόμοις ἔχειν,
 ὡς καὶ τὸν ἐχθρὸν ἀνταμύνωνται κακοῖς
 καὶ τὸν φίλον τιμῶσιν ἐξ ἴσου πατρί.
 ὅστις δ᾽ ἀνωφέλητα φιτύει τέκνα, 645

ἀν-ωφέλητος, -ον: unprofitable, unhelpful, 1
ἀντ-αμύνομαι: to resist, fight in response, 1
ἀξιόω: to deem (worthy), consider worthy, 2
ἀπ-ορθόω: to keep upright, guide straight 1
γάμος, ὁ: a wedding, wedding-feast, 4
γονή, ἡ: seed, offspring, a child, 3
ἔγωγε: I, for my part, 5
εὔχομαι: to pray, offer prayers, 1
ἐφ-έπομαι: to follow up, pursue; apply, 1
ἐχθρός, -ή, -όν: hated, hostile; enemy, 7
ἡγέομαι: to lead; consider, think, believe, 2
ἵστημι: to make stand, set up, stop, establish 6
κατ-ήκοος -ον: heeding; listening, obedient 1
λυσσαίνω: rage, rave, be mad at (dat.) 1
μάντις, -εως, ὁ: seer, prophet, diviner, 7

μείζων, -ον: greater, bigger, better, 7
μελλό-νυμφος, -ον: about to be wedded, betrothed, 1
ὄπισθεν: behind, after (gen); in the future, 2
οὕνεκα: for the sake of, since, because (gen) 4
παντα-χῇ: everywhere, in every way 1
πατρῷος, η, -ον: of one's father, ancestral 7
στέρνον, τό: breast, chest, 1
τάχα: soon, presently; quickly, forthwith, 3
τέλειος, -α, -ον: final, resulting, complete, 1
τιμάω: to honour, value, esteem, 7
ὑπέρτερος, -η, -ον: higher, further; better, 2
φιτύω: to sow, plant, beget, 1
χρηστός, -ή, -όν: useful, worthy, good, 4
ψῆφος, ἡ: a resolution, pebble; a vote, 2

631 εἰσόμεσθα: 1st pl. fut. deponent οἶδα;
 -μεσθα is equiv. to Attic μεθα
μάντεων: gen. of comparison
ὑπέρτερον: comparative adverb
ὦ παῖ: vocative, direct address
632 ἆρα μὴ: surely you....not...?; μή
 anticipates a negative response
633 τῆς μελλονύμφου: about...; objective
 gen. of ψῆφον
634 πάρει: 2nd sg. pres. πάρ-ειμι
ἤ: or; note the contrast to ἦ 'truly'
634 σοι: dat. interest with φίλοι
ἡμεῖς: we (are); 'I am," i.e. Creon
πανταχῇ: in every way; dat of manner.
635 πάτερ: vocative; nominative is πάτηρ
μοι: for me; dat. interest, with ἀπορθοῖς

γνώμας...: obj. of pple and main verb
636 αἷς: which; verb governs a dative obj.
638 μείζων φέρεσθαι: more important to win;
 to be carried off,' predicate with fut. pass.
ἀξιώσεται
σοῦ...ἡγουμένου: gen. of comparison,
639 οὕτω...ἔχειν: that it be this way; 'it hold
 thus,' ἔχω + adv. is equiv. to εἰμί + adj.
γάρ: (yes), for...; assent is implied
διὰ στέρνων: i.e. in the heart
640 πάντ(α)...ἑστάναι: to set all things...;
 pf. inf. subject of ἔχει; ὄπισθεν + genitive
642 φύσαντες: producing...; nom. aor. φύω
643 ὡς: so that...; purpose with present subj.
644 ἐξ ἴσου πατρί: equally as the father

43

τί τόνδ' ἂν εἴποις ἄλλο πλὴν αὐτῷ πόνους
φῦσαι, πολὺν δὲ τοῖσιν ἐχθροῖσιν γέλων;
μή νύν ποτ', ὦ παῖ, τὰς φρένας ὑφ' ἡδονῆς
γυναικὸς οὕνεκ' ἐκβάλῃς, εἰδὼς ὅτι
ψυχρὸν παραγκάλισμα τοῦτο γίγνεται,   650
γυνὴ κακὴ ξύνευνος ἐν δόμοις. τί γὰρ
γένοιτ' ἂν ἕλκος μεῖζον ἢ φίλος κακός;
ἀλλὰ πτύσας ὡσεί τε δυσμενῆ μέθες
τὴν παῖδ' ἐν Ἅιδου τήνδε νυμφεύειν τινί.
ἐπεὶ γὰρ αὐτὴν εἷλον ἐμφανῶς ἐγὼ   655
πόλεως ἀπιστήσασαν ἐκ πάσης μόνην,
ψευδῆ γ' ἐμαυτὸν οὐ καταστήσω πόλει,
ἀλλὰ κτενῶ. πρὸς ταῦτ' ἐφυμνείτω Δία
ξύναιμον. εἰ γὰρ δὴ τά γ' ἐγγενῆ φύσει
ἄκοσμα θρέψω, κάρτα τοὺς ἔξω γένους   660

ἄ-κοσμος, -ον: disorderly, unruly, 1
ἀ-πιστέω: disbelieve, disobey, distrust +dat 3
αὐτοῦ (ἑαυτοῦ), -ῆς, -οῦ: himself, her-, it- 7
γέλως, γέλω, ὁ: laughter, mockery, 1
γένος, -εος, ὁ: offspring, tribe, stock, race, 7
γίγνομαι: to come to be, become, be born, 6
δή: indeed, surely, really, certainly, just, 5
δυσ-μενής -ές: ill-willed, ill-minded, hostile 2
ἐγ-γενής, -ές: innate, of one's family, 2
ἐκ-βάλλω: to throw out of, cast away, 2
ἕλκος, τό: (festering) wound, sore; ulcer, 3
ἐμ-φανής, -ες: open, public, visible, 2
ἐμαυτοῦ, -ῆς, -οῦ: myself, 6
ἔξω: out of (+ gen.); adv. outside, 3
ἐφ-υμνέω: to sing or chant at, 2
ἐχθρός, -ή, -όν: hated, hostile; enemy, 7
ἡδονή, ἡ: pleasure, enjoyment, delight, 4
καθ-ίστημι: to set, establish; put into a state, 5

κάρτα: very, very much, strongly, 2
κτείνω: to kill, slay, kill, slay, 4
μεθ-ίημι: to let go, release; relax; give up, 1
μείζων, -ον: greater, bigger, better, 7
νυμφεύω: to marry (dat); give in marriage 2
οὕνεκα: for the sake of, since, because (gen) 4
παραγκάλισμα, τό: embrace, (something taken into one's arms), 1
πλήν: except, but (+ gen.), 3
πόνος, ὁ: work, toil, labor, 5
πτύω: to spit, 2
σύν-αιμος, -ον: of common blood, kindred, 4
συν-ευνος, ὁ, ἡ: bed-fellow, sharing a bed, 1
τρέφω: to rear, foster, nurture, 5
φύσις, -εως, ἡ: nature, character; birth, 3
ψευδής, -ές: false, lying, 3
ψυχρός, -ά, -όν: cold, chill, frigid, 2
ὡσεί: as if, as though, 1

---

646 τί...ἄλλο: acc. object of potential aor.
opt. λέγω
τόνδ(ε)...φῦσαι: *that this one…*; ind. disc.
with aor. inf. φύω
αὐτῷ: *for himself*; ἑαυτῷ; dat. of interest
πλήν: governs πόνους not αὐτῷ
647 πολύν...γέλων: acc. sg. obj., supply
φῦσαι parallel to πόνους
τοῖσιν ἐχθροῖσιν: dat. of interest
648 μή...ἐκβάλῃς: *don't…*; 'you should not...'
prohibitive subj. (μή + aor. subj.)
ὑ(πὸ) ἡδονῆς: *because of…*; gen. of cause
649 εἰδὼς: nom. sg. aor. pple οἶδα

650 ψυχρὸν: neuter nom. predicate
651 τί...ἕλκος: interrogative adjective
652 γένοιτ(ο) ἂν: *could..*; aor. potential opt.
γίγνομαι
653 πτύσας: supply woman as object
μέθες: aor. imperative. μεθ-ίημι
654 τινί: *someone*; obj. of νυμφεύειν
655 εἷλον: 1st sg. aor. αἱρέω (ἑλ-)
656 ἀπιστήσασαν: aor. pple ἀ-πιστέω
657 καραστήσω: *I will not make (x) (y)*
658 ἐφυμνείτω: *let…*; 3rd pers. imperative
659 τά ἐγγενῆ φύσει: *those related by birth*
660 θρέψω: fut. τρέφω; governs a double
acc., ἄκοσμα is acc. predicate

ἐν τοῖς γὰρ οἰκείοισιν ὅστις ἔστ᾽ ἀνὴρ
χρηστός, φανεῖται κἀν πόλει δίκαιος ὤν.
ὅστις δ᾽ ὑπερβὰς ἢ νόμους βιάζεται
ἢ τοὐπιτάσσειν τοῖς κρατύνουσιν νοεῖ,
οὐκ ἔστ᾽ ἐπαίνου τοῦτον ἐξ ἐμοῦ τυχεῖν.   665
ἀλλ᾽ ὃν πόλις στήσειε τοῦδε χρὴ κλύειν
καὶ σμικρὰ καὶ δίκαια καὶ τἀναντία.
καὶ τοῦτον ἂν τὸν ἄνδρα θαρσοίην ἐγὼ
καλῶς μὲν ἄρχειν, εὖ δ᾽ ἂν ἄρχεσθαι θέλειν,
δορός τ᾽ ἂν ἐν χειμῶνι προστεταγμένον   670
μένειν δίκαιον κἀγαθὸν παραστάτην.
ἀναρχίας δὲ μεῖζον οὐκ ἔστιν κακόν.
αὕτη πόλεις ὄλλυσιν, ἥδ᾽ ἀναστάτους
οἴκους τίθησιν, ἥδε συμμάχου δορὸς
τροπὰς καταρρήγνυσι· τῶν δ᾽ ὀρθουμένων   675

ἀγαθός, -ή, -όν: good, brave, capable, 3
ἀν-αρχία, ἡ: disobedience, lawlessness, 1
ἀνά-στατος, -ον: uprooted, upset, ruined, 1
βιάζω: do violence to, force, compel, 3
δόρυ, δορ(ατ)ός, τό: spear, tree, stem 3
ἐναντίος, -η, -ον: opposite, 1
ἔπαινος, ὁ: praise, approval, commendation 2
ἐπι-τάσσω: to order, dictate (orders) to, 1
θαρσέω: to be confident, take courage, 3
ἵστημι: to make stand, set up, stop, establish 6
κατ-αρρήγνυμι: to cause...to break out, 1
κρατύνω: rule; be in power or control, 1
μείζων, -ον: greater, bigger, better, 7
μένω: to stay, remain, 4
νοέω: to think, have in mind, suppose, 3

οἰκεῖος α ον: one's own, of family; relatives 5
οἶκος, ὁ: a house, abode, dwelling, 4
ὀρθόω: to guide straight, set upright, 4
παρα-στάτης, ὁ: fellow-defender (of the battle line), one who stand alongside, 1
προσ-τάσσω: to post, station, position, 1
σμικρός, -ά, -όν: small, little, 2
σύμ-μαχος, ον: allied; subst. ally, 2
τίθημι: to set, put, place, arrange, 6
τροπή, ἡ: rout, turning-place, 1
τυγχάνω: chance upon, get, attain; happen, 5
ὑπερ-βαίνω: to overstep, transgress, 3
χειμών, -ῶνος τό: storm, winter, 1
χρηστός, -ή, -όν: useful, worthy, good, 4

661 φανεῖται...ὤν: will appear to be; 'will clearly be,' fut. φαίνω + pple
κἀν: καὶ ἐν
663 ὑπερβὰς: nom. sg. aor. pple ὑπερβαίνω
ἤ...ἤ: either... or
664 τὸ ἐπιτάσσειν: articular inf., obj. of. νοεῖ
665 οὐκ ἔστ(ι): it is not possible that...
τυχεῖν: aor. inf. governs partitive gen.
666 ὅν...στήσειε: whomever...appointed; aor. opt. ἵστημι; general relative clause governs an ἄν + subj. (primary seq.), but here has opt.; τοῦδε is the antecedent
τοῦδε: from...; gen. of source
667 ἂν...θαρσοίην: I would...; potential opt.
668 τοῦτον...τὸν ἄνδρα: that...; acc. subject,

i.e. the one who listens (κλύειν) to the one the city appoints;
669 (ἂν) ἄρχειν: would lead; supply ἄν for parallelism; equivalent to a potential opt. in direct speech, ἄνδρα is acc. subject
ἂν...(ἐ)θέλειν: would be willing...
670 τε ἂν...μένειν: and that he would abide; i.e. stand his ground in battle; see l. 669
δορός: of spears; pl. in sense with χειμῶνι
προστεταγμένον: pf. pass.
671 ἀναρχίας: gen. of comparison
οὐκ...κακόν: there is not an evil...
674 τίθησιν: makes...; governs a double acc.
δορὸς: i.e. of a force armed with spears
675 τῶν ὀρθουμένων: of those...

45

σῴζει τὰ πολλὰ σώμαθ' ἡ πειθαρχία.
οὕτως ἀμυντέ' ἐστὶ τοῖς κοσμουμένοις,
κοὔτοι γυναικὸς οὐδαμῶς ἡσσητέα.
κρεῖσσον γάρ, εἴπερ δεῖ, πρὸς ἀνδρὸς ἐκπεσεῖν,
κοὐκ ἂν γυναικῶν ἥσσονες καλοίμεθ' ἄν.　　　680
Χορ ἡμῖν μέν, εἰ μὴ τῷ χρόνῳ κεκλέμμεθα,
λέγειν φρονούντως ὧν λέγεις δοκεῖς πέρι.
Αἵμ πάτερ, θεοὶ φύουσιν ἀνθρώποις φρένας,
πάντων ὅσ' ἐστὶ κτημάτων ὑπέρτατον.
ἐγὼ δ' ὅπως σὺ μὴ λέγεις ὀρθῶς τάδε,　　　685
οὔτ' ἂν δυναίμην μήτ' ἐπισταίμην λέγειν.
γένοιτο μεντἂν χἀτέρῳ καλῶς ἔχον.
σοῦ δ' οὖν πέφυκα πάντα προσκοπεῖν ὅσα
λέγει τις ἢ πράσσει τις ἢ ψέγειν ἔχει.
τὸ γὰρ σὸν ὄμμα δεινὸν ἀνδρὶ δημότῃ　　　690

ἀμυντέος, -α, -ον: to be defended, assisted, 1
γίγνομαι: to come to be, become, be born, 6
δεῖ: it is necessary, must, ought (+ inf.), 5
δημότης, ὁ: common(er), man of the people 1
δύναμαι: to be able, can, be capable, 4
εἴ-περ: if really, if, 4
ἐκ-πίπτω: to fall out, be driven out, 1
ἐπίσταμαι: to know (how), understand, 5
ἕτερος, -α, -ον: one of two, other, different, 2
ἡσσητέος, -α, -ον: be made inferior to, to be
　　beaten by, to be defeated by (+ gen) 1
ἥσσων, -ον: inferior, weaker, less, 3
καλέω: to call, summon, invite, 3
κλέπτω: to steal, cheat; do, 2

κοσμέω: to order, arrange, adorn, 3
κρείσσων, -ον: stronger, mightier, better, 2
κτῆμα, -ατος, τό: possession, property, 4
μέντοι: however, nevertheless; certainly, 7
ὄμμα, -ατος, τό: the eye, 4
οὐδαμῶς: in no way, 1
πειθ-αρχία, ἡ: obedience (to rule), 1
περί: around, about, concerning, 6
προ-σκοπέω: consider on behalf of (gen) 1
σῶμα, -ατος, τό: the body, 3
ὑπέρτατος, -η, -ον: highest, top of, 3
φρονούντως: wisely, prudently, 1
ψέγω: to censure, blame, find fault, 1

---

677 ἀμυντέ(α) ἐστί: *must be defended*; verbal
　　adj. and εἰμί express necessity
　　τοῖς κοσμουμένοις: *by those*...; dat. of
　　agent, common with a verbal adj.
678 κοὔτοι: καὶ οὔ τοι
　　γυναικῶν: a gen. of comparison is often
　　governed by forms of the verb ἡσσάομαι
　　'to be made inferior' or 'to be defeated;'
　　it is often translated as an gen. of agent: 'by
　　women' (see line 680 below)
　　ἡσσητέα (ἐστί): *must not be made inferior
　　to*...+ gen. of comparison; the fem. sg.
　　ending suggests πειθαρχία is the subject
679 κρεῖσσον (ἐστί): *it is*....; impersonal
　　πρὸς ἀνδρὸς: *by a man*
680 ἂν...καλοίμεθ(α): potential opt. passive;
　　ἄν is duplicated to emphasize intervening
　　words; the verb governs a predicate adj.

γυναικῶν: gen. of comparison
681 ἡμῖν μὲν: *to us on our part*; dat. reference
　　τῷ χρόνῳ: i.e. their age, dat of means
　　κεκλέμμεθα: pf. pass. κλέπτω
682 ὧν λέγεις...πέρι: περὶ τουτῶν ἃ λέγεις ;
　　the acc. relative is attracted into the gen. of
　　the missing antecedent, the object of περί
685 ὅπως...τάδε: *how*...; governed by λέγειν
686 ἂν δυναίμην...ἐπισταίμην: *I would
　　not...and may I not*...; potential opt. and
　　opt. of wish; wishes employ μή, not οὐ
687 μεντοὶ ἂν καὶ ἑτέρῳ: *yet, to another also*
　　γένοιτο...καλῶς ἔχον: *(something) being
　　good could come to be*; pple, 'holding well'
688 πέφυκα: *I am naturally disposed*; + inf.
689 ἔχει: *is able* + inf.
690 τὸ...ὄμμα (ἐστί): *your gaze (is)*...

46

λόγοις τοιούτοις, οἷς σὺ μὴ τέρψει κλύων·
ἐμοὶ δ' ἀκούειν ἔσθ' ὑπὸ σκότου τάδε,
τὴν παῖδα ταύτην οἷ' ὀδύρεται πόλις,
πασῶν γυναικῶν ὡς ἀναξιωτάτη
κάκιστ' ἀπ' ἔργων εὐκλεεστάτων φθίνει.   695
ἥτις τὸν αὐτῆς αὐτάδελφον ἐν φοναῖς
πεπτῶτ' ἄθαπτον μήθ' ὑπ' ὠμηστῶν κυνῶν
εἴασ' ὀλέσθαι μήθ' ὑπ' οἰωνῶν τινος.
οὐχ ἥδε χρυσῆς ἀξία τιμῆς λαχεῖν;
τοιάδ' ἐρεμνὴ σῖγ' ἐπέρχεται φάτις.   700
ἐμοὶ δὲ σοῦ πράσσοντος εὐτυχῶς, πάτερ,
οὐκ ἔστιν οὐδὲν κτῆμα τιμιώτερον,
τί γὰρ πατρὸς θάλλοντος εὐκλείας τέκνοις
ἄγαλμα μεῖζον, ἢ τί πρὸς παίδων πατρί;
μή νυν ἐν ἦθος μοῦνον ἐν σαυτῷ φόρει,   705

ἄ-θαπτος, -ον: unburied, 3
ἄγαλμα, -ατος τό: image, statue; honor, 2
ἀκούω: to hear, listen to, 6
ἀν-άξιος, -ον: unworthy, not worthy, 1
ἄξιος, -α, -ον: worthy of, deserving of, 1
αὐτά-δελφος, -ον: of one's sister or brother 3
αὐτοῦ (ἑαυτοῦ), -ῆς, -οῦ: himself, her-, it- 7
ἐάω: to permit, allow, let be, suffer, 5
ἐπ-έρχομαι: come upon, spread; assault 2
ἐρεμνός, -ή, -όν: black, murky, dark, 1
εὐ-κλεής, -ές: glorious, well-renowned, 2
εὔ-κλεια, ἡ: glory, good repute, 1
εὐ-τυχής, -ές: lucky, fortunate, 1
ἦθος, -εος ὁ: custom; disposition, character, 2
θάλλω: to bloom, abound, be luxuriant, 2
κτῆμα, -ατος, τό: possession, property, 4
κύων, κυνός, ὁ, ἡ: dog, 5

λαγχάνω: to obtain by lot, 6
μείζων, -ον: greater, bigger, better, 7
ὀδύρομαι: to lament, weep, bewail, 1
οἰωνός, ὁ: large bird, bird of prey, 6
σεαυτοῦ, -ῆς, -οῦ: yourself, 6
σῖγα: adverb silently, 1
σκότος, ὁ: darkness, gloom, 2
τέρπω: to delight, gladden; mid. enjoy (dat) 1
τιμή, ἡ: honor, 3
τίμιος, -α, -ον: honored, worthy, 2
τοιόσδε, -άδε, -όνδε: such, this (here) sort, 7
φάτις, ἡ: common talk, rumor, report, 2
φθί(ν)ω: to perish, waste away, fail, 3
φονή, ἡ: murder, massacre, 3
φορέω: to carry regularly, wear, 1
χρύσεος, -η, -ον: golden, of gold, 2
ὠμ-ηστής, -ου ὁ: eating raw flesh, 1

691 λόγοις...: because of...; dat. of cause
   μή: general relative governs μή not οὐ
   τέρψει: τέρψε(σ)αι; 2nd sg. fut. mid.
692 ἔσθ': it is possible; ἔστι
   ὑπό: under...
693 τὴν...οἷ(α)...πόλις: what (laments)...; οἷα
   is an inner acc. introducing a relative clause
   ὀδύρομαι governs a double acc.
694 πασῶν γυναικῶν: among...; partitive
   ὡς: (namely) how...;
   ἀναξιωτάτη: superlative adj.
695 κάκιστα: most foully; superlative adv.
   ἀπ(ὸ): as a result of...
   εὐκλεεστάτων: superlative

696 ἥτις: one who...; supply antecedent
   αὐτῆς: ἑαυτῆς; reflexive gen.
697 πεπτῶτ(α): acc. sg. pf. pple πίπτω
   μήτ(ε): general relative governs μή not οὐ
   ὑπ(ὸ): by...; gen. of agent
698 εἴασ(ε): aor. ἐάω
   ὀλέσθαι: aor. mid. ὄλλυμι
   τινος: indefinite τις
699 οὐχ...ἀξία (ἐστί): is...not worthy?; pred.
   λαχεῖν: aor. epexegetic inf. after ἀξία
701 πράσσοντος: faring...; gen. comparison
704 μεῖζον (ἐστί): is..; pred., gen. comparison
   πρὸς παιδῶν: from one's children
705 μή...φόρει: φόρε-ε, imperative; neut. εἷς

47

ὡς φὴς σύ, κοὐδὲν ἄλλο, τοῦτ᾽ ὀρθῶς ἔχειν.
ὅστις γὰρ αὐτὸς ἢ φρονεῖν μόνος δοκεῖ,
ἢ γλῶσσαν, ἣν οὐκ ἄλλος, ἢ ψυχὴν ἔχειν,
οὗτοι διαπτυχθέντες ὤφθησαν κενοί.
ἀλλ᾽ ἄνδρα, κεἴ τις ᾖ σοφός, τὸ μανθάνειν   710
πόλλ᾽ αἰσχρὸν οὐδὲν καὶ τὸ μὴ τείνειν ἄγαν.
ὁρᾷς παρὰ ῥείθροισι χειμάρροις ὅσα
δένδρων ὑπείκει, κλῶνας ὡς ἐκσῴζεται,
τὰ δ᾽ ἀντιτείνοντ᾽ αὐτόπρεμν᾽ ἀπόλλυται.
αὔτως δὲ ναὸς ὅστις ἐγκρατῆ πόδα   715
τείνας ὑπείκει μηδέν, ὑπτίοις κάτω
στρέψας τὸ λοιπὸν σέλμασιν ναυτίλλεται.
ἀλλ᾽ εἶκε καὶ θυμῷ μετάστασιν δίδου.
γνώμη γὰρ εἴ τις κἀπ᾽ ἐμοῦ νεωτέρου
πρόσεστι, φήμ᾽ ἔγωγε πρεσβεύειν πολὺ   720

ἄγαν: too much, excessively, 6
ἀντι-τείνω: to stretch taut (against), 1
ἀπ-όλλυμι: to destroy, kill, ruin, 2
αὐτό-πρεμνος, -ον: root and branch, 1
αὔτως: in the same way, likewise; even so, 1
γλῶσσα, ἡ: tongue, 6
δένδρον, τό: tree, 1
δια-πτύσσω: to lay open, spread out, unfold 1
δίδωμι: to give, offer, grant, provide, 6
ἐγ-κρατής, -ές: strong, firm, in control, 2
ἔγωγε: I, for my part, 5
εἴκω: to yield, give way, (aor. εἰκάθον) 5
ἐκ-σῴζω: to keep save, preserve from harm, 1
θυμός, ὁ: desire, heart; soul, life, 5
κενός, -ή, -όν: empty; void, destitute, 4
κλών, κλῶνος, ὁ: pliant branch, twig, spray 1

λοιπός, -ή, -όν: remaining, the rest, 3
μετά-στασις, ἡ: change, transformation, 1
ναῦς, νεώς, ἡ: a ship, boat, 2
ναυτίλλομαι: to sail, go by sea, 1
πούς, ποδός, ὁ: a foot; a (sheet) of sail, 5
πρεσβεύω: to be best, be eldest; revere, 1
πρόσ-ειμι: to be (at hand or in addition), 2
ῥεῖθρον, τό: river, stream (ῥέεθρον) 3
σέλμα, -ατος, τό: rowing-benches; decking, 1
σοφός, -ή, -όν: wise, skilled, 3
στρέφω: to turn, turn aside; overturn, 2
τείνω: to stretch, extend, spread, direct, 4
ὑπ-είκω: to give way, yield, retire, withdraw, 2
ὕπτιος, α, ον: backwards, on one's back, 2
χειμά-ρρους, -ον: storm-swollen or -flowing 1

706 ὡς φὴς....τοῦτο: *(do you think) that this (namely) how you say*; τοῦτο is antecedent and ὡς is a relative adverb; supply a verb ὀρθῶς ἔχειν: *is correct*; ἔχω ('holds,' 'is disposed') + adv. is equiv. to εἰμί + adj.
707 φρονεῖν: *to be wise*
   δοκεῖ: *seems (to himself)*; i.e. thinks
708 ἣν (ἔχει) οὐκ ἄλλος: *which...*; add verb
   διαπτυχθέντες: aor. passive pple
709 οὗτοι: i.e. the ὅστις as a group
   ὤφθησαν: aor. pass. ὁράω
710 κ(αὶ) εἰ: *even if...*; concessive in sense
   ᾖ, 3rd sg. pres. subj. εἰμί here, unusually, without ἄν in a pres. general condition
   τὸ μανθάνειν: *that...*, ἄνδρα is acc. subject,

711 αἰσχρὸν οὐδὲν (ἐστί): *it is...*; add verb
   τὸ μὴ τείνειν: *not to stretch taut*; see ll.715-716 below for the image of stretching a sail taut; articular infs. govern μή instead of οὐ
712 παρά: *beside...*; dat. of place where
713 ὡς: *how...*
714 τὰ δ: *but those...*; i.e neut. pl. δένδρα
715 ναὸς: Doric gen. for νεώς
716 τείνας: nom. sg. aor. pple
717 λοιπὸν: *hereafter, in the future*; duration
718 δίδοῦ: sg. imperative, διδο-ε
719 ἐμοῦ νεωτέρου: *from me though younger*
720 πρεσβεύειν: *that it is...*; impersonal
   πολὺ: *far*; 'by much,' adverbial acc.

φῦναι τὸν ἄνδρα πάντ' ἐπιστήμης πλέων·
εἰ δ' οὖν, φιλεῖ γὰρ τοῦτο μὴ ταύτῃ ῥέπειν,
καὶ τῶν λεγόντων εὖ καλὸν τὸ μανθάνειν.

Χορ ἄναξ, σέ τ' εἰκός, εἴ τι καίριον λέγει,
μαθεῖν, σέ τ' αὖ τοῦδ'· εὖ γὰρ εἴρηται διπλῇ.   725

Κρέ οἱ τηλικοίδε καὶ διδαξόμεσθα δὴ
φρονεῖν ὑπ' ἀνδρὸς τηλικοῦδε τὴν φύσιν;

Αἵμ μηδὲν τὸ μὴ δίκαιον· εἰ δ' ἐγὼ νέος,
οὐ τὸν χρόνον χρὴ μᾶλλον ἢ τἄργα σκοπεῖν.

Κρέ ἔργον γάρ ἐστι τοὺς ἀκοσμοῦντας σέβειν;   730

Αἵμ οὐδ' ἂν κελεύσαιμ' εὐσεβεῖν εἰς τοὺς κακούς.

Κρέ οὐχ ἥδε γὰρ τοιᾷδ' ἐπείληπται νόσῳ;

Αἵμ οὔ φησι Θήβης τῆσδ' ὁμόπτολις λεώς.

Κρέ πόλις γὰρ ἡμῖν ἁμὲ χρὴ τάσσειν ἐρεῖ;

Αἵμ ὁρᾷς τόδ' ὡς εἴρηκας ὡς ἄγαν νέος;   735

ἀ-κοσμέω: to be disorderly, offend, 1
ἄγαν: too much, excessively, 6
δή: indeed, surely, really, certainly, just, 5
διδάσκω: to teach, instruct, 4
διπλῆ: twice, twice over, 1
εἰκός -ότος τό: likely, suitable, reasonable 1
ἐπι-λαμβάνω: lay hold of, take over, attack 1
ἐπιστήμη, ἡ: knowledge, wisdom, skill, 1
ἐρέω: I will say or speak, 4
εὐ-σεβέω: to act piously, live piously, 2
καίριος, -η, -ον: apt, timely, 1
κελεύω: to bid, order, urge, exhort, 2
λεώς, ὁ: the people, (or λαός, ὁ), 1

μᾶλλον: more, rather, 4
νόσος, ὁ: sickness, illness, disease, 6
ὁμό-πτολις, -εως: of the same city (pl. ῑς) 1
πλέων, -οντος: full of (gen), more, greater, 7
ῥέπω: to fall, incline, sink; happen, 1
σκοπέω: to examine, consider, behold, 3
τάσσω: to arrange, put in order, rule, 2
ταύτῃ: in this respect, in this way, so, thus, 2
τηλικόσδε –ήδε, -όνδε: of such an age, 2
τοιόσδε, -άδε, -όνδε: such, this (here) sort, 7
φιλέω: to love, befriend, 7
φύσις, -εως, ἡ: nature, character; birth, 3

721 φῦναι: *to be by nature*; aor. inf. φύω
    πάντ(α): *in every way, entirely, wholly*;
    acc. of respect
722 εἰ δ'οὖν....γὰρ: *but if therefore, since...*;
    the condition is elliptical and equivalent to
    'but if a man is not wise...'; γάρ is
    explanatory: '(I say this) because...'
    φιλεῖ: *tends*; a common meaning for
    φιλέω; τοῦτο is subject
723 τῶν λεγόντων: *from...*; gen. source
    καλὸν (ἐστί): predicate, supply verb
724 σέ τ(ε)...σέ τ(ε): *that you...that you...*;
    Creon and Haemon respectively
    εἰκός (ἐστί): *(it is) reasonable that...*
725 τοῦδ(ε): *from...*; Creon, gen. of source
    εἴρηται: *it...*; impersonal pf. λέγω (ερ)
726 οἱ τηλικοίδε: *we, those....*; 1ˢᵗ pl.
    καὶ διδαξόμεσθα δὴ: *actually...in fact*;

    καὶ is adverbial, and δή is ironic in sense;
    -μεσθα is equiv. to 1ˢᵗ pl. ending -μεθα
727 τὴν φύσιν: *in birth*; acc. of respect
729 τὸν χρόνον: *i.e. age*
    τἄργα: *the tasks*; τὰ ἔργα
730 ἔργον...ἐστι: *is it the task*
731 ἂν κελεύσαιμ(ι): *I would...*; potential opt.
    εἰς...: *toward, in respect to..*
732 οὐδ(ὲ): *not even*
    τοιᾷδε...νόσῳ: dat. of means
    ἐπ-είληπται: pf. pass. ἐπιλαμβάνω
732 οὐ...γὰρ: *is this one not indeed...?*; γάρ
    marks indignation in a response
733 οὔ φησι: *deny it*; i.e say that not; line 732
    Θήβης τῆσδ(ε): gen. sg.
734 ἡμῖν: plural but translate as singular
735 εἴρηκας: pf. λέγω (ερ)
    ὡς ἄγαν νέος: *as if...*

Κρέ	ἄλλῳ γὰρ ἢ 'μοὶ χρή με τῆσδ' ἄρχειν χθονός;
Αἵμ	πόλις γὰρ οὐκ ἔσθ' ἥτις ἀνδρός ἐσθ' ἑνός.
Κρέ	οὐ τοῦ κρατοῦντος ἡ πόλις νομίζεται;
Αἵμ	καλῶς γ' ἐρήμης ἂν σὺ γῆς ἄρχοις μόνος.
Κρέ	ὅδ', ὡς ἔοικε, τῇ γυναικὶ συμμαχεῖ.	740
Αἵμ	εἴπερ γυνὴ σύ. σοῦ γὰρ οὖν προκήδομαι.
Κρέ	ὦ παγκάκιστε, διὰ δίκης ἰὼν πατρί;
Αἵμ	οὐ γὰρ δίκαιά σ' ἐξαμαρτάνονθ' ὁρῶ.
Κρέ	ἁμαρτάνω γὰρ τὰς ἐμὰς ἀρχὰς σέβων;
Αἵμ	οὐ γὰρ σέβεις τιμάς γε τὰς θεῶν πατῶν.	745
Κρέ	ὦ μιαρὸν ἦθος καὶ γυναικὸς ὕστερον.
Αἵμ	οὔ τἂν ἕλοις ἥσσω γε τῶν αἰσχρῶν ἐμέ.
Κρέ	ὁ γοῦν λόγος σοι πᾶς ὑπὲρ κείνης ὅδε.
Αἵμ	καὶ σοῦ γε κἀμοῦ, καὶ θεῶν τῶν νερτέρων.
Κρέ	ταύτην ποτ' οὐκ ἔσθ' ὡς ἔτι ζῶσαν γαμεῖς.	750

ἁμαρτάνω: to make a mistake, fail, (gen.) 6
ἀρχή, ἡ: a beginning; rule, office, 4
γαμέω: to marry, 1
γοῦν: certainly; at any rate, any way, 4
εἴ-περ: if really, if, 4
ἐξ-αμαρτάνω: to make a mistake, fail, 2
ἔοικα: to be or seem likely, be reasonable, 5
ἔρημος, -η, -ον:, deserted, desolate, lonely, 4
ἦθος, -έος, ὁ: custom; disposition, character 2
ἥσσων, -ον: inferior, weaker, less, 3
=κρατέω: to gain control, overpower, 2

μιαρός -ή -όν: polluted, filthy, defiled, foul 1
νέρτερος, α, ον: infernal, of the underworld 2
νομίζω: believe, consider, deem, hold, 2
παγ-κάκιστος, -η, -ον: utterly base or bad, 1
πατέω: to tread (on), walk, 1
προ-κήδομαι: take care of/on behalf of gen. 1
συμ-μαχέω: be an ally, in alliance to (dat) 1
τιμή, ἡ: honor, 3
τοι: you know, as you know, surely, 7
ὑπέρ: on behalf of (gen); over, beyond (acc) 5
ὕστερος η ον: later, following behind +gen, 1

736 ἄλλῳ...ἢ ἐμοὶ: for (someone) else than
   for myself; dat. interest, i.e. fulfilling some-
   one else's will rather his own
   ἄρχειν: governs a gen. object
737 ἀνδρός ἑνός: belongs to one man; 'is of
   one man' gen. predicate
738 τοῦ κρατοῦντος (εἶναι): gen. predicate
   νομίζεται (εἶναι): is considered (to be)
739 καλῶς γ': well indeed; sarcastically
   ἄν...ἄρχοις: potential opt.
740 ὡς...: as...; parenthetical
741 γυνὴ σύ: supply a linking verb
   οὖν: in fact
742 διὰ δίκης ἰὼν πατρί:: coming to court
   with your father; i.e. taking your father to
   task; dat. of association, pple ἔρχομαι
743 γὰρ: (yes), for...; assent implied
   οὐ δίκαιά: unjust; inner acc. of the pple
744 γὰρ: (yes), for...; Creon implies
   assent, but his reply is ironic

ἀρχὰς: offices; his office as leader
745 γὰρ: (yes), for...; Haemon, just as
   Creon, implies assent but his reply reveals
   that he is being ironic
   γε...πατῶν: at least while...; γε modifes
   the participal phrase and is restrictive
   τιμάς: i.e. the rites and sacrifices of burial
746 γυναικὸς ὕστερον: following behind a
   woman; i.e. inferior to a woman, a gen. of
   comparison
747 τ(οι) ἄν...ἕλοις: aor. potential opt. αἱρέω
   this verb governs a double accusative
   ἥσσω: ἥσσο(ν)α, acc. sg.
   τῶν αἰσχρῶν: neuter, gen. of comparison
   γε: in fact; emphasizes ἥσσω...αἰσχρῶν
748 σοι: of yours; 'your,' dat. of possession
749 καὶ...καὶ: both...and; supply ὑπὲρ
   γε: emphasizes the preceding word σοῦ
750 οὐκ ἔστ(ι) ὡς: it is not ever possible

50

Αἴμ ἣ δ' οὖν θανεῖται καὶ θανοῦσ' ὀλεῖ τινα.

Κρέ ἦ κἀπαπειλῶν ὧδ' ἐπεξέρχει θρασύς;

Αἴμ τίς δ' ἔστ' ἀπειλὴ πρὸς κενὰς γνώμας λέγειν;

Κρέ κλαίων φρενώσεις, ὧν φρενῶν αὐτὸς κενός.

Αἴμ εἰ μὴ πατὴρ ἦσθ', εἶπον ἄν σ' οὐκ εὖ φρονεῖν.   755

Κρέ γυναικὸς ὢν δούλευμα μὴ κώτιλλέ με.

Αἴμ βούλει λέγειν τι καὶ λέγων μηδὲν κλύειν;

Κρέ ἄληθες; ἀλλ' οὐ τόνδ' Ὄλυμπον, ἴσθ' ὅτι,
χαίρων ἐπὶ ψόγοισι δεννάσεις ἐμέ.
ἄγαγε τὸ μῖσος ὡς κατ' ὄμματ' αὐτίκα   760
παρόντι θνῄσκῃ πλησία τῷ νυμφίῳ.

Αἴμ οὐ δῆτ' ἔμοιγε, τοῦτο μὴ δόξῃς ποτέ,
οὔθ' ἥδ' ὀλεῖται πλησία, σύ τ' οὐδαμὰ
τοὐμὸν προσόψει κρᾶτ' ἐν ὀφθαλμοῖς ὁρῶν,
ὡς τοῖς θέλουσι τῶν φίλων μαίνῃ συνών.   765

ἀληθής, -ές: true, 1
ἀπειλή, ἡ: threat, boast, 2
αὐτίκα: straightway, at once; presently, 1
βούλομαι: to wish, be willing, desire, 7
δεννάζω: to abuse, revile, 1
δῆτα: certainly, to be sure, of course, 7
δούλευμα, -ατος, ὁ: a slave, service, 1
ἔγωγε: I, for my part, 5
ἐπ-απειλέω: direct a threat against, threaten 2
ἐπ-εξ-έρχομαι: go out against; go through 1
θρασύς, -εῖα, -ύ: bold, daring, confident, 3
κενός, -ή, -όν: empty; void, destitute, 4
κλαίω: to weep, lament, wail, 2
κράς, κρατός, ἡ: the head, 2

κωτίλλω: to prattle, chatter, talk, 1
μαίνομαι: to mad, rage, be furious, 7
μῖσος, -εος, τό: a hateful thing; hate, hatred, 1
νυμφίος, ὁ: a bridegroom, 1
Ὄλυμπος, ὁ: Mt. Olympus, 2
ὄμμα, -ατος, τό: the eye, 4
οὐδαμός, -ή, -όν: not even one, no one, 2
ὀφθαλμός, ὁ: eye, 2
πλησίος, -η, -ον: near, close to (῾δατ.) 2
προσ-οράω: to look at, behold, observe, 1
σύν-ειμι: to be with, associate with, 2
φρενόω: to make wise, instruct, inform, 1
χαίρω: to rejoice, be glad; fare well, 2
ψόγος, ὁ: blame, censure; fault, flaw, 1
ὧδε: in this way, so, thus, 4

751 ἣ δ: *and this one…*; demonstrative
θανεῖται, ὀλεῖ: fut. θνῄσκω, ὄλλυμι
752 ἐπεξέρχε(σ)αι: 2nd sg. pres. mid.
753 πρός: *against…, in regard to….*
754 φρενώσεις: i.e. make (yourself) wise
ὢν: nom. sg. pple εἰμί
αὐτός: intensive with missing subject 'you'
755 εἰ…ἦσθα, εἶπον ἄν: *if…were, …would have…*; mixed contrafactual (εἰ impf. ind., ἄν + aor. ind.); 2nd sg. εἰμί, aor. λέγω
756 μή: neg. commands take μή and not οὐ
757 βούλε(σ)αι: 2nd sg. pres. mid.
τι, μηδέν: i.e. of importance; as often
758 οὐ τόνδ' Ὄλυμπον: *by Olympus…not!*; μά, 'by,' is used in positive oaths and οὐ takes its place in negative oaths or swearing

ἴσθ(ι): sg. imperative, οἶδα
759 ἐπί: *in…*
χαίρων…(οὐ) δεννάσεις: i.e. you will not enjoy…; use the οὐ from the line above
760 ἄγαγε: *bring…*; aor. imperative ἄγω
ὡς…θνῄσκῃ: *so that she.*; purpose + subj.
κατ(ὰ) ὄμματα: *before (his) eyes*; 'over…'
761 παρόντι…νυμφίῳ: dat. sg. pple πάρειμι
ἔμοιγε: emphatic, modifies πλησία below
762 μὴ δόξῃς: *Don't…*; prohibitive subj.
763 ὀλεῖται: fut. mid. ὄλλυμι
οὐδαμὰ: *in no way, not at all*; adv. acc.
764 τὸ ἐμόν…κρᾶτα: *my face*; 'my head'
προσ-όψε(σ)αι: 2nd sg. fut. mid. -ὁράω
765 ὡς…μαίνῃ(σ)αι: purpose; 2nd sg. subj.
τοῖς θέλουσι: *to those being willing…*

Χορ   ἀνήρ, ἄναξ, βέβηκεν ἐξ ὀργῆς ταχύς·
       νοῦς δ' ἐστὶ τηλικοῦτος ἀλγήσας βαρύς.
Κρέ   δράτω· φρονείτω μεῖζον ἢ κατ' ἄνδρ' ἰών·
       τὼ δ' οὖν κόρα τώδ' οὐκ ἀπαλλάξει μόρου.
Χορ   ἄμφω γὰρ αὐτὼ καὶ κατακτεῖναι νοεῖς;   770
Κρέ   οὐ τήν γε μὴ θιγοῦσαν· εὖ γὰρ οὖν λέγεις.
Χορ   μόρῳ δὲ ποίῳ καί σφε βουλεύει κτανεῖν;
Κρέ   ἄγων ἔρημος ἔνθ' ἂν ᾖ βροτῶν στίβος
       κρύψω πετρώδει ζῶσαν ἐν κατώρυχι,
       φορβῆς τοσοῦτον ὡς ἄγος μόνον προθείς,   775
       ὅπως μίασμα πᾶσ' ὑπεκφύγῃ πόλις.
       κἀκεῖ τὸν Ἅιδην, ὃν μόνον σέβει θεῶν,
       αἰτουμένη που τεύξεται τὸ μὴ θανεῖν,
       ἢ γνώσεται γοῦν ἀλλὰ τηνικαῦθ' ὅτι
       πόνος περισσός ἐστι τὰν Ἅιδου σέβειν.   780

ἄγος, -εος, τό: pollution, guilt; expiation, 2
αἰτέω: to ask, ask for, beg, 3
ἀλγέω: to feel pain, suffer, 3
ἄμφω: both (dual), 2
ἀπ-αλλάσσω: to set free, release, deliver, 5
βαίνω: to walk, step, go, 6
βαρύς, -εῖα, -ύ: heavy (to bear); grievous, 3
βουλεύω: to deliberate, plan, take counsel, 5
γιγνώσκω: to come to know, learn, realize, 6
γοῦν: certainly; at any rate, any way, 4
ἐκεῖ: there, 3   ἔνθα: where; there 3
ἔρημος, -η, -ον:, deserted, desolate, lonely, 4
θιγγάνω: to take hold of, touch, 2
κατ-ῶρυξ, -υχος, ἡ: dug or cut out, cavern, 2
κατα-κτείνω: to kill, slay, 3
κόρα, ἡ: girl, maiden, 5
κρύπτω: to hide, cover, conceal, 6
κτείνω: to kill, slay, kill, slay, 4
μείζων, -ον: greater, bigger, better, 7

μίασμα, -ατος τό: stain (of guilt), pollution 3
νοέω: to think, have in mind, suppose, 3
νοῦς, ὁ: mind, thought, reason, attention, 5
ὀργή, ἡ: anger; temperment, 6
περισσός, -ή, -όν: needless, excessive, 2
πετρώδης, -ες: of rock; rocky, stony, 2
ποῖος, -α, -ον: what sort of? what kind of? 6
πόνος, ὁ: work, toil, labor, 5
που: anywhere, somewhere; I suppose, 4
προ-τίθημι: to propose, set forth, 4
στίβος, ὁ: path, way, trodden path, 1
σφεῖς: they; as sg. him, her, it, 5
ταχύς, εῖα, ύ: quick, swift, hastily, 4
τηλικοῦτος, -αύτη, -αῦτο: of such an age, 1
τηνικαῦτα: at that time, then, 1
τοσοῦτος, -αύτη, -ο: so great, much, many 4
τυγχάνω: chance upon, get, attain; happen, 5
ὑπ-εκ-φεύγω: to flee, escape, 2
φορβή, ἡ: food; fodder, pasture, 1

766 βέβηκεν: i.e. departed, pf. βαίνω
   ταχύς: translate nom. sg. as an adv.
   βαρύς: Jebb translates this as 'resentful'
767 δράτω... φρονείτω: let...let him think;
   3ʳᵈ sg. imperative; φρονέω is transitive
768 μεῖζον ἢ κατ(ὰ) ἄνδρα: something
   greater than fitting a man; 'according to...'
   ἰών: nom. sg. pres. pple ἔρχομαι
769 τὼ...κόρα τώδε: dual acc.
   μόρου: from...; gen. of separation
770 ἄμφω...αὐτὼ: dual acc.
   καὶ: actually; or 'in fact,' adverbial

771 γε: at any rate, at least; limitive
   θιγοῦσαν: aor. pple
   γὰρ οὖν: yes, certainly...; affirmative
772 σφε: her; αὐτήν, often pl. but here sg.
   καί...βουλεύε(σ)αι: do you plan in fact...?
773 ἔνθ(α) ἂν: wherever...; 3ʳᵈ sg. pres. εἰμί
775 ὡς ἄγος μόνον: so as to be an expiation
   προθείς: nom. sg. aor. pple. προτίθημι
776 ὅπως...ὑπεκφύγῃ: so that...; purpose
778 τεύξεται: she will attain; + articular inf.
778 γοῦν ἀλλὰ τηνικαῦθ': well, at least then
780 τὸ ἐν Ἅιδου: to....in (the house) of Hades

52

Χορ Ἔρως ἀνίκατε μάχαν,   στρ.
     Ἔρως, ὃς ἐν κτήμασι πίπτεις,
     ὃς ἐν μαλακαῖς παρειαῖς
     νεάνιδος ἐννυχεύεις,
     φοιτᾷς δ᾽ ὑπερπόντιος ἔν τ᾽   785
     ἀγρονόμοις αὐλαῖς·
     καί σ᾽ οὔτ᾽ ἀθανάτων φύξιμος οὐδεὶς
     οὔθ᾽ ἀμερίων σέ γ᾽ ἀν-
     θρώπων. ὁ δ᾽ ἔχων μέμηνεν.   790
     σὺ καὶ δικαίων ἀδίκους   ἀντ.
     φρένας παρασπᾷς ἐπὶ λώβᾳ,
     σὺ καὶ τόδε νεῖκος ἀνδρῶν
     ξύναιμον ἔχεις ταράξας·
     νικᾷ δ᾽ ἐναργὴς βλεφάρων   795

ἄ-δικος, -ον: unrighteous, unjust, 1
ἀ-θάνατος, -ον: immortal, undying, 1
ἀ-νίκατος, -η, -ον: unconquerable, 1
ἀγρο-νόμος, -α, -ον: will-roaming, wild, 1
ἀμέριος, -ον: lasting a day (ἡμέριος) 1
αὐλή, ἡ: home, dwelling, hall, court, 2
βλέφαρον, τό: pl. eyelids, 3
ἐν-αργής, -ές: clearly seen, visible, distinct, 2
ἐν-νυχεύω: keep vigil on, sleep in or on, 1
Ἔρως, -ωτος, ὁ: Eros, Love, Desire, 2
κτῆμα, -ατος, τό: possession, property, 4
λώβη, ἡ: ruin, outrage, maltreatment, 1
μαίνομαι: to mad, rage, be furious, 4

μαλακός, -α, -ον: soft, gentle; weak, feeble, 1
μάχη, ἡ: battle, fight, combat, 1
νεᾶνις, -ιδος, ἡ: a girl, young girl, 1
νεῖκος, -εος τό: taunt, abuse; quarrel, strife, 2
νικάω: to conquer, defeat, win, 3
παρα-σπάω: drage, pull astray or aside, 1
παρεία, ἡ: cheek, 2
σύν-αιμον, -ον: of common blood, kindred, 4
ταράσσω: to trouble, disturb, stir up, 2
ὑπερ-πόντιος, -α, -ον: over the sea; foreign 1
φοιτάω: to go to and fro, visit, 1
φύξιμος, -ον: escape; refuge, asylum, 1

781 ἀνίκατε: vocative, direct address
    μάχαν: in…; acc. of respect
782 πίπτεις: *falls upon*; i.e. attacks or
    destroys
786 ἀγρονόμοις αὐλαῖς: rustic dwelling
    humans or possibly all the animals living in
    the wild, the meaning is unclear
787 σ(ε)…σέ: *in respect to…*; acc. of respect
    ἀθανάτων…ἀνθρώπων: *for…for…*;
    subjective genitives
    φύξιμος οὐδεὶς (ἐστί): *there is…*; add
790 ὁ δ᾽ ἔχων: *the one…*; a new subject, we
    may assume that Ἔρως is the object

μέμηνεν: pf. μαίνομαι, the pf. denotes a
state, particularly of emotion: 'is mad'
791 σὺ καὶ…σὺ καὶ: *you both…and you…*
792 παρασπᾷς: governs a double acc.: i.e.
    drags φρένας δικαίων (to be) ἀδίκους;
    ἀδίκους is an acc. predicate
    ἐπὶ λώβᾳ: *to (their)…*; ἐπί + dat. may
    express the purpose or goal
794 ἔχεις ταράξας: ἔχω + aor. pple is a
    periphrastic pf.
795 νικᾷ: νικάει, the subject is ἵμερος
    βλεφάρων: *from…*; gen. of source

ἵμερος εὐλέκτρου
νύμφας, τῶν μεγάλων πάρεδρος ἐν ἀρχαῖς
θεσμῶν. ἄμαχος γὰρ ἐμ-
παίζει θεὸς Ἀφροδίτα.   800
νῦν δ' ἤδη 'γὼ καὐτὸς θεσμῶν
ἔξω φέρομαι τάδ' ὁρῶν, ἴσχειν δ'
οὐκέτι πηγὰς δύναμαι δάκρυ
τὸν παγκοίτην ὅθ' ὁρῶ θάλαμον
τήνδ' Ἀντιγόνην ἀνύτουσαν.   805

Ἀντ ὁρᾶτ' ἔμ', ὦ γᾶς πατρίας πολῖται,   στρ. α
τὰν νεάταν ὁδὸν
στείχουσαν, νέατον δὲ φέγ-
γος λεύσσουσαν ἀελίου,
κοὔποτ' αὖθις. ἀλλά μ' ὁ παγ-   810

ἄ-μαχος, -ον: unconquerable, invincible, 1
ἀέλιος,, ὁ: the sun, (else ἥλιος) 2
Ἀντιγόνη, ἡ: Antigone, 4
ἀνύω, ἀνύτω: reach, accomplish, complete, 4
ἀρχή, ἡ: a beginning; rule, office, 4
αὖθις: back again, later, 5
Ἀφροδίτη, ἡ: Aphrodite, 1
δάκρυον τό: tear, weeping (nom/acc δάκρυ) 2
δύναμαι: to be able, can, be capable, 4
ἐμ-παίζω: to play a game, sport, mock, 1
ἔξω: out of (+ gen.); adv. outside, 3
εὔ-λεκτρος, -ον: happily wedded/bedded, 1
ἤδη: already, now, at this time, 4
θάλαμος, ὁ: room, chamber, sleeping room, 2
θεσμός -ό: law, ordinance, what is laid down 2
ἵμερος, ὁ: a longing, yearning, desire, 1

ἴσχω: to have, hold back, check, restrain, 4
λεύσσω: to see, behold, 2
νέατος, -η, -ον: last, latest, 3
νύμφη, ἡ: young wife, bride; nymph, 3
ὁδός, ἡ: road, way, path, journey, 7
ὅτε: when, at some time, 2
οὔ-ποτε: not ever, never, 2
οὐκ-έτι: no more, no longer, no further, 4
παγ-κοίτης, ου, ὁ, ἡ: where all must sleep, 2
πάρ-εδρος, -ον: sitting beside, partner (gen) 1
πάτριος, -α, -ον: of the father, ancestral, 1
πηγή, ἡ: stream, flow, or spring of a river, 1
πολίτης, ὁ: dweller of a city, citizen, 3
στείχω: to come or go, walk, proceed, 7
φέγγος, τό: light; splendor, luster, 1

796 εὐλέκτρου νύμφας: gen. of possession
  modifying βλέφαρων
798 πάρεδρος: in apposition to ἵμερος
  ἐν ἀρχαῖς: *in offices, in power*
800 θεὸς: *the divinity*; i.e. goddess
  Ἀφροδίτα: nom. sg., Ἀφροδίτη
801 (ἐ)γὼ κ(αὶ) αὐτὸς: *I myself too*
802 φέρομαι: passive
803 πηγὰς...δάκρυ: *streams in tears*; acc. of
  respect; an alternative reading is gen. pl.

  δακρύων
804 ὅθ': *when...*; ὅτε, τὸν παγκοίτην
  modifies θάλαμον inside the clause
  παγκοίτην: Attic where one expects the
  Doric form as in line 810-11
806 ὁρᾶτ(ε): imperative
  γᾶς πατρίας: Doric gen. sg.
807 τὰν νεάταν ὁδὸν: inner acc.
810 κοὔποτ: καὶ οὔποτε

54

κοίτας Ἅιδας ζῶσαν ἄγει
τὰν Ἀχέροντος
ἀκτάν, οὔθ᾽ ὑμεναίων
ἔγκληρον, οὔτ᾽ ἐπινύμ-
φειός πώ μέ τις ὕμνος ὕ-   815
μνησεν, ἀλλ᾽ Ἀχέροντι νυμφεύσω.

Χορ   οὐκοῦν κλεινὴ καὶ ἔπαινον ἔχουσ᾽
ἐς τόδ᾽ ἀπέρχει κεῦθος νεκύων,
οὔτε φθινάσιν πληγεῖσα νόσοις
οὔτε ξιφέων ἐπίχειρα λαχοῦσ᾽,   820
ἀλλ᾽ αὐτόνομος ζῶσα μόνη δὴ
θνητῶν Ἅιδην καταβήσει.

Ἀντ   ἤκουσα δὴ λυγρότατον ὀλέσθαι   ἀντ. α
τὰν Φρυγίαν ξέναν
Ταντάλου Σιπύλῳ πρὸς ἄκ-   825

ἀκούω: to hear, listen to, 6
ἄκρος, -η, -ον: topmost, excellent, 5
ἀκτή, ἡ: headland, bank, projecting land, 4
ἀπ-έρχομαι: to go away, depart, 2
αὐτό-νομος, -ον: self-governing or -ruling, 1
Ἀχέρων, -οντος, ὁ: Acheron river, 2
ἔγ-κληρος -ον: having a due share in *gen* 1
ἔπαινος, ὁ: praise, approval, commendation 2
ἐπι-νύμφειος, -ον: bridal, 1
ἐπί-χειρον, τό: wages, rewards (of labor), 1
θνητός, -ή, -όν: mortal, 4
κατα-βαίνω: to go or come down, descend, 1
κεῦθος, -εος, τό: depths, hollows, chambers 1
κλεινός, -ή, -όν: glorious, renowned, 4
λαγχάνω: to obtain by lot, 6
λυγρός, -ή, -όν: mournful, sad, 1

νόσος, ὁ: sickness, illness, disease, 6
νυμφεύω: to marry (dat); give in marriage 2
ξένη, ἡ: a female guest, foreigner, stranger, 1
ξίφος, -εος τό: a sword, 4
οὐκοῦν: therefore, then, accordingly, 2
παγ-κοίτης, ου, ὁ, ἡ: where all must sleep, 2
πλήσσω: to strike, beat, 2
πω: yet, up to this time, 2
Σίπυλος, ὁ: Mount Sipylus, 1
Τάνταλος, ὁ: Tantalus, 1
ὑμέναιος, ὁ: wedding (or processional) song 1
ὑμνέω: sing in celebration for, celebrate in song (+ acc) 1
ὕμνος, ὁ: a hymn, festive song, 1
φθινάς, -άδος, ἡ: *adj.* wasting, consuming, 1
Φρύγιος, -α -ον: Phrygian, 1

---

811 ζῶσαν: ζα-ουσαν, acc. sg. pres. pple
813 τὰν...ἀκτάν: *to...*; acc. place to which
   ὑμεναίων: i.e. the song sung as the bride and groom are led in the procession
815 ὕμνος: likely the song sung outside the bridal chamber by the procession
818 ἀπέρχει: ἀπέρχε(σ)αι; 2nd sg. mid.
819 φθινάσιν: dat. pl. modifying νόσοις as dat. of means or cause
   πληγεῖσα: fem. nom. sg. aor. pass. pple πλήσσω
820 λαχοῦσ(α): aor. pple. λαγχάνω
821 ζῶσαν: ζα-ουσαν, acc. sg. pres. pple
   μόνη δὴ: *quite alone*; δή is emphatic

822 Ἅιδην: acc. place to which
   καταβήσει: future καταβαίνω
823 ἤκουσα: 1st sg. aor. ἀκούω
   δὴ: *now*; temporal
   λυγρότατον: superlative adverb
   ὀλέσθαι: aor. mid. ὄλλυμι
824 τὰν Φρυγίαν ξέναν Ταντάλου: *that the Phrygian stranger, (daughter) of Tantalus*; acc. subject referring to Niobe, who had married Amphion, king of Thebes. She insulted Leto, the mother of Apollo and Artemis, and was turned into stone on Mt. Sipylus after her children were killed.
825 πρὸς: *near...*; acc. place to which

ρῳ, τὰν κισσὸς ὡς ἀτενὴς
πετραία βλάστα δάμασεν,
καί νιν ὄμβροι τακομέναν,
ὡς φάτις ἀνδρῶν,
χιών τ᾽ οὐδαμὰ λείπει,   830
τέγγει δ᾽ ὑπ᾽ ὀφρύσι παγ-
κλαύτοις δειράδας· ᾇ με δαί-
μων ὁμοιοτάταν κατευνάζει.

Χορ   ἀλλὰ θεός τοι καὶ θεογεννής,
ἡμεῖς δὲ βροτοὶ καὶ θνητογενεῖς   835
καίτοι φθιμένῃ μέγα κἀκοῦσαι
τοῖς ἰσοθέοις σύγκληρα λαχεῖν
ζῶσαν καὶ ἔπειτα θανοῦσαν.

Ἀντ   οἴμοι γελῶμαι.   στρ. β
τί με, πρὸς θεῶν πατρῴων.
οὐκ οἰχομέναν ὑβρίζεις,   840

ἀκούω: to hear, listen to, 6
ἀτενής, -ές: stretching, clinging, straining, 1
βλάστη, ἡ: growth, shoot, bud (βλαστός) 1
δαίμων, -ονος ὁ: divine being, divine spirit 5
δαμάζω: to subdue, tame, overpower, 1
δειράς, άδος, ἡ: ridge (of a hill), 1
ἔπ-ειτα: then, next, secondly, 5
θεο-γεννής, -ές god-begotten, god-born, 1
θνητο-γενής, -ές born from a mortal, 1
ἰσό-θεος, -ον: god-like, equal to the gods, 1
καίτοι: and yet, and indeed, and further, 4
κατ-ευνάζω: to lead to bed, put to rest, 1
κισσός, ὁ: ivy, (κιττός) 1
λαγχάνω: to obtain by lot, 6
λείπω: to leave, forsake, abandon, 5
νιν: him, her (not reflexive) 7

οἴχομαι: have gone (off), have departed, 1
ὄμβρος, ὁ: rain, rainstorm, thunderstorm, 1
ὅμοιος, -η, -ον: like, similar; adv likewise, 3
οὐδαμός, -ή, -όν: not even one, no one, 2
ὀφρύς, ἡ: brow, eyebrow, brow, 2
πάγ-κλαυστος, -ον: all-tearful, quite-teary, 1
πατρῷος, η, -ον: of one's father, ancestral 7
πετραῖος, -α, -ον: of rock, rocky, 1
σύγ-κληρος, όν: a shared lot to (dat) 1
τέγγω: to wet, moisten; stain, 2
τήκω: to melt, rot, waste away (τάκω) 4
τοι: you know, as you know, surely, 7
ὑβρίζω: to commit outrage, insult, maltreat, 2
φάτις, ἡ: common talk, rumor, report, 2
φθί(ν)ω: to perish, waste away, fail, 3
χιών, χιόνος, ἡ: snow, 2

825 τὰν: her; 'this one' a demonstrative
     ὡς: just as...
827 ὄμβροι...χιών τε: subjects of sg. λείπει
     τακομέναν: modifies fem. acc. sg. νιν;
     the effect of weather on Niobe as a rock
828 ὡς: as...; parathetical
830 οὐδαμὰ: in no way, not at all; adv. acc.
832 ᾇ: to whom; dat. of special verb ὅμοιος
833 ὁμοιοτάταν: superlative, modifying με
834 ἀλλὰ...: yet...; the chorus clarifies and
     corrects Antigone's analogy
     θεός: (she was)...; predicate, add verb
835 βροτοὶ: (we are)...; predicate, add verb

836 καίτοι: introducing the clause and not
     the pple
     φθιμένῃ: for one perishing; dat. interest
     μέγα καὶ ἀκοῦσαι: (it is) great; add verb
837 λαχεῖν: aor. inf. λαγχάνω
838 ζῶσαν: ζα-ουσαν, acc. sg. pres. pple
     θανοῦσαν: aor. pple θνήσκω
839 γελῶμαι: passive
     τί: why...?
     πρὸς θεῶν πατρῴων: by the ancestral
     gods!; 'in the presence of...' or 'in the
     name of,' as often in oaths and entreaties
840 οἰχομέναν: (after) having gone

56

ἀλλ' ἐπίφαντον;
ὦ πόλις, ὦ πόλεως
πολυκτήμονες ἄνδρες·
ἰὼ Διρκαῖαι κρῆναι Θή-
βας τ' εὐαρμάτου ἄλσος, ἔμ-   845
πας ξυμμάρτυρας ὔμμ' ἐπικτῶμαι,
οἷα φίλων ἄκλαυτος, οἵοις νόμοις
πρὸς ἔργμα τυμβόχωστον ἔρ-
χομαι τάφου ποταινίου·
ἰὼ δύστανος, βροτοῖς   850
οὔτε νεκροῖς κυροῦσα
μέτοικος οὐ ζῶσιν, οὐ θανοῦσιν.
Χορ προβᾶσ' ἐπ' ἔσχατον θράσους
ὑψηλὸν ἐς Δίκας βάθρον
προσέπεσες, ὦ τέκνον, πολύ·   855

ἄ-κλαυστος, -η, -ον: unwept, unlamented, 3
ἄλσος, τό: grove, sacred grove, 1
βάθρον, τό: throne; base, stand, podium, 1
Διρκαῖος, -α, -ον: of Dirce, Dircean, 2
δύσ-τηνος, -ον: ill-suffering, wretched, 6
ἔμ-πας, -ον: in any case, nevertheless 1
ἐπί-κτάομαι: gain, possess, acquire besides, 1
ἐπί-φαντος, -ον: in the light, alive; visible, 1
ἔργμα, -ατος, τό: prison, fence, guard, 1
ἔσχατος, -η, -ον: extreme, last, furthest, 2
εὐ-άρματος, -ον: of beautiful chariots, 1
θρασύς, -εῖα, -ύ: bold, daring, confident, 3

κρήνη, ἡ: spring, fountain, 1
κυρέω: hit upon, light upon, encounter (dat), 3
μέτ-οικος, ὁ ἡ: resident/inhabitant with (dat) 2
πολυ-κτήμων, -ονος: very rich, wealthy, of
many posssessions, 1
ποταίνιος -ον: unheard of, unexpected, new 1
προ-βαίνω: step forward, advance, 2
προσ-πίπτω: to fall upon, fall , 1
συμ-μάρτυς, -μαρτυρος ὁ : fellow-witness, 1
τυμβό-χωστος, -ον: tomb-, mound-heaped, 1
ὑψηλός, -ή, -όν: high, lofty, high-raised, 1

---

841 ἐπίφαντον: i.e. to my face; in contrast to
οἰχομέναν, talking when she is not there
842 ὦ...: vocative, direct address
ἰὼ: oh!
844 Θήβας εὐαρμάτου: gen. with ἄλσος
846 ὔμμ(ε): you; Aeolic/Epic acc. pl.
equivalent to Attic ὑμᾶς
ἐπικτῶμαι: acquire (x) as (y); this verb
governs a double acc.
847 οἷα...ἄκλαυτος: how unwept (I am) by
friends; neut. pl. adverbial acc.;

ἄκλαυστος takes a subjective gen. (i.e.
friends do not weep for me)
οἵοις νόμοις: by...; dat. means
852 ζῶσιν: dat. pl. pple ζάω
θανοῦσιν: dat. pl. pple θνήσκω
853 προβᾶσ(α): nom. aor. pple προβαίνω
ἐπ(ί): to
854 ἐς: against...
Δίκας: of Justice; gen. sg.
855 προσέπεσες: aor. προσπίπτω (πεσ)
πολύ: very much; adv. acc.

πατρῷον δ' ἐκτίνεις τιν' ἆθλον.

Ἀντ   ἔψαυσας ἀλγει-   ἀντ. β
νοτάτας ἐμοὶ μερίμνας,
πατρὸς τριπόλιστον οἶκτον
τοῦ τε πρόπαντος   860
ἁμετέρου πότμου
κλεινοῖς Λαβδακίδαισιν.
ἰὼ ματρῷαι λέκτρων ἆ-
ται κοιμήματά τ' αὐτογέν-
νητ' ἐμῷ πατρὶ δυσμόρου ματρός,   865
οἵων ἐγώ ποθ' ἁ ταλαίφρων ἔφυν·
πρὸς οὓς ἀραῖος ἄγαμος ἅδ'
ἐγὼ μέτοικος ἔρχομαι.
ἰὼ δυσπότμων κασί-
γνητε γάμων κυρήσας,   870

ἄ-γαμος, -ον: unmarried, unwedded, 1
ἆθλος, ὁ: ordeal conflict, contest, 1
ἀλγεινός, -ή, -όν: painful, grievous, 5
ἁμέτερος, -α, -ον: our, ours (ἡμέτερος 1) 2
ἀραῖος, -ον:: accursed, prayed against, 1
αὐτογέννητος, -ον: self-begotten, 1
γάμος, ὁ: a wedding, wedding-feast, 4
δύσ-μορος, -ον: ill-fated, -starred, wretched 4
δύσ-ποτμος, -ον: ill-fated, doomed, unlucky 1
ἐκ-τίνω: to pay off, pay in full, 1
κασίγνητος, ὁ: a kinsman; brother, 2
κλεινός, -ή, -όν: glorious, renowned, 4
κοίμημα, -ατος, τό: sleep, intercourse, 1

κυρέω: hit upon, light upon, encounter +gen 3
Λαβδακίδαι, οἱ: (descendents) of Labdacus, 2
λέκτρον, τό: bed, 1
μερίμνα, ἡ: care, thought, worry, 1
μέτ-οικος, ὁ ἡ: resident/inhabitant with (dat) 2
μητρῷος, -α, -ον: of the mother, material, 1
οἶκτος, ὁ: pity, compassion, 1
πατρῷος, η, -ον: of one's father, ancestral 7
πότμος ὁ: doom, death, evil destiny, fate, lot 5
πρό-πας, -πασα, -παν: entire, whole, all, 1
ταλαί-φρων, ὁ ἡ: much-enduring, wretched 3
τρι-πόλιστος, -ον: thrice-told or -repeated, 1
ψαύω: to touch on, 2

---

856 ἀλγεινοτάτας...μερίμνας: partitive gen.
sg. with the main verb; superlative adj.
ἐμοί: dat. of interest
859 πατρὸς...τού τε...πότμου: *for...and...*;
objective genitives with οἶκτον; τού
is simply τοῦ
οἶκτον: acc. in apposition to gen. sg.
μερίμνας
862 κλεινοῖς Λαβδακίδαισιν: *for...*; dat. of
interest
863 ματρῷαι: transferred epithet, properly
modifies λέκτρων rather than ἆται
864 κοιμήματά αὐτογέννητα...δυσμόρου
ματρός: *and incestuous bedding of a
ill-fated mother with (my) father*; dat. of
association and subjective gen.

866 οἵων...ποτε: *from what (parents)*; or
'from what beddings,' either masc. or neut.
plural; in questions and exclamations, ποτε
strengthens the interrogative: e.g. τί ποτέ,
'what in the world'
ἔφυν: *am(by nature)*; 1st sg. aor. φύω
ἁ ταλαίφρων: predicate nom.
867 πρὸς οὓς: *to whom...*; place to which;
masc. pl. supports the view that οἵων is
masc. pl. and refers to her parents
ἅδε: *here*; ἥδε
ἀραῖος, ἄγαμος, μέτοικος: fem. nom. sg.
adjectives
869 κασίγνητε: vocative, direct address, i.e.
Polyneices

58

θανὼν ἔτ᾽ οὖσαν κατήναρές με.
Χορ σέβειν μὲν εὐσέβειά τις,
κράτος δ᾽ ὅτῳ κράτος μέλει
παραβατὸν οὐδαμᾷ πέλει·
σὲ δ᾽ αὐτόγνωτος ὤλεσ᾽ ὀργά.   875
Ἀντ ἄκλαυτος, ἄφιλος, ἀνυμέναι-
ος ταλαίφρων ἄγομαι
τὰν πυμάταν ὁδόν.
οὐκέτι μοι τόδε λαμπάδος ἱερὸν
ὄμμα θέμις ὁρᾶν ταλαίνᾳ.   880
τὸν δ᾽ ἐμὸν πότμον ἀδάκρυτον
οὐδεὶς φίλων στενάζει.
Κρέ ἆρ᾽ ἴστ᾽, ἀοιδὰς καὶ γόους πρὸ τοῦ θανεῖν
ὡς οὐδ᾽ ἂν εἷς παύσαιτ᾽ ἄν, εἰ χρείη λέγειν;
οὐκ ἄξεθ᾽ ὡς τάχιστα; καὶ κατηρεφεῖ   885

ἀ-δάκρυτος, -ον:, tearless, without tears, 1
ἄ-κλαυστος, -η, -ον: unwept, unlamented, 3
ἄ-φιλος, -ον: unbefriended, without friends, 1
ἀν-υμέναιος, -ον: unwedded, without wedding song, 2
ἀοιδή, ἡ: song, lay, dirge, 1
αὐτό-γνωτος -ον: self-willed, -determined 1
γόος, ὁ: wailing, weeping, lamenting, 3
εὐ-σέβεια, ἡ: piety, reverence, 2
θέμις, θέμιστος, ἡ: right, custom, law, 2
ἱερός, -ή, -όν: holy, divine; temple, 2
κατ-ηρεφής, -ές: covered over, covered, 1
κατεναίρομαι: to slay, murder, kill, 1
κράτος, -εος, τό: strength, power, 6
λαμπάς, -άδος, ἡ: torch, 2
μέλω: μέλει, is a care for (dat., gen.), 4

ὁδός, ἡ: road, way, path, journey, 7
ὄμμα, -ατος, τό: the eye, 4
ὀργή, ἡ: anger; temperment, 6
οὐδαμᾷ: in no way, not at all, (οὐδαμῇ) 1
οὐκ-έτι: no more, no longer, no further, 4
παρα-βατός, όν: to be transgressed, transgressible, 1
παύω: to stop, make cease, 5
πέλω: to be, become, 3
πότμος, ὁ: fate, lot, death, evil destiny, 5
πρό: before, in front; in place of (gen.), 3
πύματος, -η, -ον: last, final, 1
στενάζω: to groan, sigh, 1
ταλαί-φρων, ὁ ἡ: much-enduring, wretched 3
ταχύς, εῖα, ύ: quick, swift, hastily, 4

871 θανὼν: aor. pple θνήσκω is causal in sense
ἔτ(ι) οὖσαν: i.e. still alive, εἰμί
κατήναρές: 2nd sg. aor. act. κατεναίρομαι
872 σέβειν (ἐστί): (your) revering (Polyneices) is; inf. as subject; add a linking verb
873 ὅτῳ: (for anyone) for whom; or 'for whomever,' relative, dat. sg. ὅστις
875 ὤλεσ(ε): aor. ὄλλυμι
877 ἄγομαι: pass.
878 τὰν...ὁδόν: inner acc.

879 τόδε...ὄμμα: i.e. the sun
880 θέμις (ἐστί): aor. potential opt.. αἱρέω
ταλαίνᾳ: modifies μοι
883 ἴστ(ε): 2nd pl. οἶδα
πρὸ: before...; + articular inf. θνήσκω
884 ὡς: that...; ind. disc. following ἴστε
οὐδ᾽...εἷς: οὐδεὶς
ἂν παύσαιτ(ο), εἰ χρείη: would..., if it were fitting; future less vivid, aor. opt. χρή
885 ἄξε(τε): 2nd sg. fut. ἄγω
ὡς: as...as possible; ὡς + superlative

τύμβῳ περιπτύξαντες, ὡς εἴρηκ' ἐγώ,
ἄφετε μόνην ἔρημον, εἴτε χρῆ θανεῖν
εἴτ' ἐν τοιαύτῃ ζῶσα τυμβεύειν στέγῃ·
ἡμεῖς γὰρ ἁγνοὶ τοὐπὶ τήνδε τὴν κόρην
μετοικίας δ' οὖν τῆς ἄνω στερήσεται.   890

Ἀντ ὦ τύμβος, ὦ νυμφεῖον, ὦ κατασκαφὴς
οἴκησις ἀείφρουρος, οἷ πορεύομαι
πρὸς τοὺς ἐμαυτῆς, ὧν ἀριθμὸν ἐν νεκροῖς
πλεῖστον δέδεκται Φερσέφασσ' ὀλωλότων·
ὧν λοισθία 'γὼ καὶ κάκιστα δὴ μακρῷ   895
κάτειμι, πρίν μοι μοῖραν ἐξήκειν βίου.
ἐλθοῦσα μέντοι κάρτ' ἐν ἐλπίσιν τρέφω
φίλη μὲν ἥξειν πατρί, προσφιλὴς δὲ σοί,
μῆτερ, φίλη δὲ σοί, κασίγνητον κάρα·
ἐπεὶ θανόντας αὐτόχειρ ὑμᾶς ἐγὼ   900

ἁγνός, -ή, -όν: holy, pure, 2
ἀεί-φρουρος -ον: ever-watching, -guarding, 1
ἄνω: up, above, 3
ἀριθμός, ὁ: number, amount, quantity, 1
αὐτό-χειρ, -ος, ὁ, ἡ: with one's own hand, 5
ἀφ-ίημι: to send forth, let loose, give up, 4
βίος, ὁ: life, 6
δέχομαι: to receive, accept, take, 2
δή: indeed, surely, really, certainly, just, 5
ἐμαυτοῦ, -ῆς, -οῦ: myself, 6
ἐξ-ήκω: to have reached, run out, expired, 1
ἔρημος, -η, -ον:, deserted, desolate, lonely, 4
κάρα, τό: head, 7
κάρτα: very, very much, strongly, 2
κασίγνητος, -η, -ον: of a brother, of a sister 2
κατ-έρχομαι: to return; descend, 3
κατα-σκαφής, -ές: dug out, deep dug, 1
κόρα, ἡ: girl, maiden, 5

λοίσθιος, -η, -ον: last, 3
μακρός, -ή, -όν: long, far, distant, large, 4
μέντοι: however, nevertheless; certainly, 7
μέτ-οικία, ἡ: residence, home; sojourn, 1
μοῖρα, ἡ: lot, fate, share; portion, 2
νυμφεῖον, τό: bridal (chamber), 2
οἴκησις, ὁ: dwelling, home, residence, 1
περι-πτύσσω: to enshroud, enfold, wrap, 1
πλεῖστος, -η, -ον: most, greatest, largest, 3
πορεύομαι: to travel, traverse; enter, 2
προσ-φιλής, -ές dear, beloved; pleasing, 1
στέγη, ἡ: a roof; shelter, home, 3
στερέω: to deprive, rob of (gen.), 3
τρέφω: to rear, foster, nuture, 5
τυμβεύω: to entomb, bury, 1
τύμβος, ὁ: tomb, a sepulchral mound, 3
Φερσέφασσα, ἡ: Persephone (Περσεφόνη) 1
χράω: want, be eager for (χρῶ, χρῇς, χρῇ) 1

---

886 ὡς: fut. θνῄσκω, ὄλλυμι
   εἴρηκ(α): 1st sg. pf. λέγω (ερ)
887 ἄφετε: aor. imperative ἀφίημι
   εἴτε χρῇ...εἴτε (χρῇ): *whether she wants... or
   wants*; 3rd sg. pres. indicative, χράω forms
   the present just as ζάω (ζῶ, ζῇς, ζῇ)
888 ζῶσα: fem. nom. sg. aor. pple ζάω
889 ἡμεῖς...ἁγνοί: supply a linking verb
   τὸ (εἶναι) ἐπί...: *as far as depends on...*; ἐπί
   + acc. can mean "depending on" 'in regards
   to'; the construction is an inf. absolute, in
   which εἶναι may or may not expressed
890 δ' οὖν: *but in any case*; 'anyhow,' οὖν

expresses an unquestionable fact
μετοικίας: gen. of separation
τῆς ἄνω: adverb in an attributive position
   modifying μετοικίας
892 οἷ: *to where*; 'whither,' relative adverb
893 τοὺς ἐμαυτῆς: i.e. her dead relatives
   ὧν: *of whom*; relative, partitive gen.
894 δέδεκται: pf. pass. δέχομαι
   ὀλωλότων: pf. act. pple ὄλλυμι
895 ὧν: *of whom*; relative, partitive gen.
   μακρῷ: *(by) far*; dat. degree of difference
896 κάτειμι: fut. κατ-έρχομαι
898 ἥξειν: *that I will come*; clarifies ἐλπίσιν

60

ἔλουσα κἀκόσμησα κἀπιτυμβίους
χοὰς ἔδωκα. νῦν δέ Πολύνεικες, τὸ σὸν
δέμας περιστέλλουσα τοιάδ᾽ ἄρνυμαι.
καίτοι σ᾽ ἐγὼ 'τίμησα τοῖς φρονοῦσιν εὖ.
οὐ γάρ ποτ᾽ οὔτ᾽ ἄν, εἰ τέκνων μήτηρ ἔφυν,   905
οὔτ᾽ εἰ πόσις μοι κατθανὼν ἐτήκετο,
βίᾳ πολιτῶν τόνδ᾽ ἂν ἠρόμην πόνον.
τίνος νόμου δὴ ταῦτα πρὸς χάριν λέγω;
πόσις μὲν ἄν μοι κατθανόντος ἄλλος ἦν,
καὶ παῖς ἀπ᾽ ἄλλου φωτός, εἰ τοῦδ᾽ ἤμπλακον,   910
μητρὸς δ᾽ ἐν Ἅιδου καὶ πατρὸς κεκευθότοιν
οὐκ ἔστ᾽ ἀδελφὸς ὅστις ἂν βλάστοι ποτέ.
τοιῷδε μέντοι σ᾽ ἐκπροτιμήσασ᾽ ἐγὼ
νόμῳ Κρέοντι ταῦτ᾽ ἔδοξ᾽ ἁμαρτάνειν
καὶ δεινὰ τολμᾶν, ὦ κασίγνητον κάρα.   915

ἀδελφός, ὁ: a brother, 6
αἴρω: to lift, raise up, get up, 3
ἁμαρτάνω: to make a mistake, fail (gen.) 6
ἀμπλάκω: lack, fail; be bereft, lose (+ gen) 3
ἄρνυμαι: to gain, win, carry off, 1
βία, βιας, ἡ: violence, force, power, 3
βλαστά(ν)ω: to sprout, spring forth, grow, 3
δέμας, τό: bodily frame, build, 3
δή: indeed, surely, really, certainly, just, 5
δίδωμι: to give, offer, grant, provide, 6
ἐκ-προ-τιμάω: to honor above all (dat.) 1
ἐπι-τύμβιος, -ον: over the tomb, 1
καίτοι: and yet, and indeed, and further, 4
κασίγνητος, -η, -ον: of a brother, of a sister 2
κατα-θνήσκω: to die, 6
κεύθω: to cover up, enclose; hide, conceal, 2

κοσμέω: to order, arrange, adorn, 3
λούω: to wash, bathe, (λοέω) 2
μέντοι: however, nevertheless; certainly, 7
περι-στέλλω: to wrap around, cloth, dress, 1
πολίτης, ὁ: dweller of a city, citizen, 3
Πολυνείκης, -εος, ὁ: Polyneices, 5
πόνος, ὁ: work, toil, labor, 5
πόσις, ὁ: husband, spouse, 3
τήκω: to melt, rot, waste away (τάκω) 4
τιμάω: to honour, value, esteem, 7
τοιόσδε, -άδε, -όνδε: such, this (here) sort, 7
τολμάω: to dare, undertake, endure, 3
φώς, φωτός, ὁ: man, 2
χάρις, -ριτος, ἡ: favor, gratitude, thanks, 6
χοή, ἡ: libation, drink-offering, 2

901 ἔλουσα: λούω
   κἀόσμησα: καὶ ἐκόσμησα
902 ἔδωκα: aor. δίδωμι
903 τοιάδε ἄρνυμαι: *carry off such (rewards)*; i.e. her punishment
904 τοῖς φρονοῦσιν εὖ: *in the eyes of...*; or 'in the view of...' dat. reference, pres. pple
905 ἄν, εἰ...ἔφυν, εἰ ἐτήκετο,...ἂν ἠρόμην: *if I were...if...were rotting...I would not have taken up*; mixed contrafactual; repeated ἄν
   ἔφυν: *I were (by nature)*; aor. θνήσκω
906 κατθανὼν: aor. pple καταθνήσκω
907 βίᾳ πολιτῶν: *with violence against the citizens...*; dat. of manner, objective gen
908 τίνος νόμου: object of χάριν
   δή: *accordingly, then*; a connective

πρὸς χάριν: *for the sake of...*; 'in regard to a favor for'; χάριν is a preposition governing a preceding gen.
909 ἄν...ἦν: *there would be...*; pres. potential (ἄν + impf); equivalent to an apodosis in a contrafactual if we take the pple as protasis
   κατθανόντος: *(if a husband)...*; gen. abs. which is conditional in sense
910 εἰ...ἤμπλακον: *if I were...*; contrafactual
911 ἐν Ἅιδου: *in (the house) of Hades*
   κεκευθότοιν: gen. dual pf. in a gen. abs.
913 τοιῷδε...νόμῳ: dat. of compound verb
   μέντοι: *certainly*
   σ(ε): i.e. the ἀδελφός, Polyneices
914 ταῦτα...δεινὰ: inner acc. with infinitives

61

καὶ νῦν ἄγει με διὰ χερῶν οὕτω λαβὼν
ἄλεκτρον, ἀνυμέναιον, οὔτε του γάμου
μέρος λαχοῦσαν οὔτε παιδείου τροφῆς,
ἀλλ᾽ ὧδ᾽ ἔρημος πρὸς φίλων ἡ δύσμορος
ζῶσ᾽ εἰς θανόντων ἔρχομαι κατασκαφάς.   920
ποίαν παρεξελθοῦσα δαιμόνων δίκην;
τί χρή με τὴν δύστηνον ἐς θεοὺς ἔτι
βλέπειν; τίν᾽ αὐδᾶν ξυμμάχων; ἐπεί γε δὴ
τὴν δυσσέβειαν εὐσεβοῦσ᾽ ἐκτησάμην.
ἀλλ᾽ εἰ μὲν οὖν τάδ᾽ ἐστὶν ἐν θεοῖς καλά,   925
παθόντες ἂν ξυγγνοῖμεν ἡμαρτηκότες·
εἰ δ᾽ οἵδ᾽ ἁμαρτάνουσι, μὴ πλείω κακὰ
πάθοιεν ἢ καὶ δρῶσιν ἐκδίκως ἐμέ.
Χορ ἔτι τῶν αὐτῶν ἀνέμων αὐταὶ
ψυχῆς ῥιπαὶ τήνδε γ᾽ ἔχουσιν.   930

ἄ-λεκτρος, -ον: un-bedded, unwedded, 1
ἁμαρτάνω: to make a mistake, fail (gen.) 6
ἀν-υμέναιος, -ον: unwedded, without
wedding song, 2
ἄνεμος, ὁ: wind, 2
αὐδάω: to call out, address, speak, 2
βλέπω: to see, look at, 5
γάμος, ὁ: a wedding, wedding-feast, 4
δαίμων, -ονος, ὁ: divine being or spirit, 3
δή: indeed, surely, really, certainly, just, 5
δύς-μορος, -ον: ill-fated, -starred, wretched 4
δυσ-σέβεια, ἡ: impiety, ungodliness, 2
δύσ-τηνος, -ον: ill-suffering, wretched, 6
ἐκ-δίκως: unjustly, lawlessly, 1
ἔρημος, -η, -ον:, deserted, desolate, lonely, 4
εὐ-σεβέω: to act or live piously, 2

κατα-σκαφή, ἡ: grave, dug-up grave, 1
κτάομαι: to gain, get, procure, acquire, 2
λαγχάνω: to obtain by lot, 6
μέρος, -εος, τό: a part, share, portion, 3
παίδειος, -α, -ον: of a child, 1
παρ-εξ-έρχομαι: to transgress, pass by, 1
πάσχω: to suffer, experience, 7
πλέων, -οντος: more, greater, 7
ποῖος, -α, -ον: what sort of? what kind of? 6
ῥιπή, ἡ: force, rush, impulse, 2
συγ-γιγνώσκω: to be conscious, agree,
acknowledge, 1
σύμ-μαχος, ον: allied; subst. ally, 2
τροφή, ἡ: rearing, nuturing; nourishment, 1
ὧδε: in this way, so, thus, 4

916 διὰ χερῶν...λαβὼν: taking me thus with
(his) hands; apprehending as if a criminal
ἄλεκτρον, ἀνθμέναιον: fem. acc. sg.
917 του: any; indefinite τινος
918 λαχοῦσαν: aor. λαγχάνω
παιδείου τροφῆς: supply μέρος
919 πρὸς φίλων: by friends; gen. of agent
920 ζῶσ(α): fem. nom. sg. ζάω
θανόντων: aor. pple θνήσκω
922 τί: why
923 τίν(α) (χρή με): to whom...; α -contract
inf., supply χρή με
ἐπεί γε δὴ: since in fact...; both particles
are emphatic
925 ἀλλὰ εἰ μὲν οὖν: Well, if therefore...;
μὲν looks forward to εἰ δὲ below, while οὖν

is likely inferential
926 παθόντες: aor. pple. πάσχω
ἂν συγγνοῖμεν: we...; aor. potential opt.;
though 1st pl., Antigone refers to herself
ἡμαρτηκότες: that...; nom. pf. pple; in
ind. discourse συγ-γιγνώσκω typically
governs an acc.+ inf. or ὅτι and so the use
of the pple is highly unusual
927 οἵδε: nom. pl. demonstrative ὅδε
μὴ...πάθοιεν: may they...; opt. of wish,
aor. πάσχω; wishes employ μή, not οὐ
πλείω...ἤ: πλείο(ν)α...ἤ; comparative
928 καὶ: in fact; or with ἤ: 'than as much as'
929 τῶν αὐτῶν ἀνέμων: of the same winds
αὐταὶ: the same; crasis for αἱ αὐταὶ
930 ψυχῆς: gen. possession follows ἀνέμων

62

Κρέ τοιγὰρ τούτων τοῖσιν ἄγουσιν
κλαύμαθ' ὑπάρξει βραδυτῆτος ὕπερ.
Ἀντ οἴμοι, θανάτου τοῦτ' ἐγγυτάτω
τοὔπος ἀφῖκται.
Χορ θαρσεῖν οὐδὲν παραμυθοῦμαι   935
μὴ οὐ τάδε ταύτῃ κατακυροῦσθαι.
Ἀντ ὦ γῆς Θήβης ἄστυ πατρῷον
καὶ θεοὶ προγενεῖς,
ἄγομαι δὴ κοὐκέτι μέλλω.
λεύσσετε, Θήβης οἱ κοιρανίδαι,   940
τὴν βασιλειδᾶν μούνην λοιπήν,
οἷα πρὸς οἵων ἀνδρῶν πάσχω,
τὴν εὐσεβίαν σεβίσασα.
Χορ ἔτλα καὶ Δανάας οὐράνιον φῶς   στρ. α
ἀλλάξαι δέμας ἐν χαλκοδέτοις αὐλαῖς·   945

ἀλλάσσω: to change, exchange, alter, 1
ἄστυ, τό: a city, town, 1
αὐλή, ἡ: chamber; home, court, hall, 2
ἀφ-ικνέομαι: to come, arrive, 1
βασιλείδης -ου, ὁ: descedent of the king, 1
βραδυτής -τῆτος ἡ: slowness, sluggishness 1
Δανάη, -ας, ἡ: Danaë, 1
δέμας, τό: bodily frame, build, 3
ἐγγύς: near (+ gen.); adv. nearby, 1
εὐ-σέβεια, ἡ: piety, reverence, 2
θάνατος, ὁ: death, 2
θαρσέω: to be confident, take courage, 3
κατα-κυρόω: to fulfill, attain, confirm, 1
κλαῦμα, -ατος, τό: wailing, tears; troubles, 1
κοιρανίδης ὁ: member of ruling house, lord, ruler, 1

λεύσσω: to see, behold, 2
λοιπός, -ή, -όν: remaining, the rest, 3
οὐκ-έτι: no more, no longer, no further, 4
οὐράνιος, -η, -ον: heavenly, of the sky, 2
παρα-μυθέομαι: console, encourage, assure 1
πάσχω: to suffer, experience, 7
πατρῷος, η, -ον: of one's father, ancestral 7
προ-γενής, -ές: earlier-born; ancestral, 1
σεβίζω: to revere, worship, honor, 1
ταύτῃ: in this way, in this respect, so, thus, 2
τλάω: to bear, suffer, undergo, 1
τοι-γάρ: so then, therefore, accordingly, 2
ὑπ-άρχω: be at hand, be available; begin 3
ὑπέρ: on behalf of (gen); over, beyond (acc) 5
φῶς (φάος), τό: light, daylight, 3
χαλκό-δετος, -ον: bronze-bound, 1

931 τούτων: *because of this*; gen. of cause
  τοῖσιν ἄγουσιν: i.e. to the guards; pple
  dat. governed by ὑπάρξει
932 βραδυτῆτος ὕπερ: *(in return) for...*;
  ὑπὲρ βραδυτῆτος
933 ἐγγυτάτω: superlative adv. + gen.
934 τοὔπος: τὸ ἔπος
  ἀφῖκται: pf. mid.
935-6 Though the editor credits these lines to
  the chorus, Creon may be the speaker
935 θαρσεῖν (σε): *that (you)...*; ind. disc.,
  supply the missing acc. subject
  οὖδέν: *not at all*
936 μὴ οὐ τάδε: *that these things....not*;
  double neg. after a neg. verb of hindering

or denying (μή is positive) αἱρέω
  κατακυροῦσθαι: pres. pass. inf.
939 δή: *now*; perhaps temporal, Denniston,
  however, suggest δή emphasizes the verb
  to express heightened emotion (pp. 214-15)
  μέλλω (ἄγεσθαι): pass. inf. understood
940 οἱ κοιρανίδαι: vocative, direct address;
  she addresses the chorus itself
941 τὴν βασιλειδᾶν μούνην λοιπήν: *the lone
  remaining of the descendents of the king*
  βασιλειδᾶν: Doric gen. pl. (-άων)
942 πρὸς...ἀνδρῶν: *at the hands of...*; agent
944 καὶ Δανάας...δέμας: *body of Danaë also*
945 ἀλλάξαι: aor. inf.

κρυπτομένα δ' ἐν τυμβή-
ρει θαλάμῳ κατεζεύχθη·
καίτοι καὶ γενεᾷ τίμιος, ὦ παῖ παῖ,
καὶ Ζηνὸς ταμιεύεσκε γονὰς χρυσορύτους.   950
ἀλλ' ἁ μοιριδία τις δύνασις δεινά·
οὔτ' ἄν νιν ὄλβος οὔτ' Ἄρης,
οὐ πύργος, οὐχ ἁλίκτυποι
κελαιναὶ νᾶες ἐκφύγοιεν.
Χορ ζεύχθη δ' ὀξύχολος παῖς ὁ Δρύαντος,   955 ἀντ. α
Ἠδωνῶν βασιλεύς, κερτομίοις ὀργαῖς
ἐκ Διονύσου πετρώ-
δει κατάφαρκτος ἐν δεσμῷ.
οὕτω τᾶς μανίας δεινὸν ἀποστάζει
ἀνθηρόν τε μένος. κεῖνος ἐπέγνω μανίαις   960

ἁλίκ-τυπος, η, ον: sea-beaten; roaring, 1
ἀνθηρός, -ά, -όν: flowering, blooming, 1
ἀπο-στάζω: to trickle away, fall in drops, 1
Ἄρης, -εος, ὁ: Ares, god of bloody war, 4
βασιλεύς, ὁ: a king, chief, 3
γενεά, -ας, ἡ: race, family, lineage, descent, 3
γονή, ἡ: seed, offspring, a child, 3
δεσμός, ὁ: prison; binding, bond, fetter, 1
Διονύσος, ὁ: Dionysus, 1
Δρύας, -αντος, ὁ: Dryas, 1
δύνασις, ἡ: power, might, strength (δύναμις) 2
ἐκ-φεύγω: to flee away or out, 1
ἐπι-γιγνώσκω: come to know, recognize, 1
ζεύγνυμι: to yoke, 1
Ἠδωνοί, οἱ: Edonians, 1
θάλαμος, ὁ: room, chamber, sleeping room, 2
καίτοι: and yet, and indeed, and further, 4
κατα-ζεύγνυμι: to confine; yoke in, unite, 1

κατά-φαρκτος, -ον: covered, shut up, 1
κελαινός, -ή, -όν: dark, black, 3
κερτόμιος, α, ον: cutting, taunting, abusive 2
κρύπτω: to hide, cover, conceal, 6
μανία, ἡ: madness, frenzy; enthusiasm, 2
μένος, τό: might, force, prowess, 1
μοιδίριος, -α, -ον: of fate, fated, destined, 1
ναῦς, νεώς, ἡ: a ship, boat, 2
νιν: him, her (not reflexive) 7
ὄλβος, ὁ: wealth, riches, happiness, 1
ὀξύ-χολος, -η, -ον: quick to anger, 1
ὀργή, ἡ: anger; passion, temperment, 6
πετρώδης, -ες: of rock; rocky, stony, 2
πύργος, ὁ: tower, turreted wall, 2
ταμιεύω: to store up, be treasurer of, 1
τίμιος, -α, -ον: honored, worthy, 2
τυμβήρης, -ες: entombed, buried, 2
χρυσό-ρυτος, -η, -ον: gold-streaming, 1

---

947 κατεζεύχθη: aor. pass.
949 γενεᾷ: in lineage; dat. of respect
  τίμιος: supply linking ἦν 'was'
950 Ζηνὸς: gen. sg. Ζεύς
  ταμιεύεσκε: kept stored; -σκ- indicates
  iterative imperfect without the augment
951 δεινά (ἐστί): predicate, supply verb
952 ἄν...ἐκφύγοιεν: could...; potential opt.
  in the aorist tense
  νιν: it; i.e. the power of fate
955 ζεύχθη: was confined; 'was yoked' aor.

pass. ζεύγνθμι
ὁ Δρύαντος: son of Dryas; i.e. Lycurgus,
  who killed his son, same-named Dryas, in
  an attempt to rid himself of Dionysus
956 κερτομίοις ὀργαῖς: because of...; dat. of
  cause
959 τᾶς μανίας: gen. sg.
960 (ἐ)κεῖνος: that one...; i.e. Lycurgus
  ἐπέγνω: 3rd sg. aor. ἐπιγιγνώσκω; the
  object. is τὸν θεὸν
  μανίαις: in his madness; dat. manner

64

ψαύων τὸν θεὸν ἐν κερτομίοις γλώσσαις.
παύεσκε μὲν γὰρ ἐνθέους
γυναῖκας εὔιόν τε πῦρ,
φιλαύλους τ᾽ ἠρέθιζε Μούσας.   965
παρὰ δὲ κυανεᾶν πελάγει διδύμας ἁλὸς   στρ. β
ἀκταὶ Βοσπόριαι ἠδ᾽ ὁ Θρῃκῶν ἄξενος
Σαλμυδησσός, ἵν᾽ ἀγχίπτολις Ἄ-   970
ρης δισσοῖσι Φινεΐδαις
εἶδεν ἀρατὸν ἕλκος
τυφλωθὲν ἐξ ἀγρίας δάμαρτος
ἀλαὸν ἀλαστόροισιν ὀμμάτων κύκλοις
ἀραχθέντων, ὑφ᾽ αἱματηραῖς   975

ἄ-ξενος, -ον: inhospitible, 1
ἄγριος, -α, -ον: wild, fierce, 5
ἀγχί-πτολις ὁ: neighboring the city 1
αἷμα-τηρός, -ά, -όν: bloodstained, bloody, 1
ἀκτή, ἡ: shore, headland, projecting land, 4
ἀλαός, -ον: not seeing, blind, 1
ἀλάστορος, -ον: crying for vengeance, 1
ἅλς, -ος, ὁ, ἡ: salt, sea, 1
ἀράσσω: to strike, dash, beat, 2
ἀρατός, -ή, -όν:: accursed, prayed against, 1
Ἄρης, -εος, ὁ: Ares, god of bloody war, 4
βοσπόριος, -α, -ον: of the Bosporus, 1
γλῶσσα, ἡ: tongue, 6
δάμαρ, δάμαρτος, ἡ: wife, 2
δίδυμος, -η, -ον: two-fold, double, twin, 1
δισσός, -ή, -όν: twofold, double, two, 1
ἕλκος, τό: (festering) wound, sore; ulcer, 3
ἔν-θεος, -ον: full of god, possessed by god, 1
ἐρεθίζω: to provoke, rouse to anger 1

εὔιος, -ον: Bacchic (εὐοῖ is a Bacchic cry), 1
ἠδε: and, 1
Θρῇξ, Θρῃκός: Thracian, 1
ἵνα: in order that (+ subj.); where (+ ind.), 4
κερτόμιος, α, ον: cutting, taunting, abusive, 2
Κυάνεαι, αἱ: Dark-Rocks (twin islands at the entrance of the Black Sea) 1
κύκλος, ὁ: orb, eye, eyesocket, ring 4
Μούσα, ἡ: Muse (goddess of creativity), 1
ὄμμα, -ατος, τό: the eye, 4
παύω: to stop, make cease, 5
πέλαγος, -εος, τό: the sea, 1
πῦρ, -ος, τό: fire, 7
Σαμυδησσός, ὁ: Salmydessus (a city), 1
τυφλόω: to blind, make blind, 1
φίλ-αυλος -ον: fond of the flute, 1
Φινείδης, ὁ: son of Phineus, 1
ψαύω: to touch, 2

961 ψαύων (αὐτοῦ): by touching (him); pple is causal; supply partitive gen. object
ἐν: with...
γλώσσαις: i.e. taunts, words
963 παύεσκε: kept stopping; 'would stop,' -σκ- indicates iterative imperfect without the augment
966 The third example is Cleopatra, wife of the same Phineus who, beset by Harpies, will later advise Jason and the Argonauts
966 παρὰ...πελάγει: beside...; place where
κυανεᾶν: Doric gen. plural (-αων)
διδύμας ἁλός: and...; fem. gen. sg. modifies πελάγει and is parallel to κυανεᾶν, supply a conjunction; the twin seas are the Propontis (Sea of Marmara) and Black Sea

968 ἀκταὶ Βοσπόριαι (εἰσί): there are...; supply a linking verb
969 ἠδε: and; a conjunction, the following are parallel to ἀκταὶ
970 ἵνα: where
971 δισσοῖσι Φινείαις: on...; dat. of interest.
972 εἶδεν: aor. ὁράω
ἕλκος τυφλωθὲν: i.e a wound inflicting blindness, neut. sg. aor. pass. pple.
973 ἐξ: by...; gen. of agent
974 ἀλαὸν...κύκλοις: blind to...; dat. interest
ὀμμάτων...ἀραχθέντων: gen. abs. aor. pass. pple
975 ὑφ᾽: under (the power of)...; or 'by...' dat. of means

χείρεσσι καὶ κερκίδων ἀκμαῖσιν.

Χορ κατὰ δὲ τακόμενοι μέλεοι μελέαν πάθαν   ἀντ. β
  κλαῖον, ματρὸς ἔχοντες ἀνύμφευτον γονάν·   980
  ἁ δὲ σπέρμα μὲν ἀρχαιογόνων
  ἄντασ' Ἐρεχθειδᾶν,
  τηλεπόροις δ' ἐν ἄντροις
  τράφη θυέλλαισιν ἐν πατρῴαις
  Βορεὰς ἄμιππος ὀρθόποδος ὑπὲρ πάγου   985
  θεῶν παῖς. ἀλλὰ κἀπ' ἐκείνᾳ
  Μοῖραι μακραίωνες ἔσχον, ὦ παῖ.
Τειρ Θήβης ἄνακτες, ἥκομεν κοινὴν ὁδὸν
  δύ' ἐξ ἑνὸς βλέποντε· τοῖς τυφλοῖσι γὰρ
  αὕτη κέλευθος ἐκ προηγητοῦ πέλει.   990

ἀ-νύμφευτος, -ον: unwedded, 1
ἀκμή, ἡ: point, edge, 1
ἄμ-ιππος -ον: swift as horses, 1
ἀντάω: to come upon, meet, encounter, 1
ἄντρον, τό: cave, cavern, grotto, 1
ἀπό: from, away from. (+ gen.), 9
ἀρχαιό-γονος, -ον: of ancient race/lineage, 1
βλέπω: to see, look at, 5
βορέας, ὁ: North wind, north, 1
γονή, ἡ: seed, offspring, a child, 3
δύο: two, 5
Ἐρχθεῖδαι, οἱ: the children of Erechtheus, 1
θυέλλα, ἡ: gust, squall, storm, 1
κέλευθος, ἡ: path, way, 2
κερκίς, -ίδος ἡ: weaver's shuttle, rod, dowel 1
κλαίω: to weep, lament, wail, 2
κοινός, -ή, -όν: common, shared; kindred, 8

μακρ-αίων, -ωνος: long-lived, long lasting, 1
μέλεος, -α, -ον: miserable, happy; idle, 4
Μοῖραι, αἱ: Fates, 1
ὁδός, ἡ: road, way, path, journey, 7
ὀρθό-πους, -ποδος: steep, upright on feet, 1
πάγος, ὁ: frost; rock, hill, 3
πάθη, ἡ: suffering, misfortune, 1
πατρῷος, η, -ον: of one's father, ancestral 7
πέλω: to be, become, come (to be) 3
προ-ηγητής, -οῦ ὁ: guide, front leader, 1
σπέρμα, τό: seed, offspring; origin, stock, 1
τήκω: to melt, rot, waste away (τάκω) 4
τηλέ-πορος -ον: far-reaching, far-distant, 1
τρέφω: to rear, foster, nuture, 5
τυφλός, -η, -ον: blind, 1
ὑπέρ: on behalf of (gen); over, beyond (acc) 5

---

976 χείρεσσι: dat. pl. of means, χείρ
978 κατά...τακόμενοι: (the boys) wasting
  away; tmesis for mid. pple κατατακόμενοι
980 κλαῖον: unaugmented 3rd pl. impf.
  ματρὸς...γοναν: having their birth from
  the bad marriage of the mother; perhaps
  the adj. is a transferred epithet: 'having
  their birth from a mother, (now) unmarried'
981 ἁ δὲ: but she...; i.e. Cleopatra, ἡ δέ
  σπέρμα: in...; acc. of respect
982 ἄντασα: having reached; i.e. when she
  traces her lineage she reaches ancestors
984 τράφη: 3rd sg. aor. pass. τρέφω,

  unaugmented, Cleopatra is subject
985 βορεὰς: (daughter) of Boreas; gen.
  ὀρθόποδος ὑπὲρ πάγου: over...
986 κα(ὶ) ἐπ(ὶ)...ἔσχον: and...attacked; equiv.
  to tmesis ἐπ-έχω, 'hold out against'
  ἐκείνᾳ: that one; obj. of ἐπί
988 Θήβής: gen. sg.
  κοινὴν ὁδὸν: on a...; inner acc.
989 βλέποντε: pres. pple. dual nom.
  ἐξ: by means of...
  τοῖς τυφλοῖσι...κέλευθος...πέλει: this is the
  way for the blind: by means of a guide;
  dat. of interest

66

Κρέ   τί δ᾽ ἔστιν, ὦ γεραιὲ Τειρεσία, νέον;
Τειρ   ἐγὼ διδάξω, καὶ σὺ τῷ μάντει πιθοῦ.
Κρέ   οὔκουν πάρος γε σῆς ἀπεστάτουν φρενός.
Τειρ   τοιγὰρ δι᾽ ὀρθῆς τήνδ᾽ ἐναυκλήρεις πόλιν.
Κρέ   ἔχω πεπονθὼς μαρτυρεῖν ὀνήσιμα.   995
Τειρ   φρόνει βεβὼς αὖ νῦν ἐπὶ ξυροῦ τύχης.
Κρέ   τί δ᾽ ἔστιν; ὡς ἐγὼ τὸ σὸν φρίσσω στόμα.
Τειρ   γνώσει, τέχνης σημεῖα τῆς ἐμῆς κλύων.
       εἰς γὰρ παλαιὸν θᾶκον ὀρνιθοσκόπον
       ἵζων, ἵν᾽ ἦν μοι παντὸς οἰωνοῦ λιμήν,   1000
       ἀγνῶτ᾽ ἀκούω φθόγγον ὀρνίθων, κακῷ
       κλάζοντας οἴστρῳ καὶ βεβαρβαρωμένῳ.
       καὶ σπῶντας ἐν χηλαῖσιν ἀλλήλους φοναῖς
       ἔγνων· πτερῶν γὰρ ῥοῖβδος οὐκ ἄσημος ἦν.
       εὐθὺς δὲ δείσας ἐμπύρων ἐγευόμην   1005

ἄ-σημός, -ον: unintelligible, without signs 4
ἄ-γνω(σ)τος, ον: unintelligible 1
ἀκούω: to hear, listen to, 6
ἀλλήλος, -α, -ον: one another, 2
ἀπο-στατέω: to stand apart, be far from, 1
βαίνω: to walk, step, go, 6
βαρβαρόω: make foreign or unintelligible, 1
γεραιός, -ά, -όν: old, aged, elder, 2
γεύω: make trial of, attempt; taste, 1
γιγνώσκω: to come to know, learn, realize, 6
δείδω: fear, dread, shrink from, feel awe, 4
διδάσκω: to teach, instruct, tell, 4
ἔμ-πυρος, -ον: in the fire; burnt sacrifices, 1
εὐθύς: right away, straight, directly, at once, 3
θᾶκος, τό: seat, chair, 1
ἵζω: to sit; make sit, place, 1
ἵνα: in order that (+ subj.); where (+ ind.), 4
κλάζω: to scream, 2
λιμήν, -ένος, ὁ: harbor, haven, 2
μάντις, -εως, ὁ: seer, prophet, diviner, 7
μαρτυρέω: to bear witness, give evidence 2
ναυ-κληρέω: manage, direct, govern a ship, 1
ξυρόν, τό: razor-edge, razor, 1

οἶστρος, ὁ: frenzy, madness; gadfly, sting, 1
οἰωνός, ὁ: large bird, bird of prey, 6
ὀνήσιμος, -η, -ον: beneficial, profitable, 1
ὀρνιθό-σκοπος, -ον: of reading bird signs, 1
ὄρνις, ὄρνιθος, ὁ, ἡ: a bird, 4
οὔκ-ουν: not therefore, and so not, surely not 6
παλαιός, -ή, -όν: old in years, old, aged, 1
πάρος: before, formerly, 1
πάσχω: to suffer, experience, 7
πείθω: persuade, trust; mid. obey (+ dat.) 2
πτερόν, τό: wing; bird, 1
ῥοῖβδος ὁ: whirring of wings, rushing noise 1
σημεῖον, τό: sign, mark, omen; signal, flag, 2
σπάω: to pull, tear, 2
στόμα, -ατος, τό: the mouth, 3
Τειρεσίας, ὁ: Teiresias, 1
τέχνη, ἡ: art, skill, craft, 2
τοι-γάρ: so then, therefore, accordingly, 2
τύχη, ἡ: chance, luck, fortune, success, 6
φθόγγος, ὁ: voice, 5
φονή, ἡ: murder, massacre, 3
φρίσσω: bristle at (~hair), shudder, tremble, 1
χηλή, ἡ: talen, claw, horse's hoof, 1

991 τί...νεον: what news...; 'what new'
992 πιθοῦ: πιθε(σ)ο, aor. mid. imperative
    πείθω governs a dat. indirect object
993 γέ: at any rate; marks and limits πάρος
    ἀπεστάτουν: 1st sg. impf.
    φρενός: purpose, intent; i.e. advice
994 διὰ ὀρθῆς (ὁδοῦ): over a straight path
995 ἔχω...: I am able; + inf.
    πεπονθώς: nom. sg. pf. pple πάσχω

996 φρόνει: imperative, φρόνε-ε
    βεβὼς: nom. sg. pf. pple βαίνω
996 ἐπὶ: upon
997 ὡς: how...; exclamatory
998 γνώσει: γνώσε(σ)αι, 2nd sg. fut.
1000 ἵνα: where...; impf εἰμί + dat. possession
1004 ἔγνων: 1st sg. aor. γιγνώσκω
1005 ἐγευόμην: governs a partitive gen.

βωμοῖσι παμφλέκτοισιν· ἐκ δὲ θυμάτων
Ἥφαιστος οὐκ ἔλαμπεν, ἀλλ' ἐπὶ σποδῷ
μυδῶσα κηκὶς μηρίων ἐτήκετο
κἄτυφε κἀνέπτυε, καὶ μετάρσιοι
χολαὶ διεσπείροντο, καὶ καταρρυεῖς   1010
μηροὶ καλυπτῆς ἐξέκειντο πιμελῆς.
τοιαῦτα παιδὸς τοῦδ' ἐμάνθανον πάρα,
φθίνοντ' ἀσήμων ὀργίων μαντεύματα.
ἐμοὶ γὰρ οὗτος ἡγεμών, ἄλλοις δ' ἐγώ.
καὶ ταῦτα τῆς σῆς ἐκ φρενὸς νοσεῖ πόλις.   1015
βωμοὶ γὰρ ἡμῖν ἐσχάραι τε παντελεῖς
πλήρεις ὑπ' οἰωνῶν τε καὶ κυνῶν βορᾶς
τοῦ δυσμόρου πεπτῶτος Οἰδίπου γόνου.
κᾆτ' οὐ δέχονται θυστάδας λιτὰς ἔτι
θεοὶ παρ' ἡμῶν οὐδὲ μηρίων φλόγα,   1020

ἄ-σημος, -ον: unintelligible, without signs 4
ἀνα-πτύω: to spit up, sputter, 1
βορά, ἡ: food, meat, carrion, 3
βωμός, ὁ: altar (on a platform), a platform, 2
γόνος, ὁ: offspring, a child, 2
δέχομαι: to receive, accept, take, 2
δια-σπείρω: to scatter, scatter abroad, 1
δύς-μορος, -ον: ill-fated, -starred, wretched 4
εἶτα: then, next, 2
ἔκ-κειμαι: to be exposed, fall out from, 1
ἐσχάρα, ἡ: the hearth, fire-place, 1
ἡγεμών, ὁ: guide, leader; commander, 1
Ἥφαιστος, ὁ: Hephaestus, 2
θῦμα, -ατος, τό: (sacrificial) offerings, 1
θυστάς, -αδος, ἡ: sacrificial, 1
καλύπτος, -η, -ον: enfolding, covered, 1
κατα-ρρυής, -ές: streaming down, dripping, 1
κηκίς, -ίδος, ἡ: juice, ooze, 1
κύων, κυνός, ὁ, ἡ: dog, 5
λάμπω: to blaze, shine, show light, 1

λιτή, ἡ: a prayer, entreaty, 1
μάντευμα, -ατος, τό: oracle, 1
μετ-άρσιος, -α, -ον: raised high in the air, 1
μηρία, τά: thigh bones for sacrifice, 2
μηρός, ὁ: the thigh, 1
μυδάω: to be damp, clammy; drip 2
νοσέω: to be sick, ill, 1
Οἰδίπους, ὁ: Oedipus, Antigone's father, 6
οἰωνός, ὁ: large bird, bird of prey, 6
ὄργια, τά: rites, sacrifices, 1
πάμ-φλεκτος, ον: fully-blazing or –kindled 1
παν-τελής, -ές: one and all, all, entire, 2
πιμελή, ἡ: fat, soft fat, 1
πλήρης, -ες: full of, filled of, 2
σποδός, ὁ: ash, 1
τήκω: to melt, rot, waste away (τάκω) 4
τύφω: to smoke, 1
φθί(ν)ω: to perish, waste away, fail, 3
φλόξ, φλόγος, ἡ: burning, flame, fire, 1
χολή, ἡ: gall, bile; pl. gall-bladder, 1

1006 βωμοῖσι: on...; place where
1007 Ἥφαιστος: i.e. fire, through metonomy
1008 μηρίων: from...; gen. separation
  ἐτήκετο: was exuded
1009 κἄτυφε: κα(ὶ) ἔτυφε; impf. τύφω
1010 κἀνέπτυε: κα(ὶ) ἀνέπτυε; impf.
  καταρρυεῖς: i.e. with fat; nom. pl.
1012 παιδὸς τοῦδε...πάρα: from...; παρὰ
  παιδὸς τοῦδε; gen. source
1013 φθίνοντα...μαντεύματα: that...; ind.
  disc. (acc. + pple) governed by ἐμάνθανον
  ἀσήμων: i.e. without identifying marks

for the seer to interpret
1014 οὗτος (ἐστί): the παῖς from line 1012.
1015 καὶ ταῦτα: and what is more; 'and in
  respect to these things,' acc. of respect
  φρενός: purpose, resolve; cf. line 993
1017 πλήρεις (εἰσί): predicate, supply verb
  ὑπ(ὸ)...κυνῶν: because of...; gen. of cause
  βορᾶς...πεπτῶτος: gen. abs., pf. pple
  πίπτω
1018 κᾆτ': and then; 'thereupon,' κα(ὶ) εἶτα
  οὐ...ἔτι: no longer
  παρὰ ἡμῶν: from us

68

οὐδ' ὄρνις εὐσήμους ἀπορροιβδεῖ βοάς
ἀνδροφθόρου βεβρῶτες αἵματος λίπος.
ταῦτ' οὖν, τέκνον, φρόνησον. ἀνθρώποισι γὰρ
τοῖς πᾶσι κοινόν ἐστι τοὐξαμαρτάνειν·
ἐπεὶ δ' ἁμάρτῃ, κεῖνος οὐκέτ' ἔστ' ἀνὴρ   1025
ἄβουλος οὐδ' ἄνολβος, ὅστις ἐς κακὸν
πεσὼν ἀκῆται μηδ' ἀκίνητος πέλῃ.
αὐθαδία τοι σκαιότητ' ὀφλισκάνει.
ἀλλ' εἶκε τῷ θανόντι μηδ' ὀλωλότα
κέντει· τίς ἀλκὴ τὸν θανόντ' ἐπικτανεῖν;   1030
εὖ σοι φρονήσας εὖ λέγω. τὸ μανθάνειν δ'
ἥδιστον εὖ λέγοντος, εἰ κέρδος λέγοι.
Κρέ ὦ πρέσβυ, πάντες ὥστε τοξόται σκοποῦ
τοξεύετ' ἀνδρὸς τοῦδε, κοὐδὲ μαντικῆς
ἄπρακτος ὑμῖν εἰμι· τῶν δ' ὑπαὶ γένους   1035

ἄ-βουλος, -ον: unwise, ill-advised, 1
ἀ-κίνητος, -ον: unmoved; stubborn, 2
ἄ-πρακτος, -ον: unassailed by, not worked or plotted against by, 1
αἷμα, -ατος τό: blood, 3
ἀκέομαι: to heal, 1
ἀλκή, ἡ: strength, prowess (to avert danger) 1
ἁμαρτάνω: to make a mistake, fail (gen.) 6
ἄν-ολβος, -ον: unblest, luckless, 2
ἀνδρό-φθορος, -ον: of a slain man, 1
ἀπο-ρροιβδέω: to shriek forth, 1
αὐθαδία, ἡ: self-will, stubbornness, 1
βιβρώσκω: to eat, eat up, consume, 1
βοή, ἡ: shout, cry, loud shout, 3
γένος, -εος, ὁ: offspring, tribe, stock, race, 7
εἴκω: to yield, give way, (aor. εἰκάθον) 5
ἐξ-αμαρτάνω: to miss the mark, err, fail, 2
ἐπι-κτείνω: to kill in addition, kill again, 1

εὔ-σημός, -ον: with good signs or omens, 1
ἡδύς, -εῖα, -ύ: sweet, pleasant, glad, 3
κεντέω: prick, sting, stab, goad, 1
λίπος, -εος, τό: fat, animal fat, tallow, 1
μαντική, ἡ: prophetic art, art of prophecy, 1
ὄρνις, ὄρνιθος, ὁ, ἡ: a bird, 4
οὐκ-έτι: no more, no longer, no further, 4
ὀφλισκάνω: incur a charge of acc. on dat. 2
πέλω: to be, become, come (to be) 3
πρέσβυς, ὁ: old man, elder, 1
σκαιότης, -ητος, ἡ: ineptitude, awkwardness, lefthandedness, 1
σκοπός, ὁ: watchman, scout; mark, aim, 2
τοι: you know, as you know, surely, 7
τοξεύω: shoot (an arrow) (+ partitive gen) 1
τοξότης, ὁ: archer, 2
ὑπαὶ: by, because of (gen) (ὑπό) 1
ὥστε: so that, that, so as to, 7

1022 **βεβρῶντες**: pf. pple βιβρώσκω
1023 **φρόνησον**: aor. imperative
  ἀνθρώποισι...πᾶσι: dat. of interest
1024 **κοινόν ἐστι**: *it is common...*
  τοὐξαμαρτάνειν: τὸ ἐξαμαρτάνειν
1025 **ἐπεὶ...ἁμάρτῃ**: *whenever one...*; general temporal clause, the lack of ἄν is common in Homer but rare in Attic; 3rd sg. aor. subj.
1026 **ὅστις**: *whoever...*; ἀνήρ is antecedent
1027 **πεσών**: nom. sg. aor. pple πίπτω
  ἀκῆται...πέλῃ: 3rd sg. pres. mid. and pres. act. subj. without ἄν; see line 1025

1029 **τῷ θανόντι**: ind. object, pple θνῆσκω
  ὀλωλότα: acc. sg. pf. pple ὄλλυμι
1030 **κέντει**: imperative, κέντε-ε
  τίς ἀλκὴ (ἐστι): supply a linking verb
1032 **ἥδιστον (ἐστι)**: supply a linking verb
  εὖ λέγοντος: *from one...*; gen. source
1033 **πάντες...τοξεύετε**: *you all shoot...*
  ὥστε...σκοποῦ: *just as archers at a mark*
1035 **ἄπρακτος...εἰμί**: *not even by your art of prophecy am I unassailed*; gen. of cause, gen. of cause and dat. of possession
  τῶν...γένους: *but by the tribe of these men*

69

ἐξημπόλημαι κἀμπεφόρτισμαι πάλαι.
κερδαίνετ᾽, ἐμπολᾶτε τἀπὸ Σάρδεων
ἤλεκτρον, εἰ βούλεσθε, καὶ τὸν Ἰνδικὸν
χρυσόν· τάφῳ δ᾽ ἐκεῖνον οὐχὶ κρύψετε,
οὐδ᾽ εἰ θέλουσ᾽ οἱ Ζηνὸς αἰετοὶ βορὰν   1040
φέρειν νιν ἁρπάζοντες ἐς Διὸς θρόνους,
οὐδ᾽ ὣς μίασμα τοῦτο μὴ τρέσας ἐγὼ
θάπτειν παρήσω κεῖνον· εὖ γὰρ οἶδ᾽ ὅτι
θεοὺς μιαίνειν οὔτις ἀνθρώπων σθένει.
πίπτουσι δ᾽, ὦ γεραιὲ Τειρεσία, βροτῶν   1045
χοἱ πολλὰ δεινοὶ πτώματ᾽ αἴσχρ᾽, ὅταν λόγους
αἰσχροὺς καλῶς λέγωσι τοῦ κέρδους χάριν.
Τειρ   φεῦ.
       ἆρ᾽ οἶδεν ἀνθρώπων τις, ἆρα φράζεται,
Κρέ   τί χρῆμα; ποῖον τοῦτο πάγκοινον λέγεις;
Τειρ   ὅσῳ κράτιστον κτημάτων εὐβουλία;   1050

ἀετος, ὁ: eagle, (αἰετος) 2
ἁρπάζω: seize, carry off, kidnap, 2
βορά, ἡ: food, meat, carrion, 3
βούλομαι: to wish, be willing, desire, 5
γεραιός, -ά, -όν: old, aged, elder, 2
ἐμ-πολάω: to traffic, trade, deal, purchase, 2
ἐμ-φορτίζω: to unload and sell off, betray, 1
ἐξ-εμ-πολάω: to buy and sell off; betray, 1
εὐ-βουλία ἡ: good counsel, sound judgment 2
ἤλεκτρον, τό: electrum, silver-gold, 1
θάπτω: to bury, honor with funeral rites, 7
θρόνος, ὁ: chair, seat, 4
Ἰνδικός, -ή, -όν: Indian, of India, 1
κερδαίνω: to gain, profit, make a profit, 2
κράτιστος, -η, -ον: strongest, mightiest, 2
κρύπτω: to hide, cover, conceal, 6
κτῆμα, -ατος, τό: possession, property, 4
μιαίνω: to defile, pollute; stain, dye, 1

μίασμα, -ατος, τό: pollution, defilement, 3
νιν: him, her (not reflexive) 7
οὔ-τις, οὔ-τι: no one, nothing, 1
πάγ-κοινος, -ον: common to all, universal, 2
πάλαι: long ago, long, all along, 5
παρ-ίημι: to permit, let pass, over, 2
ποῖος, -α, -ον: what sort of? what kind of? 6
πτῶμα, -ατος, τό: fall, 1
Σάρδεις, -εων οἱ: Sardis (city always in pl.) 1
σθένω: to be strong, have power (+ inf.), 3
Τειρεσίας, ὁ: Teiresias, 2
τρέω: to flee away, flee from fear, 1
φεῦ: ah, alas, woe, 7
φράζω: to point out, tell, indicate, 5
χάρις, -ριτος, ἡ: favor, gratitude, thanks, 6
χρῆμα, -ατος, τό: thing, money, goods, 1
χρυσός, ὁ: gold, 2

1036 ἐξημπόλημαι κα(ὶ) ἐμπεφόρτισμαι: both
    pf. passive
1037 κερδαίνετε, ἐμπολᾶτε pl. imperatives,
    i.e. Tiresias and fellow conspirators
1039 τάφῳ: dat. of means
1040 οὐδ(ε) εἰ: not even if
    (ἐ)θέλουσ(ι): 3rd pl. present, subject αἰετοὶ
    Ζηνὸς: gen. sg. Ζεύς, see also Διὸς below
1041 νιν: him; i.e. the ἐκεῖνον from l. 1039
    Διὸς: gen. sg. Ζεύς
1042 οὐδ(ε) ὣς...μὴ...παρήσω: not even
    so...will I allow...; fut. παρίημι ; μή οὐ, as

here, is used in emphatic denials
1043 οἶδ(α): 1st sg.
1045 βροτῶν: partitive gen. with οἱ δεινοὶ
1046 χοἱ: even the...; καὶ οἱ
    ὅταν...λέγωσι: whenever...; general
    temporal clause, ἄν + pres. subjunctive
1047 χάριν: for the sake of...; + gen.
1048 ἆρα φράζεται: does (any man)
    consider?
1050 ὅσῳ: by how much; dat. degree of
    difference; supply a linking verb ἐστί

70

Κρέ	ὅσῳπερ, οἶμαι, μὴ φρονεῖν πλείστη βλάβη.
Τειρ	ταύτης σὺ μέντοι τῆς νόσου πλήρης ἔφυς.
Κρέ	οὐ βούλομαι τὸν μάντιν ἀντειπεῖν κακῶς.
Τειρ	καὶ μὴν λέγεις, ψευδῆ με θεσπίζειν λέγων.
Κρέ	τὸ μαντικὸν γὰρ πᾶν φιλάργυρον γένος.
Τειρ	τὸ δ' ἐκ τυράννων αἰσχροκέρδειαν φιλεῖ.
Κρέ	ἆρ' οἶσθα ταγοὺς ὄντας ἃν λέγῃς λέγων;
Τειρ	οἶδ'· ἐξ ἐμοῦ γὰρ τήνδ' ἔχεις σώσας πόλιν.
Κρέ	σοφὸς σὺ μάντις, ἀλλὰ τἀδικεῖν φιλῶν.
Τειρ	ὄρσεις με τἀκίνητα διὰ φρενῶν φράσαι.
Κρέ	κίνει, μόνον δὲ μὴ 'πὶ κέρδεσιν λέγων.
Τειρ	οὕτω γὰρ ἤδη καὶ δοκῶ τὸ σὸν μέρος.
Κρέ	ὡς μὴ 'μπολήσων ἴσθι τὴν ἐμὴν φρένα.
Τειρ	ἀλλ' εὖ γέ τοι κάτισθι μὴ πολλοὺς ἔτι
	τρόχους ἁμιλλητῆρας ἡλίου τελεῖν,

1055

1060

1065

ἀ-δικέω: to be unjust, do wrong, injure, 1
ἀ-κίνητος, -ον: unmoved; stubborn, 2
αἰσχροκέρδεια, ἡ: shameful gain or profit, 1
ἁμιλλητήρ, -ῆρος: racing, competing, 1
ἀντ-εῖπον: aor speak in response; deny, 2
βλάβη, ἡ: harm, affliction, damage, 2
βούλομαι: to wish, be willing, desire, 5
γένος, -εος, ὁ: offspring, tribe, stock, race, 7
ἐμ-πολάω: to traffic, trade, deal; betray, 2
ἤδη: already, now, at this time, 4
ἥλιος, ὁ: the sun, (else ἀέλιος) 2
θεσπίζω: to declare by oracle, prophesy, 2
κάτ-οιδα: to know well, understand, 1
κινέω: to set in motion, move; rouse, irritate 3
μαντικός, -ή, -όν: prophetic, oracular, 1
μάντις, -εως, ὁ: seer, prophet, diviner, 7
μέντοι: however, nevertheless; certainly, 7
μέρος, -εος, τό: a part, share, portion, 3

μήν: truly, surely, 7
νόσος, ὁ: sickness, illness, disease, 6
οἴομαι (οἶμαι): to suppose, think, imagine, 4
ὄρνυμι: to stir, set in motion, rouse, 1
ὅσοσπερ, -ηπερ, -ονπερ: just as much as, 1
πλεῖστος, -η, -ον: most, greatest, largest, 3
πλήρης, -ες: full of, filled of, 2
σοφός, -ή, -όν: wise, skilled, 3
ταγός, ὁ: commander, ruler (~τάσσω) 1
τελέω: to end, complete, fulfill; pay, 3
τοι: you know, as you know, surely, 7
τροχός, ὁ: wheel, cycle, course, 2
τύραννος, ὁ: sovereign, tyrant, 5
φιλ-άργυρος, -ον: greedy, fond of money, 1
φιλέω: to love, befriend, 7
φράζω: to point out, tell, indicate, 5
ψευδής, -ές: false, lying, 3

1051 ὅσῳπερ: by just as much; dat. of degree
of difference with superlative πλείστη
μὴ φρονεῖν: to be unwise, to lack
understanding; add linking verb
1052 μέντοι: certainly; positive assent
ἔφυς: are (by nature); aor. φύω
1054 καὶ μὴν: and yet; 'and truly,' adversative
ψευδῆ: ψευδέα, neuter acc. pl.
1055 φιλάργυρον (ἐστί): predicate, add verb
1056 τὸ (γένος): the (tribe)
1057 οἶσθα ταγοὺς...λέγων: Do you know
that you are saying whatever you say
(about) one being a ruler; 2nd sg. pf. οἶδα;
ἃν λέγῃς: whatever...; ἃ ἃν λέγῃς; neut.

pl. relative, general relative clause
λέγων: saying (x) about (y); double acc.
1058 ἔχεις σώσας: periphratic aor., σῴζω
1059 τἀδικεῖν: τὸ ἀδικεῖν, obj. of pple φιλέω
1060 ὄρσεις: fut. ὄρνυμι
διὰ φρενῶν: in my soul, in my mind
1061 κινεῖ: imper., κινε-ε; μόνον is adv. acc.
μὴ...λέγων: if not...; conditional in sense
γὰρ...καὶ δοκῶ: yes, now I in fact think to
speak in this way on your part; acc. respect
1063 ὡς: not so as to... purpose: ὡς + fut pple
ἴσθι: sg. imperative οἶδα
1063 κάτισθι: sg. imperative κάτοιδα
μὴ τελεῖν: that (you) are not to complete...

71

ἐν οἶσι τῶν σῶν αὐτὸς ἐκ σπλάγχνων ἕνα
νέκυν νεκρῶν ἀμοιβὸν ἀντιδοὺς ἔσει,
ἀνθ' ὧν ἔχεις μὲν τῶν ἄνω βαλὼν κάτω
ψυχήν τ' ἀτίμως ἐν τάφῳ κατῴκισας,
ἔχεις δὲ τῶν κάτωθεν ἐνθάδ' αὖ θεῶν   1070
ἄμοιρον, ἀκτέριστον, ἀνόσιον νέκυν.
ὧν οὔτε σοὶ μέτεστιν οὔτε τοῖς ἄνω
θεοῖσιν, ἀλλ' ἐκ σοῦ βιάζονται τάδε.
τούτων σε λωβητῆρες ὑστεροφθόροι
λοχῶσιν Ἅιδου καὶ θεῶν Ἐρινύες,   1075
ἐν τοῖσιν αὐτοῖς τοῖσδε ληφθῆναι κακοῖς.
καὶ ταῦτ' ἄθρησον εἰ κατηργυρωμένος
λέγω· φανεῖ γὰρ οὐ μακροῦ χρόνου τριβὴ
ἀνδρῶν γυναικῶν σοῖς δόμοις κωκύματα.
ἐχθραὶ δὲ πᾶσαι συνταράσσονται πόλεις,   1080

ἀ-κτέριστος, -ον: without funeral rites, 2
ἄ-μοιρος, -ον: without share in (+ gen.), 1
ἀ-τίμως, -ον: dishonorably, 1
ἀθρέω: to gaze at, observe, 3
ἀμοιβός, -ον: in exchange for (gen), 1
ἀν-όσιος, -η, -ον: unholy, profane, 2
ἀντι-δίδωμι: to give in return, repay, 1
ἀντί: instead of, in place of (+ gen.), 4
ἄνω: up, above, 3
βάλλω: to throw, pelt, hit, strike, 3
βιάζω: do violence to, force, compel, 3
ἐνθάδε: here, hither, there, thither, 3
Ἐρινύες, αἱ: avenging spirits, Erinyes, 1

κατ-αργυρόω: buy with silver, silver over, 1
κατ-οικίζω: to settle, establish, place, 1
κάτω-θεν: from below, up from below, 2
κώκυμα, -ματος, τό: shriek, wail, 2
λοχάω: to lie in ambush, lie in wait, 1
λωβητήρ, -ῆρος ὁ ἡ: destroyers 1
μακρός, -ή, -όν: long, far, distant, large, 4
μέτ-εστι: to have a share of (gen) for (dat), 1
σπλάγχνον, τό: loins; gut, innards, 1
συν-ταράσσω: set into confusion, trouble, 1
τριβή, ἡ: delay, spending; wearing away, 2
ὑστερο-φθόρος, -ον: later-destroying,
destroying afterward 1

1066 ἐν οἶσι: *in which (time);* relative
    αὐτός: *you yourself*
1067 ἀντιδοὺς ἔσει: periphrastic fut. perf.
    (translate as simple fut. in English); aor.
    pple ἀντιδίδωμι and 2nd sg. fut. dep. εἰμί
1068 ἀνθ' ὧν: *on account of which, because*
    ἔχεις...βαλὼν: perphrastic pf. (ἔχω + aor.
    pple βάλλω)
    τῶν ἄνω: *(one) of those above*; partitive
    gen.
1069 (ἔχεις) κατῴκισας: perphrastic pf. (ἔχω
    + nom. sg. aor. pple)
1070 ἔχεις: *you hold*....; object νέκυν
    τῶν κάτωθεν....θεῶν: i.e. infernal gods
1072 ὧν...μέτεστιν: *A share of these
    belong...*; 'it is a share of these to...' i.e. the

dead belong to...
1073 ἐκ σοῦ: *because of you*; 'from you'
    βιάζονται: subject are οἱ ἄνω θεοί
1074 τούτων: *because of these things*; gen.
    of cause
1076 ληφθῆναι: *so as to be caught*; inf. of
    result, aor. pass. inf. λαμβάνω
    αὐτοῖς: *same*; all with κακοῖς
1077 ἄθρησον: aor. imperative
    εἰ: *whether*
1078 φανεῖ: future φαίνω
1079 ἀνδρῶν (καὶ) γυναικῶν: objective gen.
    of κωκύματα; asyndeton, supply the
    conjunction καί
    σοῖς δόμοις: ind. object with φανεῖ

72

ὅσων σπαράγματ' ἢ κύνες καθήγνισαν
ἢ θῆρες ἤ τις πτηνὸς οἰωνός, φέρων
ἀνόσιον ὀσμὴν ἑστιοῦχον ἐς πόλιν.
τοιαῦτά σου, λυπεῖς γάρ, ὥστε τοξότης
ἀφῆκα θυμῷ, καρδίας τοξεύματα   1085
βέβαια, τῶν σὺ θάλπος οὐχ ὑπεκδραμεῖ.
ὦ παῖ, σὺ δ' ἡμᾶς ἄπαγε πρὸς δόμους, ἵνα
τὸν θυμὸν οὗτος ἐς νεωτέρους ἀφῇ,
καὶ γνῷ τρέφειν τὴν γλῶσσαν ἡσυχαιτέραν
τὸν νοῦν τ' ἀμείνω τῶν φρενῶν ἢ νῦν φέρει.   1090
Χορ   ἀνήρ, ἄναξ, βέβηκε δεινὰ θεσπίσας·
ἐπιστάμεσθα δ', ἐξ ὅτου λευκὴν ἐγὼ
τήνδ' ἐκ μελαίνης ἀμφιβάλλομαι τρίχα,
μή πώ ποτ' αὐτὸν ψεῦδος ἐς πόλιν λακεῖν.
Κρέ   ἔγνωκα καὐτὸς καὶ ταράσσομαι φρένας.   1095

ἀμείνων, -ον: better, nobler, braver, 1
ἀμφι-βάλλω: to throw or put round, put on, 2
ἀν-όσιος, -η, -ον: unholy, profane, 2
ἀπ-άγω: to lead off, lead away, 1
ἀφ-ίημι: to send forth, let loose, give up, 4
βαίνω: to walk, step, go, 6
βέβαιος, -ον: firm, steadfast, sure, certain, 1
γιγνώσκω: to come to know, learn, realize, 6
γλῶσσα, ἡ: tongue, 6
ἐπίσταμαι: to know (how), understand, 5
ἑστιοῦχος, -ον: having a hearth (~altar), 1
ἥσυχος, -ον: silent, at rest, at peace, 1
θάλπος, -εος τό: sting; heat, warmth, 1
θεσπίζω: to declare by oracle, prophesy, 2
θήρ, θηρός, ὁ: beast, wild beast, animal, 3
θρίξ, τριχός, ἡ: hair, hairs, 1
θυμός, ὁ: desire, heart; soul, life, 5
ἵνα: in order that (+ subj.); where (+ ind.), 4
καθ-αγνίζω: hallow, purify with burial rites 1

καρδία, ἡ: the heart, 4
κύων, κυνός, ὁ, ἡ: dog, 5
λάσκω: shout, cry out; scream (aor. λακεῖν) 1
λευκός, -ή, -όν: white, bright, brilliant, 3
λυπέω: to cause pain, distress, grief, 2
μέλας, μέλαινα, μέλαν: black, 1
νοῦς, ὁ: mind, thought, reason, attention, 5
οἰωνός, ὁ: large bird, bird of prey, 6
ὀσμή, ἡ: smell, scent, odor, 2
πτηνός, -ή, -όν: winged, feathered, 1
πω: yet, up to this time, 2
σπάραγμα, -ατος τό: torn off piece, shreds 1
ταράσσω: to trouble, disturb, stir up, 2
τόξευμα, ατος, τό: arrow, 1
τοξότης, ὁ: archer, 2
τρέφω: to rear, foster, nuture, 5
ὑπ-εκ-τρέχω: run away from, escape from 1
ψεῦδος, τό: lie, a falsehood, 1
ὥστε: so that, that, so as to, 7

1081 ὅσων: *whose*; possessive
    σπαράγματ(α): i.e. pieces of flesh
    ἤ....ἤ...ἤ: *either...or...or*
1084 ὥστε τοξότης: *just as...*
1085 ἀφῆκα: *I shot (acc) at (gen)*; aor. ἀφίημι
    the gen. is partitive
    θυμῷ: *in your heart*; dat. of manner
1086 τῶν: *of these*; a demonstrative
    ὑπεκδραμεῖ: fut. ὑπεκτρέχω
1088 τὸν θυμὸν: *his anger*
    ἵνα...ἀφῇ...γνῷ: *so that...*; purpose; 3rd sg.
    pres. subj. ἀφίημι; aor. subj. γιγνώσκω

νεωτέρους: comparative, νέος, 'young'
    the masculine refers to people
1090 νοῦν...τῶν φρενῶν: *understanding in
    his mind*; 'of his gut'
    ἀμείνω: ἀμείνο(ν)α, acc. sg.
1092 βέβηκε: pf. βαίνω
1093 ἐξ ὅτου: *from which (time)*; οὗτινος
1094 μὴ...λακεῖν: *that...not*; ind. disc., μή
    instead of οὐ, for beliefs that one asserts
    confidently of the future (S. 2725)
1095 ἔγνωκα: 1st sg. pf. γιγνώσκω
    φρένας: acc. of respect with pass. voice

73

τό τ' εἰκαθεῖν γὰρ δεινόν, ἀντιστάντα δὲ
ἄτῃ πατάξαι θυμὸν ἐν δεινῷ πάρα.

Χορ εὐβουλίας δεῖ, παῖ Μενοικέως, λαβεῖν.

Κρέ τί δῆτα χρὴ δρᾶν; φράζε. πείσομαι δ' ἐγώ.

Χορ ἐλθὼν κόρην μὲν ἐκ κατώρυχος στέγης   1100
      ἄνες, κτίσον δὲ τῷ προκειμένῳ τάφον.

Κρέ καὶ ταῦτ' ἐπαινεῖς καὶ δοκεῖς παρεικαθεῖν;

Χορ ὅσον γ', ἄναξ, τάχιστα· συντέμνουσι γὰρ
      θεῶν ποδώκεις τοὺς κακόφρονας βλάβαι.

Κρέ οἴμοι· μόλις μέν, καρδίας δ' ἐξίσταμαι   1105
      τὸ δρᾶν· ἀνάγκῃ δ' οὐχὶ δυσμαχητέον.

Χορ δρᾶ νυν τάδ' ἐλθὼν μηδ' ἐπ' ἄλλοισιν τρέπε.

Κρέ ὧδ' ὡς ἔχω στείχοιμ' ἄν· ἴτ' ἴτ' ὀπάονες,
      οἵ τ' ὄντες οἵ τ' ἀπόντες, ἀξίνας χεροῖν
      ὁρμᾶσθ' ἑλόντες εἰς ἐπόψιον τόπον.   1110

ἀν-ίημι: to send up, let go, give up, 2
ἀνάγκη, ἡ: necessity, force, compulsion, 1
ἀνθ-ίστημι: to set against, resist, 2
ἀξίνη, ἡ: axe (head), battle-axe, 1
ἄπ-ειμι: to be away, be absent, 2
βλάβη, ἡ: harm, affliction, damage, 2
δεῖ: it is necessary, must, ought (+ inf.), 5
δῆτα: certainly, to be sure, of course, 7
δυσ-μαχητέος, -α, -ον: verbal adj. + εἰμί: one must fight a losing battle with + dat. 1
εἴκω: to yield, give way, (aor. εἰκάθον) 5
ἐξ-ίσταμαι: to stand apart from (gen.) 2
ἐπ-όψιος, -α, -ον: conspicuous, in view, 1
ἐπαινέω: to approve, applaud, praise, 1
ἐπι-τρέπω: to entrust, trust in (dat.), 1
εὐ-βουλία ἡ: good counsel, sound judgment 2
θυμός, ὁ: desire, heart; soul, life, 5
κακόφρων, -φρονος: thoughtless; senseless, 1
καρδία, ἡ: the heart, 4

κατ-ῶρυξ, -υχος, ἡ: dug or cut out (cavern) 2
κόρα, ἡ: girl, maiden, 5
κτίζω: to build, found, create, 1
Μενοικεύς, -έως, ὁ: Menoeceus, 3
μόλις: scarcely, hardly, 2
ὀπάων -ονος ὁ: attendant, follower; servant 1
ὁρμάω: to set out, begin; set in motion, 3
παρ-είκω: to give way, yield (aor. -εικάθον) 1
πατάσσω: to beat, strike, knock, 1
πείθω: persuade, trust; mid. obey (+ dat.) 2
ποδ-ώκης, -ες: swift-footed, quick, 1
πρό-κειμαι: to lie exposed, be set before, 4
στέγη, ἡ: a roof; shelter, home, 3
στείχω: to come or go, walk, proceed, 7
συν-τέμνω: to cut short, cut down, 1
ταχύς, εῖα, ύ: quick, swift, hastily, 4
τόπος, ὁ: a place, region, 1
φράζω: to point out, tell, indicate, 5
ὧδε: in this way, so, thus, 4

1096 δεινόν (ἐστι): predicate, add linking verb
  τ(ε)...δὲ: both...but also; τε suggests
  a second point but δέ offers a contrast
  ἀντιστάντα: that I...; modifies acc. subj.
1097 ἄτῃ: dat. of means or cause
  πατάξαι θυμὸν: strike down my pride
  ἐν δεινῷ: i.e. in dire straits
  πάρα (ἐστί): lies at hand (for me); πάρεστι
1098 εὐβουλίας: partitive gen. sg. with a verb
  of touching or grasping; aor. λαμβάνω
1099 τί δῆτα: what then; δῆτα is inferential
  πείσομαι: fut. πείθω

1100 ἐλθὼν: aor. pple ἔρχομαι
1101 ἄνες: aor. imperative ἀν-ίημι
  κτίσον: aor. imperative κτίζω
1103 ὅσον γε...: yes, as quickly as possible
1106 τὸ δρᾶν: in doing this; acc. respect
1107 ἐπὶ...τρέπε: entrust (it) to others; tmesis
1108 ὡς ἔχω: as I am able
  στείχοιμι ἄν: I must...; potential opt.
  ἴτε: pl. imperative ἔρχομαι
1109 χεροῖν: dual dat. of means, χείρ
1110 ἑλόντες: aor. pple αἱρέω (ἑλ)

74

ἐγὼ δ᾽, ἐπειδὴ δόξα τῇδ᾽ ἐπεστράφη,
αὐτός τ᾽ ἔδησα καὶ παρὼν ἐκλύσομαι.
δέδοικα γὰρ μὴ τοὺς καθεστῶτας νόμους
ἄριστον ᾖ σῴζοντα τὸν βίον τελεῖν.

Χορ πολυώνυμε, Καδμείας   1115 στρ. α
      νύμφας ἄγαλμα
      καὶ Διὸς βαρυβρεμέτα
      γένος, κλυτὰν ὃς ἀμφέπεις
      Ἰταλίαν, μέδεις δὲ
      παγκοίνοις Ἐλευσινίας   1120
      Δηοῦς ἐν κόλποις, Βακχεῦ, Βακ-
      χᾶν ὁ ματρόπολιν Θήβαν
      ναιετῶν παρ᾽ ὑγρῶν
      Ἰσμηνοῦ ῥείθρων ἀγρίου τ᾽
      ἐπὶ σπορᾷ δράκοντος   1125

ἄγαλμα, -ατος τό: image, statue; honor, 2
ἄγριος, -α, -ον: wild, fierce, 5
ἀμφι-έπω: to tend do, busy around, 1
ἄριστος, -η, -ον: best, most excellent, 3
βακχεύς, ὁ: Bacchus, 1
βάκχη, ἡ: Bacchante, follower of Bacchus, 1
βαρυ-βρεμέτης, -ες: loud-, deep-thundering 1
βίος, ὁ: life, 6
γένος, -εος, ὁ: offspring, stock, race, 7
δείδω: fear, dread, shrink from, feel awe, 4
δέω: to bind, tie, 1
Δηώ, Δηοῦς, ἡ: Demeter, Deo, Ceres, 1
δόξα, ἡ: opinion, reputation, honor, glory, 2
δράκων, δράκοντος, ὁ: dragon, serpent, 2
ἐκ-λύω: to loose, release, set free from, 1
Ἐλευσίνιος, -α, -ον: Eleusinian, 1
ἐπειδὴ: since, when, after, 1

ἐπι-στρέφω: to turn, turn round, 1
Ἰσμηρός, ὁ: Ismenus river, 1
Ἰταλία, ἡ: Italy, 1
Καδμεῖος, -η, -ον: Cadmean, of Thebes, 3
καθ-ίστημι: to set, establish; put into a state, 5
κλυτός, -ή, -όν: famous, renowned, heard of 1
κόλπος, ὁ: vale; bay, gulf, fold, bosom 1
μέδω: to reign over, protect, rule over, 1
μητρ-όπολις, ἡ: mother-city, mother-state, 1
ναιετάω: to dwell in, inhabit, 1
νύμφη, ἡ: young wife, bride; nymph, 3
πάγ-κοινος, -ον: common to all, universal, 2
πολυ-ώνυμος, -ον: of many names, 1
ῥεῖθρον, τό: river, stream (ῥέεθρον) 3
σπορά, ἡ: the sowing, planting; seed, 2
τελέω: to end, complete, fulfill; pay, 3
ὑγρός, ά, όν: wet, watery, moist; languid, 2

1111 τῇδε: in this way; dat. of manner
    ἐπεστράφη: 3rd sg. aor. pass.
1112 αὐτός: myself; intensive pronoun
    παρών: nom. sg. pple πάρειμι
1113 δέδοικα: pf. δείδω indicates a state of
    feeling, hence 'I am afraid'
    καθεστῶτας: established; 'standing,' pf.
    act. pple καθίστημι
1114 μὴ..ᾖ: that...it is; μή introduces a fearing
    clause with 3rd sg. pres. subj. εἰμί
1015 πολυώνυμε: O (god) of...; vocative
    direct address, addressing Dionysus

1116 νύμφας: gen. sg.
1117 Διὸς: gen. sg. Ζεύς
1118 ὃς: you who...; 2nd sg.
1120 παγκοίνοις...κόλποις: in the vales,
    common to all, of Eleusinian Demeter
1121 (ὦ) βακχεῦ: vocative, direct address
1122 βακχᾶν...ματρόπολιν: gen. pl., acc. sg.
    in apposition to Θήβαν
1023 παρὰ: beside...; 'from the side...'
1125 σπορᾷ: i.e. the soil sown with the
    dragon's teeth by Cadmus

σὲ δ᾽ ὑπὲρ διλόφου πέτρας
στέροψ ὄπωπε
λιγνύς, ἔνθα Κωρύκιαι
στείχουσι νύμφαι Βακχίδες,
Κασταλίας τε νᾶμα.   1130
καί σε Νυσαίων ὀρέων
κισσήρεις ὄχθαι χλωρά τ᾽ ἀκ-
τὰ πολυστάφυλος πέμπει,
ἀμβρότων ἐπέων
εὐαζόντων Θηβαΐας   1135
ἐπισκοποῦντ᾽ ἀγυιάς·
τὰν ἐκ πασᾶν τιμᾷς   στρ. β
ὑπερτάταν πόλεων
ματρὶ σὺν κεραυνίᾳ·
καὶ νῦν, ὡς βιαίας ἔχεται   1140

ἀγυιά, ἡ: street, avenue, road, 1

ἀκτή, ἡ: headland, shore, projecting on sea 4

ἄμ-βροτος, -ον: immortal, divine, 1

βακχίς, -ιδος ἡ: Bacchante, 1

βίαιος, -α, -ον: forcible, violent, 1

δί-λοφος -ον: double-peaked, double-ridged 1

δράκων, δράκοντος, ὁ: dragon, serpent, 2

ἔνθα: where; there, 3

ἐπι-σκοπέω: to look at, examine, inspect, 1

εὐ-άζω: to cry evoe to Bacchus, 1

Θηβαῖος, -α, -ον: Theban, of Thebes, 1

Κασταλία ἡ: Castalian spring (on Parnassus)1

κεραύνιος, -α, -ον: thunderbolt-struck, 1

κισσ-ήρης, -ες: ivy-clad, 1

Κωρύκιος, -α, -ον: Corycian, 1

λιγνύς -ύος ἡ: smoky fire, smoke with flame 1

νᾶμα, -ατος τό: stream, river, waters, 1

νύμφη, ἡ: young wife, bride; nymph, 3

Νυσάιος, -α, -ον: Nysian, of Nysa, 1

ὄρος, -εος, τό: a mountain, hill, 1

ὄχθη, ἡ,: shore, river bank, 1

πέμπω: to send, conduct, convey, dispatch, 2

πέτρη, ἡ: a rock, a ledge, 1

πολυ-στάφυλος, -ον: rich in grape-clusters, 1

σπορά, ἡ: the sowing, planting; seed, 2

στείχω: to come or go, walk, proceed, 7

στέροψ, στερόπος, ὁ, ἡ: flashing, 1

τιμάω: to honour, value, esteem, 7

ὑπέρ: on behalf of (gen); over, beyond (acc) 5

ὑπέρτατος, -η, -ον: highest, top of, 3

χλωρός, ή, όν: green, greenish-yellow, 1

1126 σὲ: i.e. Dionysus

1127 ὄπωπε: pf. ὁράω

1133 πολυστάφυλος: fem. sg. adj. agrees with sg. ἀκτὰ

πέμπει: agrees with closest nom. sg. subject but the subject is in fact plural

1134 ἀμβρότων ἐπέων εὐαζόντων: *while…;* gen. absolute, gen. pl. ἔπος

1136 ἐπισκοποῦντ(α): modifies σε

1137 τὰν: *this (city)*; demonstrative, fem. sg. using Θηβαΐας. as the fem. antecedent

ἐκ πασᾶν: *above all…*; Doric gen. pl.

1139 ματρὶ σὺν κεραυνίᾳ: Dionysus' mother, Semele, was destroyed when Zeus revealed his power

1140 ὡς…ἔχεται: *when…*; pres. pass.

βιαίας: fem. gen. sg. νόσου below

πάνδαμος πόλις ἐπὶ νόσου,
μολεῖν καθαρσίῳ ποδὶ Παρνασίαν
ὑπὲρ κλιτὺν ἢ στονόεντα πορθμόν.   1145
ἰὼ πῦρ πνειόντων   ἀντ. β
χοράγ' ἄστρων, νυχίων
φθεγμάτων ἐπίσκοπε,
παῖ Διὸς γένεθλον, προφάνηθ'
ὦναξ, σαῖς ἅμα περιπόλοις   1150
Θυίαισιν, αἵ σε μαινόμεναι πάννυχοι
χορεύουσι τὸν ταμίαν Ἴακχον.
Ἄγγ   Κάδμου πάροικοι καὶ δόμων Ἀμφίονος,   1155

ἅμα: at the same time; along with (dat.), 5
Ἀμφίων, -ονος, ὁ: Amphion, 1
ἄστρον, τό: a star, 1
γένεθλον, τό: offspring, descent, 1
ἔμολον: go, come (aor. of βλώσκω) 5
ἐπί-σκοπος, ὁ: overseer, look-out, 2
Θυίαι, αἱ: Thyiads (Θυιάδες) 1
Ἴακχος, ὁ: Iacchus, 1
Κάδμος, ὁ: Cadmus, 1
καθάρσιος, -α, -ον: purifying, cleansing, 1
κλιτύς, ἡ: slope, mountain-side, 1
μαίνομαι: to mad, rage, be furious, 7
νόσος, ὁ: sickness, illness, disease, 6
νύχιος -α, -ον: nocturnal, night-long, 1
πάν-δημος, -ον: of all the people, whole, 2

πάν-νυχος, -ον: all night long, 1
πάρ-οικος, ὁ: neighbor, those living beside, 1
Παρνασίος, -α, -ον: of Mt. Parnassus, 1
περί-πολος, ὁ, ἡ: patrolling, attendant, 1
πνέω: to breathe, blow, 1
πορθμός, ὁ: strait, sound, passageway 1
πούς, ποδός, ὁ: a foot; a (sheet) of sail, 5
προ-φαίνω: bring to light, appear, show, 1
πῦρ, -ος, τό: fire, 7
στονόεις, -εσσα, -εν: mournful, grievous, 1
τάμιας, ὁ: dispenser; lord, master, 1
ὑπέρ: on behalf of (gen); over, beyond (acc) 5
φθέγμα, -ατος, τό: voice, utterance; speech 2
χορεύω: to dance, 1
χορήγος, ὁ: chorus leader, 1

1142 ἐπὶ: in
1144 μολεῖν: infinitive as imperative, ἔμολον
   καρθαρσίῳ ποδὶ: with...dat. manner
   ἤ: or
1146 πῦρ: object of pple πνειόντων
1147 χοράγ(ε): vocative, direct address
1148 ἐπίσκοπε, παῖ: vocatives, direct address
1149 Διὸς: gen. sg. Ζεύς

προφάνηθ(ι): aor pass. deponent,
   sg. imperative
1150 ὦναξ: ὦ ἄναξ
1151 αἵ: who
1154 χορεύουσι...Ἴακχον: dance for
   Iacchus, dispenser of fortune
1155 Κάδμου...δόμων Ἀμφίονος: of the house
   of Cadmus and Amphion

οὐκ ἔσθ' ὁποῖον στάντ' ἂν ἀνθρώπου βίον
οὔτ' αἰνέσαιμ' ἂν οὔτε μεμψαίμην ποτέ.
τύχη γὰρ ὀρθοῖ καὶ τύχη καταρρέπει
τὸν εὐτυχοῦντα τόν τε δυστυχοῦντ' ἀεί·
καὶ μάντις οὐδεὶς τῶν καθεστώτων βροτοῖς.   1160
Κρέων γὰρ ἦν ζηλωτός, ὡς ἐμοί, ποτέ,
σώσας μὲν ἐχθρῶν τήνδε Καδμείαν χθόνα
λαβών τε χώρας παντελῆ μοναρχίαν
ηὔθυνε, θάλλων εὐγενεῖ τέκνων σπορᾷ·
καὶ νῦν ἀφεῖται πάντα. τὰς γὰρ ἡδονὰς   1165
ὅταν προδῶσιν ἄνδρες, οὐ τίθημ' ἐγὼ
ζῆν τοῦτον, ἀλλ' ἔμψυχον ἡγοῦμαι νεκρόν.
πλούτει τε γὰρ κατ' οἶκον, εἰ βούλει, μέγα
καὶ ζῆ τύραννον σχῆμ' ἔχων· ἐὰν δ' ἀπῇ
τούτων τὸ χαίρειν, τἄλλ' ἐγὼ καπνοῦ σκιᾶς   1170

ἀεί: always, forever, in every case, 6
αἰνέω: to praise, commend, approve, 1
ἄπ-ειμι: to be away, be absent, 2
ἀφ-ίημι: to send forth, let loose, give up, 4
βίος, ὁ: life, 6
βούλομαι: to wish, be willing, desire, 5
δυσ-τυχέω: to be unfortunate, not well off, 1
ἐάν: εἰ ἄν, if (+ subj.), 4
ἔμ-ψυχος, -ον: ensouled, breathing, living, 1
εὐ-γενής, -ές: well-born, noble-born, 2
εὐ-τυχέω: be fortunate, lucky, be well off 2
εὐθύνω: to steer straight, straighten, 2
ζηλωτός, -ά, -όν: envied, deemed happy, 1
ἡγέομαι: to lead; consider, think, believe, 2
ἡδονή, ἡ: pleasure, enjoyment, delight, 4
θάλλω: to bloom, abound, be luxuriant, 2
ἵστημι: to make stand, set up, stop, establish 6
Καδμεῖος, -η, -ον: Cadmean, of Thebes, 3
καθ-ίστημι: to set, establish; put into a state, 5

καπνός, ὁ: smoke, 1
κατ-αρρέπω: to sink, sink down, decline, 1
μάντις, -εως, ὁ: seer, prophet, diviner, 7
μέμφομαι: to blame, censure, find fault with 1
μον-αρχία, ἡ: sovereignty, one-man rule, 1
οἶκος, ὁ: a house, abode, dwelling, 4
ὁποῖος, -α, -ον: which, of what sort or kind 4
ὀρθόω: to set straight, set upright, 4
παν-τελής, -ές: one and all, all, entire, 2
πλουτέω: to be wealthy, prosper, 1
προ-δίδωμι: to betray, deliver; give before, 3
σκιά, -ᾶς, ἡ: shadow, 1
σπορά, ἡ: the sowing, planting, 2
σχῆμα, -ατος, τό: form, figure, appearance 1
τίθημι: to set, put, place, arrange, 6
τύραννος, ὁ: sovereign, tyrant, 5
τύχη, ἡ: chance, luck, fortune, success, 6
χαίρω: to rejoice, be glad; fare well, 2
χώρα, ἡ: land, region, area, place, 2

1156 οὐκ...οὔτε...οὔτε: not...either...or...
   ὁποῖον...ἀνθρώπου βίον: a sort of life of
   a human which...
   στάντ(α): (for) standing fixed; aor. pple
   ἵστημι is causal in sense
1157 αἰνέσαιμ(ι): I would...; aor. potential opt.
1160 τῶν καθεστώτων: of things established
   'set down' ; pf. pple καθίστημι
   βροτοῖς: dat. possession, supply ἐστί
1161 ὡς ἐμοί (ἔδοξε): as...; supply aor. δοκεῖ
1162 σώσας: aor. pple σῴζω
   μὲν...τε: a contrast so slight δέ is not needed
   ἐχθρῶν: gen. of separation

1163 λαβών: aor. pple
   χώρας: objective gen. sg. of μοναρχίαν
   παντελῆ: παντελέα, 3rd decl. acc. sg.
1165 ἀφεῖται: pf. pass. ἀφ-ίημι; pl. subject
1166 προδῶσιν: aor. subj., general temporal
1167 ζῆν τοῦτον: that this one is living; inf.
   ἡγοῦμαι: I consider (him to be)
1168 πλούτει...ζῆ: imperatives, πλούτεε, ζάε
   βούλει: βουλε(σ)αι, 2nd sg. pres.
1169 ἀπῇ: 3rd sg. present, ἀπ-είμι
1170 τὸ χαίρειν: the enjoying of these things
   τὰ ἄλλα(α): the rest; 'other things'; acc. d.o.
   καπνοῦ σκιᾶς: for...; gen. of price

78

οὐκ ἂν πριαίμην ἀνδρὶ πρὸς τὴν ἡδονήν.
Χορ τί δ' αὖ τόδ' ἄχθος βασιλέων ἥκεις φέρων;
Ἄγγ τεθνᾶσιν. οἱ δὲ ζῶντες αἴτιοι θανεῖν.
Χορ καὶ τίς φονεύει; τίς δ' ὁ κείμενος; λέγε.
Ἄγγ Αἵμων ὄλωλεν· αὐτόχειρ δ' αἱμάσσεται.   1175
Χορ πότερα πατρῴας ἢ πρὸς οἰκείας χερός;
Ἄγγ αὐτὸς πρὸς αὑτοῦ, πατρὶ μηνίσας φόνου.
Χορ ὦ μάντι, τοὔπος ὡς ἄρ' ὀρθὸν ἤνυσας.
Ἄγγ ὡς ὧδ' ἐχόντων τἄλλα βουλεύειν πάρα.
Χορ καὶ μὴν ὁρῶ τάλαιναν Εὐρυδίκην ὁμοῦ   1180
    δάμαρτα τὴν Κρέοντος. ἐκ δὲ δωμάτων
    ἤτοι κλύουσα παιδὸς ἢ τύχῃ πάρα.
Εὐρ ὦ πάντες ἀστοί, τῶν λόγων ἐπῃσθόμην
    πρὸς ἔξοδον στείχουσα, Παλλάδος θεᾶς
    ὅπως ἱκοίμην εὐγμάτων προσήγορος.   1185

αἱμάσσω: stain with bloody, make bloody 1
Αἵμων, ὁ: Haemon, 3
αἴτιος, -α, -ον: responsible, culpable, 1
ἀνύω, ἀνύτω: reach, accomplish, complete, 4
ἄρα: then, therefore, it seems, it turns out, 3
ἀστός, -ή, -όν: townsman, citizen, 4
αὐτό-χειρ, -ος, ὁ, ἡ: with one's own hand, 5
αὑτοῦ (ἑαυτοῦ), -ῆς, -οῦ: himself, her-, it- 7
ἄχθος, -εος, τό: burden (of grief), load, 1
βασιλεύς, ὁ: a king, chief, 3
βουλεύω: to deliberate, plan, take counsel, 5
δάμαρ, δάμαρτος, ἡ: wife, 2
δῶμα, -ατος, τό: house, 1
ἔξ-οδος, ἡ: exit, way out, outlet, 1
ἐπ-αισθάνομαι: to perceive, catch (gen), 1
εὖγμα, -μάτος, ἡ: boast, vaunt; pl. prayers 1
Εὐρυδίκη, ἡ: Eurydice, 1
ἡδονή, ἡ: pleasure, enjoyment, delight, 4

θεά, ἡ: goddess, 1
ἱκνέομαι: to come to, attain, reach, 3
κεῖμαι: to lie, lie down, 6
μάντις, -εως, ὁ: seer, prophet, diviner, 7
μήν: truly, surely, 7
μηνίζω: to be angry at, full of wrath at (dat), 1
οἰκεῖος α ον: one's own, of family; relatives 5
ὁμοῦ: at the same place, together, 1
Παλλάς, -άδος, ἡ: Pallas Athena, 1
πατρῷος, η, -ον: of one's father, ancestral 7
πότερος, -α, -ον: which of the two, whether 3
πρίαμαι: to buy, 1
προσ-ήγορος, ὁ: addressing (gen), 1
στείχω: to come or go, walk, proceed, 7
τυγχάνω: chance upon, get, attain; happen, 5
φονεύω: to murder, kill, slay, 1
φόνος, ὁ: murder, homicide, slaughter, 2
ὧδε: in this way, so, thus, 4

1171 ἂν πριαίμην: potential opt.
    ἀνδρὶ: *from a man*; dat. interest
    πρὸς...ἡδονήν: *compared to joy*; 'with regard to pleasure'
1173 τεθνᾶσιν: 3rd pl. pf. θνήσκω
    θανεῖν: epexegetic inf. with αἴτιοι
1175 ὄλωλεν: pf. ὄλλυμι
1176 πότερα...ἢ πρὸς: *by his father's or by his own hand*; gen. of agent, χείρ
1177 αὐτός: *he himself*; intensive
    πρὸς αὑτοῦ: ἑαυτοῦ; gen. of agent
    φόνου: *because of...*; gen. of cause
1178 ὦ μάντι: for Tiresias, who is not present

τοὔπος: τὸ ἔπος
ὡς ὀρθὸν: *how correct...!*; exclamatory
ἄρα: *it turns out*; a truth just realized
1179 ὡς...ἐχόντων: *since this is so*; '(these) holding thus' ὡς + gen. abs. is causal
    πάρ(εστι): *it lies at hand for you*; πάρειμι
1180 καὶ μὴν: *and look!*; a new character, 526
1182 ἤτοι...ἢ: *either, you know,...or...*; ἤ τοι suggests that the 1st possibility is preferable
    τύχῃ πάρα(εστι): *is present by chance*
1183 ἐπῃσθόμην: aor. mid. ἐπ-αισθάνομαι
1185 ὅπως: *so that I might...*; purpose, with aor. opt. in secondary seq.

καὶ τυγχάνω τε κλῆθρ' ἀνασπαστοῦ πύλης
χαλῶσα καί με φθόγγος οἰκείου κακοῦ
βάλλει δι' ὤτων· ὑπτία δὲ κλίνομαι
δείσασα πρὸς δμωαῖσι κἀποπλήσσομαι
ἀλλ' ὅστις ἦν ὁ μῦθος αὖθις εἴπατε·   1190
κακῶν γὰρ οὐκ ἄπειρος οὖσ' ἀκούσομαι.
Ἄγγ ἐγώ, φίλη δέσποινα, καὶ παρὼν ἐρῶ
κοὐδὲν παρήσω τῆς ἀληθείας ἔπος.
τί γάρ σε μαλθάσσοιμ' ἂν ὧν ἐς ὕστερον
ψεῦσται φανούμεθ'; ὀρθὸν ἀλήθει' ἀεί.   1195
ἐγὼ δὲ σῷ ποδαγὸς ἑσπόμην πόσει
πεδίον ἐπ' ἄκρον, ἔνθ' ἔκειτο νηλεὲς
κυνοσπάρακτον σῶμα Πολυνείκους ἔτι·
καὶ τὸν μέν, αἰτήσαντες ἐνοδίαν θεὸν
Πλούτωνά τ' ὀργὰς εὐμενεῖς κατασχεθεῖν   1200

ἀεί: always, forever, in every case, 6
αἰτέω: to ask, ask for, beg, 3
ἀκούω: to hear, listen to, 6
ἄκρος, -η, -ον: topmost, excellent, 5
ἀλήθεια, ἡ: truth, 2
ἀνα-σπαστός, ὁ: drawn back, opened, 1
ἄπειρος -ον: inexperienced, untried in (gen) 2
ἀποπλήσσω: lose one's senses, strike dumb 1
αὖθις: back again, later, 5
βάλλω: to throw, pelt, hit, strike, 3
δείδω: fear, dread, shrink from, feel awe, 5
δέσποινα, ἡ: mistress, 1
δμῳή, ἡ: a female servant, 2
ἐν-όδιος, -α, -ον: of the crossroads, 1
ἔνθα: where; there, 3
ἕπομαι: to follow, accompany, escort, 1
ἐρέω: I will say or speak, 4
εὐ-μενής, -ές: of good will, kind, 2
κατ-έχω: to hold fast; check, cover; possess 4
κεῖμαι: to lie, lie down, 6
κλεῖθρον, τό: bolt, bar, 1

κλίνω: to recline, lie down; find support, 2
κυνο-σπάρακτος, -ον: torn by dogs, 1
μαλθάσσω: to soften, soothe, 1
μῦθος, ὁ: story, word, speech, 3
νηλεής, -ές: unpitied; pitiless, ruthless, 1
οἰκεῖος α ον: one's own, of family; relatives 5
ὀργή, ἡ: anger; temperment, 6
οὖς, ὠτός, τό: ear, 3
παρ-ίημι: to permit, let pass, pass over, 2
πεδίον, τό: plain; flat land, 2
Πλούτων, -ωνος, ὁ: Pluto, Hades, 1
ποδ-αγός, ὁ: attendant, guide, 1
Πολυνείκης, -εος, ὁ: Polyneices, 5
πόσις, ὁ: husband, spouse, 3
πύλη, ἡ: gate, gates, 4
σῶμα, -ατος, τό: the body, 3
τυγχάνω: chance upon, get, attain; happen, 5
ὕπτιος, α, ον: backwards, on one's back, 2
ὕστερον: later, 1   φθόγγος, ὁ: voice, 5
χαλάω: to loosen, slacken, release, 1
ψεύστης, -ου ὁ: liar, cheater, deceiver 1

1186 τυγχάνω...: *I happen to…*; + pres. pple
   τε...καί: *both…and at the same time*
1187 οἰκείου κακοῦ: *of the family's troubles*
1188 δι(ὰ) ὤτων: *in…*; gen. pl. οὖς
   κλίνομαι: *I fall back*; 'I lie back'
1189 δείσασα: *becoming afraid*; inceptive
   aor. pple
   πρὸς δμωαῖσι: *to (the arms of) the servants*
1190 εἴπατε: 1st aorist pl. imperative, λέγω
1191 οὖσ(α): fem. nom. sg. pple εἰμί

ἀκούσομαι: fut. middle
1192 παρὼν: pple πάρειμι
1193 παρήσω: fut. παρίημι
1194 τί: *why would…*; potential opt.
   ὧν...φανούμεθα: *(with words) for which we
   later will be shown (to be) liars*; fut. φαίνω
1195 ὀρθὸν (ἐστί): *(is) the straight course*
1196 ἑσπόμην: aor. ἕπομαι
   ἔκειτο: impf. κεῖμαι
1199 τὸν μέν: *that this one, we..*; i.e. the body

80

λούσαντες ἁγνὸν λουτρόν, ἐν νεοσπάσιν
θαλλοῖς ὃ δὴ λέλειπτο συγκατήθομεν,
καὶ τύμβον ὀρθόκρανον οἰκείας χθονὸς
χώσαντες αὖθις πρὸς λιθόστρωτον κόρης
νυμφεῖον Ἅιδου κοῖλον εἰσεβαίνομεν.   1205
φωνῆς δ᾽ ἄπωθεν ὀρθίων κωκυμάτων
κλύει τις ἀκτέριστον ἀμφὶ παστάδα,
καὶ δεσπότῃ Κρέοντι σημαίνει μολών.
τῷ δ᾽ ἀθλίας ἄσημα περιβαίνει βοῆς
ἕρποντι μᾶλλον ἆσσον, οἰμώξας δ᾽ ἔπος   1210
ἵησι δυσθρήνητον· ὦ τάλας ἐγώ,
ἆρ᾽ εἰμὶ μάντις; ἆρα δυστυχεστάτην
κέλευθον ἕρπω τῶν παρελθουσῶν ὁδῶν;
παιδός με σαίνει φθόγγος. ἀλλὰ πρόσπολοι,
ἴτ᾽ ἆσσον ὠκεῖς καὶ παραστάντες τάφῳ   1215

ἀ-κτέριστος, -ον: without funeral rites, 2
ἄ-σημος, -ον: unintelligible, without signs 4
ἁγνός, -ή, -όν: holy, pure, 2
ἄθλιος, -η, -ον: wretched, miserable, pitiful, 3
ἀμφί: around, about, on both sides (dat, acc) 5
ἄπω-θεν: from afar, from far away, 1
ἆσσον: nearer (comparative adv. of ἄγχι) 2
αὖθις: back again, later, 5
βοή, ἡ: shout, cry, loud shout, 3
δεσπότης, -ου ὁ: master, lord, 3
δυσ-θρήνητος, -ον: loud-wailing, mournful 1
δυσ-τυχής, -ές: unfortunate, unlucky, 1
εἰσ-βαίνω: to step to or into, enter, 1
ἔμολον: go, come (aor. of βλώσκω,) 5
ἕρπω: to creep, move slowly, come, go, 6
θαλλός, ὁ: twig, branch, bough, 1
ἵημι: to let go, send, issue; mid. hasten, 2
κέλευθος, ἡ: path, way, 2
κοῖλος, -η, -ον: hollow, hollowed, 1
κόρα, ἡ: girl, maiden, 5
κώκυμα, -ματος, τό: shriek, wail, 2
λείπω: to leave, forsake, abandon, 5
λιθό-στρωτος, -ον: paved with stones, 1
λουτρόν, τό: bath, washing-basin, 1

λούω: to wash, bathe, 2
μᾶλλον: more, rather, 4
μάντις, -εως, ὁ: seer, prophet, diviner, 7
νεο-σπάς, -άδος, ο, ἡ: newly pulled off, 1
νυμφεῖον, τὸ: bridal(chamber), 2
ὁδός, ἡ: road, way, path, journey, 7
οἰκεῖος α ον: one's own, of family; relatives 5
οἰμώζω: to wail, cry out in grief, 2
ὄρθιος, -α, -ον: high-pitched; upright, steep, 1
ὀρθό-κρανος, -ον: steep, high, high-topped, 1
παρ-έρχομαι: to go by, pass by, pass, 1
παρ-ίστημι: to set before the mind, stand, 5
παστάς -άδος ἡ: inner room, bridal chamber1
περι-βαίνω: to go around, come round, 1
πρόσ-πολος, ὁ: servant, attendant, 2
σαίνω: to greet, fawn on; wag (a tail), 1
σημαίνω: to indicate, tell, point out, 2
συγ-κατ-αίθω: to burn up, burn together, 1
τύμβος, ὁ: tomb, a sepulchral mound, 3
φθόγγος, ὁ: voice, 5
φωνή, ἡ: speech, voice, 1
χόω: to heap up, throw up, 2
ὠκύς, ὠκεῖα, ὠκύ: swift, fleet, 1

1201 λούσαντες...: wash...with...; inner acc.
    ἐν: with...; dat. of means
1202 ὃ δὴ: precisely that which; i.e. what was
    left of the corpse
    λέλειπτο: plpf. pass., unaugmented
1203 οἰκείας: of native...
1204 εἰσεβαίνομεν: we began to walk to;
    inchoative impf.

1208 δεσπότῃ Κρέοντι: to...; indirect obj.
    μολών: aor. pple. ἔμολον
1209 τῷ: around him; dat. of compound verb
1210 ἕρποντι: while...; pple modifies τῷ
1211 ἵησι: 3rd sg. ἵημι
1212 κέλευθον: along...; inner acc.
1213 τῶν...ὁδῶν: of the roads passed before
1215 ἴτε: come...; pl. imperative ἔρχομαι

ἀθρήσαθ᾽, ἁρμὸν χώματος λιθοσπαδῆ
δύντες πρὸς αὐτὸ στόμιον, εἰ τὸν Αἵμονος
φθόγγον συνίημ᾽ ἢ θεοῖσι κλέπτομαι.
τάδ᾽ ἐξ ἀθύμου δεσπότου κελευσμάτων
ἠθροῦμεν· ἐν δὲ λοισθίῳ τυμβεύματι   1220
τὴν μὲν κρεμαστὴν αὐχένος κατείδομεν,
βρόχῳ μιτώδει σινδόνος καθημμένην,
τὸν δ᾽ ἀμφὶ μέσσῃ περιπετῆ προσκείμενον,
εὐνῆς ἀποιμώζοντα τῆς κάτω φθορὰν
καὶ πατρὸς ἔργα καὶ τὸ δύστηνον λέχος.   1225
ὁ δ᾽ ὡς ὁρᾷ σφε, στυγνὸν οἰμώξας ἔσω
χωρεῖ πρὸς αὐτὸν κἀνακωκύσας καλεῖ·
ὦ τλῆμον, οἷον ἔργον εἴργασαι· τίνα
νοῦν ἔσχες; ἐν τῷ συμφορᾶς διεφθάρης;
ἔξελθε, τέκνον, ἱκέσιός σε λίσσομαι.   1230

ἄ-θυμος, -ον: discouraged spiritless, 1
ἀθρέω: to gaze at, observe, 3
Αἵμων, ὁ: Haemon, 4
ἀμφί: around, about, on both sides (dat, acc) 5
ἀνα-κωκύω: to shriek out, wail out, cry out, 2
ἀπ-οιμώζω: to wail loudly, bewail loudly, 1
ἁρμός, ὁ: fissure, opening (in masonry) 1
αὐχήν, -ένος, ὁ: the neck, throat, 1
βρόχος, ὁ: noose, halte 1
δεσπότης, -ου ὁ: master, lord, 3
δια-φθείρω: to destroy, corrupt, kill, 1
δύσ-τηνος, -ον: ill-suffering, wretched, 6
δύω: to enter, come into; sink into, 1
ἐξ-έρχομαι: to go out, 1
ἐργάζομαι: to work, labor, toil, 4
ἔσω: into, inwards, to within, into, in, 3
εὐνή, ἡ: bed; nest; marriage bed, grave, 2
ἱκέσιος, -α, -ον: suppliant, 1
καθ-άπτω: to fasten, fix on, 1
καθ-οράω: look upon, behold (aor. -εῖδον), 1
καλέω: to call, summon, invite, 3
κέλευσμα, ευματος, τό: order, command, 1
κλέπτω: to steal, cheat; do secretly, 2

κρεμαστός, -ή, -όν: suspended, hung, 2
λέχος, -εος, τό: (marriage) bed, couch, 4
λιθό-σπαδής, -ές: made from pulled stones, 1
λίσσομαι: to beg, pray, entreat, beseech, 1
λοίσθιος, -η, -ον: last, 3
μέσος, -η, -ον: middle, in the middle of, 3
μιτώδης, -ες: of threads; thread-like, 1
νοῦς, ὁ: mind, thought, reason, attention, 5
οἰμώζω: to wail, cry out in grief, 2
περι-πετής, -ές: clasped around; fallen round 1
πρόσ-κειμαι: lie out or exposed, be set out, 3
σινδών, ἡ: sindon, linen cloth, 1
στόμιον, τό: mouth, 1
στυγνός, -ή, -όν: hateful; bitter,, hated, 1
συμ-φορά, ἡ: misfortune; happening, event, 2
συν-ίημι: to understand; put together, 2
σφεῖς: they; sg. him, her, it, 5
τλήμων, ὁ, ἡ: wretched, suffering, enduring 2
τύμβευμα, -ατος, τό: tomb, grave, 1
φθόγγος, ὁ: voice, 5
φθορά, ἡ: loss, death destruction, ruin, 1
χῶμα, τό: mound, bank, earth thrown up, 1
χωρέω: to go, come; have room for, 4

1216 ἀθρήσα(τε): aor. pl. imperative
   ἁρμον...λιθοσπαδῆ: λιθοσπαδέ-α, acc. sg.
   all in apposition to στόμιον
1218 θεοῖσι: by the gods; dat. of agent
1219 τάδε..ἠθρούμεν: we saw the following
   ἐξ...κελευσμάτων: (as a result) from...
1221 τὴν μὲν: this one; her, see τὸν δὲ below
   αὐχένος: by the...; partitive gen.
   κατείδομεν: aor. καθ-οράω

1222 καθημμένην: pf. pass. καθ-άπτω
1223 τὸν δὲ: and this one; i.e. Haemon
   ἀμφὶ μέσσῃ: about her waist
1224 εὐνῆς..τῆς κάτω: the bride...; metonymy
1226 ὁ δὲ ὡς: and he, when he...; i.e. Creon
1228 οἷον...εἴργασαι: what...!; 2nd sg. pf. mid.
1229 ἔσχες: aor. ἔχω
   ἐν τῷ: in what manner of misfortune...?
   διεφθάρης: 2nd sg. aor. passive

82

τὸν δ' ἀγρίοις ὄσσοισι παπτήνας ὁ παῖς,
πτύσας προσώπῳ κοὐδὲν ἀντειπών, ξίφους
ἕλκει διπλοῦς κνώδοντας. ἐκ δ' ὁρμωμένου
πατρὸς φυγαῖσιν ἤμπλακ'· εἶθ' ὁ δύσμορος
αὑτῷ χολωθείς, ὥσπερ εἶχ', ἐπενταθεὶς   1235
ἤρεισε πλευραῖς μέσσον ἔγχος, ἐς δ' ὑγρὸν
ἀγκῶν' ἔτ' ἔμφρων παρθένῳ προσπτύσσεται.
καὶ φυσιῶν ὀξεῖαν ἐκβάλλει ῥοὴν
λευκῇ παρειᾷ φοινίου σταλάγματος.
κεῖται δὲ νεκρὸς περὶ νεκρῷ, τὰ νυμφικὰ   1240
τέλη λαχὼν δείλαιος εἰν Ἅιδου δόμοις,
δείξας ἐν ἀνθρώποισι τὴν ἀβουλίαν
ὅσῳ μέγιστον ἀνδρὶ πρόσκειται κακόν.
Χορ   τί τοῦτ' ἂν εἰκάσειας; ἡ γυνὴ πάλιν
φρούδη, πρὶν εἰπεῖν ἐσθλὸν ἢ κακὸν λόγον.   1245

ἀ-βουλία, ἡ: lack of counsel or judgment 1
ἀγκών, ὁ: the bend, curve; elbow, 1
ἄγριος, -α, -ον: wild, fierce, 5
ἀμπλάκω: to fall short, fail; miss, (+ gen) 3
ἀντ-εῖπον: aor speak in response; deny, 2
αὑτοῦ (ἑαυτοῦ), -ῆς, -οῦ: himself, her-, it- 7
δείκνυμι: to point out, display, show, 4
δείλαιος, -α, -ον: wretched, sorry, paltry, 4
διπλοῦς, -ῆ, -οῦν: double, two-fold, 5
δύσ-μορος, -ον: ill-fated, -starred, wretched 4
ἔγχος, -εός, τό: sword, , 1
εἰκάζω: infer (by comparison), guess; liken, 1
εἶτα: then, next, 2
ἐκ-βάλλω: to throw out of, cast away, 2
ἕλκω: to draw, drag; weigh, 1
ἔμ-φρων, -ον: intelligent, sensible, shrewd, 1
ἐπ-εν-τείνω: to stretch upon, 1
ἐρείδω: to lean, prop; press, 1
ἐσθλός, -ή, -όν: good, noble, brave, 4
κεῖμαι: to lie, lie down, 6
κνώδων, -οντος ὁ: twin-hilted, sword, 1
λαγχάνω: to obtain by lot, 6
λευκός, -ή, -όν: white, bright, brilliant, 3
μέγιστος, -η, -ον: greatest, biggest, best, 1
μέσος, -η, -ον: middle, in the middle of, 3

νυμφικός, -ά, -όν: bridal, of marriage, 1
ξίφος, -εος τό: a sword, 4
ὀξύς, -εῖα, -ύ: sharp, piercing, fierce, 4
ὁρμάω: to set out, rush out; set in motion, 3
ὄσσε, τώ: two eyes (dual) 1
πάλιν: again, once more; back, backwards, 2
παπταίνω: to glare, look sharply, look for, 1
παρεία, ἡ: cheek, 2
παρθένος, ἡ: maiden, virgin, unmarried girl, 1
περί: around, about, concerning, 6
πλευρά, ἡ: rib, 1
πρόσ-κειμαι: lie out or exposed, be set out, 3
προσ-πτύσσω: to embrace, enfold (dat), 1
πρόσ-ωπον, τό: face, visage, countenance, 1
πτύω: to spit, 2
ῥοή, ἡ: flow, river, stream, 1
στάλαγμα, -ατος, τό: a drop, 1
τέλος, -εος, τό: end, result; office; rites, 6
ὑγρός, ά, όν: wet, watery, moist; languid, 2
φοίνιος, -α, -ον: blood-stained, of blood, 2
φροῦδος, -η, -ον: (clean) gone, vanished, 2
φυγή, ἡ: flight, escape, exile, 2
φυσιάω: to blow out, gasp, pant, 1
χολόω: to enrage, anger, 1
ὥσπερ: as, just as, as if, 1

1231 τὸν δ(ὲ): this one; or 'him,' i.e. Creon
1232 προσώπῳ: at his face
1233 διπλοῦς κνώδοντας: double-edged
     ἐκ δ'ὁρμωμένου πατρός: gen. abs.; tmesis
1234 φυγαῖσιν: in flight; dat. of manner
1235 χολωθείς: becoming...; inceptive aor.
     pass. pple., nom. sg., (ἑ)αυτῷ is object

1236 πλευραῖς: in...; . dat. place where
     ἐς...ἀγκῶν(α): into his lanquid arm(s)
1239 λευκῇ παρειᾷ: out onto; dat. compound
1241 εἰν...δόμοις: ἐν...
1243 ὅσῳ: how much (lack of judgment) is set
     forth as the greatest evil for man; proleptic

Ἄγγ καὐτὸς τεθάμβηκ'· ἐλπίσιν δὲ βόσκομαι
ἄχη τέκνου κλύουσαν ἐς πόλιν γόους
οὐκ ἀξιώσειν, ἀλλ' ὑπὸ στέγης ἔσω
δμωαῖς προθήσειν πένθος οἰκεῖον στένειν.
γνώμης γὰρ οὐκ ἄπειρος, ὥσθ' ἁμαρτάνειν.   1250

Χορ οὐκ οἶδ'· ἐμοὶ δ' οὖν ἥ τ' ἄγαν σιγὴ βαρὺ
δοκεῖ προσεῖναι χἠ μάτην πολλὴ βοή.

Ἄγγ ἀλλ' εἰσόμεσθα, μή τι καὶ κατάσχετον
κρυφῇ καλύπτει καρδίᾳ θυμουμένῃ,
δόμους παραστείχοντες· εὖ γὰρ οὖν λέγεις,   1255
καὶ τῆς ἄγαν γάρ ἐστί που σιγῆς βάρος.

Χορ καὶ μὴν ὅδ' ἄναξ αὐτὸς ἐφήκει
μνῆμ' ἐπίσημον διὰ χειρὸς ἔχων,
εἰ θέμις εἰπεῖν, οὐκ ἀλλοτρίαν
ἄτην, ἀλλ' αὐτὸς ἁμαρτών.   1260

ἄγαν: too much, excessively, 6
ἀλλότριος, -α, -ον: of another, foreign 1
ἁμαρτάνω: to miss the mark, fail (gen.) 6
ἀξιόω: to deem worth, consider worthy, 2
ἄπειρος -ον: inexperienced, untried in (gen) 2
ἄχος, -εος, τό: anguish, distress, grief, 3
βάρος, -ους τό: heavy weight, burden, load 2
βαρύς, -εῖα, -ύ: low, heavy; grievous, 3
βοή, ἡ: shout, cry, loud shout, 3
βόσκω: to nourish, feed, tend, 1
γόος, ὁ: wailing, weeping, lamenting, 3
δμωή, ἡ: a female servant, 2
ἐπί-σημον, -ον: bearing a mark, notable, 1
ἔσω: into, inwards, to within, into, in, 3
ἐφ-ήκω: to have arrived at, 1
θαμβέω: to be astonished, marvel, 1
θέμις, θέμιστος, ἡ: right, custom, law, 2
θυμόω: make spirited; mid. be spirited 2

καλύπτω: to conceal, cover, 2
καρδία, ἡ: the heart, 4
κατ-έχω: to hold fast; check, cover; possess 4
κατα-σχετος, -ον: held back, repressed, 1
κρυφῇ: in secret, secretly, 3
μάτην: in vain, fruitless, idle, 1
μήν: truly, surely, 7
μνήμη, ἡ: memorial, remembrance, record, 1
οἰκεῖος α ον: one's own, of family; relatives 5
παρα-στείχω: to pass into, enter, pass by, 1
πένθος, τό: grief, woe, sorrow, 1
που: anywhere, somewhere; I suppose, 4
προ-τίθημι: to propose, set forth, 4
πρόσ-ειμι: to be (in addition), 2
σιγή, ἡ: silence, 2
στέγη, ἡ: a roof; shelter, home, 3
στένω: to mourn, moan, bemoan, sigh, 1
ὥστε: so that, that, so as to, 7

1246 κ(αὶ) αὐτὸς: intensive; καὶ means 'also'
  τεθάμβηκα: 1st sg. pf. act. θαμβέω as often
  denotes a state just entered: 'I am amazed'
  ἐλπίσιν: dat. pl. of. means
1247 ἄχη τέκνου: ἄχε-α, obj. of κλύουσαν
  γόους ἀξιώσειν: *that she will not think her*
  weeping worthy in front of the city; i. e. she
  chose to mourn in private; ind. disc.
1249 προθήσειν: fut. inf. προτίθημι, ind. disc
  στένειν: *to mourn*; epexegetic inf.
1250 ὡσ(τε): *so as...*; result clause
1251 οἶδ(α): 1st sg.
  δ'οὖν: *but in any case*
  τ'...χἠ: *both...and*; τε...καὶ ἡ

1251 βαρὺ: *a grievous thing*; i.e. trouble,
  neut. sg. predicate after inf. προσεῖναι
1252 χἠ: *and...*; καὶ ἡ, introduces a second
  subject for 3rd sg. δοκεῖ
1253 εἰσόμεσθα: 1st pl. fut. οἶδα
  μή...καλύπτει: *whether she is not*
  concealing...; 'lest she conceal,' fearing
  clause with indicative
1256 τῆς ἄγαν..σιγῆς: modifies βάρος
1257 καὶ μὴν: *and look*; introduces an
  entering character, see ll. 1180, 526
  ὅδε ἄναξ: i.e. Creon
1259 θέμις (ἐστί): *it is right*; aor. inf. λέγω
1260 ἁμαρτών: *by...*; nom. sg. aor. pple

Κρέ   ἰὼ στρ. α

φρενῶν δυσφρόνων ἁμαρτήματα
στερεὰ θανατόεντ᾽,
ὦ κτανόντας τε καὶ
θανόντας βλέποντες ἐμφυλίους.
ὤμοι ἐμῶν ἄνολβα βουλευμάτων.   1265
ἰὼ παῖ, νέος νέῳ ξὺν μόρῳ
αἰαῖ αἰαῖ,
ἔθανες, ἀπελύθης
ἐμαῖς οὐδὲ σαῖς δυσβουλίαις.

Χορ   οἴμ᾽ ὡς ἔοικας ὀψὲ τὴν δίκην ἰδεῖν.   1270

Κρέ   οἴμοι,

ἔχω μαθὼν δείλαιος· ἐν δ᾽ ἐμῷ κάρᾳ
θεὸς τότ᾽ ἄρα τότε μέγα βάρος μ᾽ ἔχων
ἔπαισεν, ἐν δ᾽ ἔσεισεν ἀγρίαις ὁδοῖς,
οἴμοι, λακπάτητον ἀντρέπων χαράν.   1275

ἄγριος, -α, -ον: wild, fierce, overgrown, 5
αἰαῖ: ah! (exclamation of grief) 8
ἁμάρτημα, -ματος, τό: fault, failure; sin, 1
ἄν-ολβος, -ον: unblest, luckless, 2
ἀνα-τρέπω: to overturn, upset, ruin, 1
ἀπο-λύω: to depart, loose from, release, 2
ἄρα: then, therefore, it seems, it turns out, 3
βάρος, -ους τό: heavy weight, burden, load 2
βλέπω: to see, look at, 5
βούλευμα, -ατος, τό: purpose, plan, design 2
δείλαιος, -α, -ον: wretched, sorry, paltry, 4
δυσ-βουλία, ἡ: ill counsel, poor advice, 2
δύσ-φρων -ονος: unthinking, senseless, 1
ἐμ-φύλιος, -ον: kindred, kin; kinsfolk, 1

ἔοικα: to seem, be likely, be reasonable, 5
θανατόεις, -εσσα, -εν: deadly, full of death, 1
κάρα, τό: head, 7
κτείνω: to kill, slay, kill, slay, 4
λακπάτητος, -ον: trampled on, trodden on, 1
ὁδός, ἡ: road, way, path, journey, 7
οἴομαι: to suppose, think, imagine, 4
ὀψέ: late, after a long time, 1
παίω: to strike, beat, dash, smite, 4
σείω: shake, move back and forth, agitate, 4
στερεός, -α, -ον: solid, rigid; stubborn, stiff 1
τότε: at that time, then, 6
χαρά, ἡ: joy, delight, 2
ὤ-μοι: woe's me, 3

1262 στερεὰ: rigid
1263 ὦ...βλέποντες: O those watching...
  κτανόντας, θανόντας: aor. pple
  κτείνω, θνήσκω
1265 ἐμῶν βουλευμάτων: among...; partitive
  gen.
  ἄνολβα (βουλεύματα): neuter pl.
1266 νέος: young
1267 ἔθανες: aor. θνήσκω
  ἀπελύθης: 2nd sg. aor. pass. ἀπολύω
1270 οἴμ(οι): alas

ὡς...ὀψέ: how...; in exclamation
ἰδεῖν: inf. ὁράω
1272 ἔχω μαθών: periphrastic pf. (ἔχω + aor.
  pple) μανθάνω
  δείλαιος (εἶναι): supply infinitive
1273 ἄρα..μ(ε)...ἔπαισεν: it turns out...; ἄρα
  is employed to express truths just realized
  μέγα βάρος: object of ἔχων
1274 ἐν δ᾽ἔσεισεν: shaken (me) on...; tmesis

φεῦ φεῦ, ὦ πόνοι βροτῶν δύσπονοι.

Ἐξάγγ ὦ δέσποθ᾽, ὡς ἔχων τε καὶ κεκτημένος,
τὰ μὲν πρὸ χειρῶν τάδε φέρων, τὰ δ᾽ ἐν δόμοις
ἔοικας ἥκειν καὶ τάχ᾽ ὄψεσθαι κακά.   1280

Κρέ τί δ᾽ ἔστιν αὖ κάκιον ἐκ κακῶν ἔτι;

Ἐξάγγ γυνὴ τέθνηκε, τοῦδε παμμήτωρ νεκροῦ,
δύστηνος, ἄρτι νεοτόμοισι πλήγμασιν.

Κρέ ἰώ.

ἰὼ δυσκάθαρτος Ἅιδου λιμήν,   ἀντ. α
τί μ᾽ ἄρα τί μ᾽ ὀλέκεις;   1285
ὦ κακάγγελτά μοι
προπέμψας ἄχη, τίνα θροεῖς λόγον;
αἰαῖ, ὀλωλότ᾽ ἄνδρ᾽ ἐπεξειργάσω.
τί φής, παῖ; τίν᾽ αὖ λέγεις μοι νέον,
αἰαῖ αἰαῖ,   1290

ἄρα: then, therefore, it seems, it turns out, 3
ἄρτι: just, exactly, 1
ἄχος, -εος, τό: anguish, distress, grief, 3
δεσπότης, -ου ὁ: master, lord, 3
δυσ-κάθαρτος, -ον: hard to purify or atone, 1
δύσ-πονος, -ον: toilsome, hard-working, 1
δύσ-τηνος, -ον: ill-suffering, wretched, 6
ἔοικα: to seem, be likely, be reasonable, 5
ἐπ-εξ-εργάζομαι: make or bring about again 1
θροέω: to cry aloud, tell, declare, 1
κακ-άγγελτος -ον: of bad news, 1

κτάομαι: to procure, get, gain, acquire, 2
λιμήν, -ένος, ὁ: haven, harbor, 2
νεό-τομος, -ον: newly cut, freshly cut, 1
ὀλέκω: to ruin, destroy, kill, 1
παμ-μήτωρ, -ορος, ἡ: very or true mother, 1
πλῆγμα, ατος, τό: a strike, a blow, 2
πόνος, ὁ: work, toil, labor, 5
προ-πέμπω: to send forth or before, 1
πρό: before, in front; in place of (gen.), 3
τάχα: soon, presently; quickly, forthwith, 3
φεῦ: ah, alas, woe, 7

1278 ὦ δέσποτ(α): vocative, direct addres
   ὡς ἔχων...κεκτημένος: as one having (in
   hand) and having in store; Creon is holding
   (ἔχω) his son Haemon but will soon hold
   (κτάομαι) Eurydice who lies in the house;
   pf. mid. κτάομαι
1279 τὰ μὲν...τὰ δ: these here...others; this
   line echoes ἔχων and κεκτημένος above
1280 ὄψεσθαι: fut. deponent ὁράω
1281 κάκιον: comparative, neut. sg.

1282 τέθνηκε: is dead; pf. θνήσκω denotes a
   state rather than activity
1285 τί...τί...: why?....why?
   ὀλέκεις: pf. ὄλλυμι
1287 ἄχη: ἄχε-α; neuter pl. acc.
   τίνα...λόγον: what...; interrogative
1288 ὀλωλότ(α): acc. sg. pf. pple ὄλλυμι
   ἐπεξειργάσα(σ)ο: 2nd sg. plpf. pass.
1289 φής: 2nd sg. pres. φημί
   τίν(α)...νέον: what news...; 'what new'

86

σφάγιον ἐπ' ὀλέθρῳ
γυναικεῖον ἀμφικεῖσθαι μόρον;
Χορ ὁρᾶν πάρεστιν· οὐ γὰρ ἐν μυχοῖς ἔτι.
Κρέ οἴμοι,
κακὸν τόδ' ἄλλο δεύτερον βλέπω τάλας.   1295
τίς ἄρα, τίς με πότμος ἔτι περιμένει;
ἔχω μὲν ἐν χείρεσσιν ἀρτίως τέκνον,
τάλας, τὸν δ' ἔναντα προσβλέπω νεκρόν.
φεῦ φεῦ μᾶτερ ἀθλία, φεῦ τέκνον.   1300
Ἐξάγ ἡ δ' ὀξυθήκτῳ βωμία περὶ ξίφει
λύει κελαινὰ βλέφαρα, κωκύσασα μὲν
τοῦ πρὶν θανόντος Μεγαρέως κλεινὸν λάχος,
αὖθις δὲ τοῦδε, λοίσθιον δὲ σοὶ κακὰς
πράξεις ἐφυμνήσασα τῷ παιδοκτόνῳ.   1305

ἄθλιος, -η, -ον: wretched, miserable, pitiful, 3
ἀμφί-κειμαι: to lie close, lie around (dat), 1
ἄρα: then, therefore, it seems, it turns out, 3
ἀρτίως: just, now first; exactly 5
αὖθις: back again, later, 5
βλέπω: to see, look at, 5
βλέφαρον, τό: pl. eyelids, 3
βώμιος, -α, -ον: at the altar; of an altar, 1
γυναικεῖος, -η, -ον: of a woman, feminine, 1
δεύτερος, -η, -ον: second, 2
ἔν-αντα: facing opposite, over against, 1
ἐφ-υμνέω: to sing of, chant at or upon, 2
κελαινός, -ή, -όν: dark, black, 3
κλεινός, -ή, -όν: glorious, renowned, 4
κωκύω: to shriek for, wail for, cry for, 3
λάχος, τό: lot, destiny, fate, 1

λοίσθιος, -η, -ον: last, 3
λύω: to release, loosen, abolish, dissolve, 2
Μεγαρέος -εως, ὁ: Megareus, 1
μυχός, ὁ: inmost part, inner room, recess, 1
ξίφος, -εος τό: a sword, knife, 4
ὄλεθρος, ὁ: death, ruin, destruction, 1
ὀξύ-θηκτος, -ον: sharp-edged, sharp-pointed 1
παιδο-κτόνος, ὁ: child-killer, 1
περι-μένω: to wait for, await, 1
περί: around, about, concerning, 6
πότμος, ὁ: fate, lot, death, evil destiny, 5
πρᾶξις, -εως, ἡ: a action, deed, business, 2
προσ-βλέπω: to look at or upon, 1
σφάγιος, -α, -ον:: bloody, slaying, 1
φεῦ: ah, alas, woe, 7

1291 σφάγιον...μόρόν: *that the bloody death...*; acc. subject, ind. disc. in response to his own question
ἀμφικεῖσθαι ἐπ(ὶ) ὀλέθρῳ: *lies heaped upon death*; 'lies around upon death, i.e. one death after another
1293 ὁρᾶν: inf. as subject, ὁράω
1298 χείρεσσιν: dat. pl. χείρ
1301 ἡ δὲ: *she*
περὶ ξίφει: *around...*; Jebb suggests that the ξίφος is a sacrificial knife from the altar
1302 λύει: *closes, relaxes*

1303 τοῦ πρὶν θανόντος: *dying previously*; Megareus, a Theban, committed suicide at the behest of Teiresias during the war between Eteocles and Polyneices
1304 τοῦδε (λάχος): *the lot of this one*; 'that of this one,' i.e. of Haemon
λοίσθιον δὲ: *at last, in the end*; adv. acc.
σοὶ...τῷ παιδοκτόνῳ: *upon...*; dat. of compound verb
κακὰς πράξεις: *bad fortune*; 'bad farings'
1305 ἐφυμνήσασα: i.e. cursing

Κρέ αἰαῖ αἰαῖ,   στρ. β
     ἀνέπταν φόβῳ. τί μ᾽ οὐκ ἀνταίαν
     ἔπαισέν τις ἀμφιθήκτῳ ξίφει;
     δείλαιος ἐγώ, αἰαῖ,   1310
     δειλαίᾳ δὲ συγκέκραμαι δύᾳ.
Ἐξάγ ὡς αἰτίαν γε τῶνδε κἀκείνων ἔχων
      πρὸς τῆς θανούσης τῆσδ᾽ ἐπεσκήπτου μόρων
Κρέ ποίῳ δὲ κἀπελύσατ᾽ ἐν φοναῖς τρόπῳ;
Ἐξάγ παίσας ὑφ᾽ ἧπαρ αὐτόχειρ αὐτήν, ὅπως   1315
      παιδὸς τόδ᾽ ἤσθετ᾽ ὀξυκώκυτον πάθος.
Κρέ ὤμοι μοι, τάδ᾽ οὐκ ἐπ᾽ ἄλλον βροτῶν
     ἐμᾶς ἁρμόσει ποτ᾽ ἐξ αἰτίας.
     ἐγὼ γάρ σ᾽ ἐγὼ ἔκανον, ὦ μέλεος,
     ἐγώ, φάμ᾽ ἔτυμον. ἰὼ πρόσπολοι,   1320

αἰσθάνομαι: to perceive, feel, learn, realize, 1 | καίνω: to kill, slay, 1
αἰτία, ἡ: cause, responsibility, blame, 4 | μέλεος, -α, -ον: miserable, unhappy; idle, 2
ἀμφί-θηκτος, -ον: double-edged, two-edged 1 | ξίφος, -εος τό: a sword, 4
ἀνα-πέτομαι: tremble, fly up; be on a wing, 1 | ὀξύ-ώκυτος, -ον: sharply-wailed, -lamented 1
ἀνταῖος, -α, -ον: in the front, right opposite, 1 | πάθος, -εος, τό: misfortune, suffering, 2
ἀπο-λύω: to depart, loose from, release, 2 | παίω: to strike, beat, dash, smite, 4
ἁρμόζω: to fit, join, harmonize, 2 | ποῖος, -α, -ον: what sort of? what kind of? 6
αὐτό-χειρ, -ος, ὁ, ἡ: with one's own hand, 5 | πρόσ-πολος, ὁ: servant, attendant, 2
αὐτοῦ (ἑαυτοῦ), -ῆς, -οῦ: himself, her-, it- 7 | συγ-κεράννυμι: to mix up with, 1
δείλαιος, -α, -ον: wretched, sorry, paltry, 4 | τρόπος, ὁ: a manner, way; turn, direction, 2
δύη, ἡ: misery, anguish, woe, 1 | φόβος, ὁ: fear, terror, panic, 4
ἐπι-σκήπτω: to denounce; lean on, fall on, 1 | φονή, ἡ: murder, massacre, 3
ἔτυμος, -ον: true; adv. ἔτυμον truly, 1 | ὤ-μοι: woe's me, 3
ἧπαρ, -ατος, τό: liver, gut, 1

1308 ἀνέπταν: 1st sg. aor. ἀνα-πέτομαι | ἐπεσκήπτε(σ)ο: 2nd sg. impf. pass.
     φόβῳ: dat. of cause | 1314 ποίῳ...τρόπῳ: in...?; dat. of manner
     τί: why....? | κα(ὶ) ἀπελύσατο: aor. mid.; Eurydice is the
     ἀνταίαν (πληγήν): a blow to the chest; | subject; καὶ is adverbial: 'in fact'
     'in the front,' inner acc. | 1315 αὐτήν: ἑαυτήν; reflexive pronoun
1311 συγκέκραμαι: pf. pass. συγ-κεράννυμι | ὅπως: as, when
     again denotes a state: 'I am mixed with...' | 1316 ἤσθετ(ο): aor. αἰσθάνομαι
     δελαίᾳ δύᾳ: dat. of compound verb | 1317 ἐπὶ ἄλλον βροτῶν: onto...; Creon
1312 ὡς...γε...ἔχων: yes, on the grounds of | laments that he cannot transfer blame from
     having...; 'since...' ὡς + pple indicates | himself to another
     alleged cause from a character's point of | 1318 ἁρμόσει: will fit; i.e. 'will fix,' neuter pl.
     view; γε adds causal force and offers assent | τάδε is subject
     τῶνδε (μόρων) κα(ὶ) ἐκείνων...μόρων: | 1319 γάρ: yes, for...; expressing assent and
     for...; i.e. for Haemon's death and for | introducing the cause
     Megareus' death; gen. of charge | ὦ μέλεος: Oh (I) the...; voc., direct
1313 πρός...τῆσδε: in the eyes of...; i.e. | address, but Creon is addressing himself
     Eurydice, aor. pple. θνήσκω ; πρός + gen. | 1320 φάμ(ι): I acknowledge; φημί in Attic
     expresses the point of view

88

ἄγετέ μ' ὅτι τάχιστ', ἄγετέ μ' ἐκποδών,
τὸν οὐκ ὄντα μᾶλλον ἢ μηδένα.   1325
Χορ   κέρδη παραινεῖς, εἴ τι κέρδος ἐν κακοῖς.
      βράχιστα γὰρ κράτιστα τὰν ποσὶν κακά.
Κρέ   ἴτω ἴτω,   ἀντ. β
      φανήτω μόρων ὁ κάλλιστ' ἔχων
      ἐμοὶ τερμίαν ἄγων ἀμέραν   1330
      ὕπατος· ἴτω ἴτω,
      ὅπως μηκέτ' ἆμαρ ἄλλ' εἰσίδω.
Χορ   μέλλοντα ταῦτα. τῶν προκειμένων τι χρὴ μέλειν
      πράσσειν. μέλει γὰρ τῶνδ' ὅτοισι χρὴ μέλειν   1335

βραχύς, -έα, -ύ: short, brief, 2
εἰσ-οράω: to look upon, view, behold, 3
ἐκ-ποδών: out of the way (adv.) 2
ἦμαρ, -ατος, τό: day, ἆμαρ) 1
ἡμέρα, ἡ: day (ἀμέρα) 5
κάλλιστος, -η, -ον:: fairest, most noble, 1
κράτιστος, -η, -ον: strongest, mightiest, 2
μᾶλλον: more, rather, 4

μέλω: μέλει, there is a care of *gen* for *dat*, 4
μηκ-έτι: no longer, no more, 1
παρ-αινέω: to recommend; advise, exhort, 1
πούς, ποδός, ὁ: a foot; a (sheet) of sail, 5
πρό-κειμαι: to lie exposed, be set before, 4
ταχύς, εῖα, ύ: quick, swift, hastily, 4
τέρμιος, -α, -ον: final, last, at the end, 1
ὕπατος, -α, -ον: supreme, best, highest 1

1324 ὅτι: *as...as possible*; + superlative
1325 τὸν...ὄντα: *the one...*; in apposition to
  με; pple εἰμί
  μηδένα: *a nonentity*; perhaps 'no one' or
  'of no account;' μηδείς is preferred to
  οὐδείς because Creon is not stating that he
  actually is nothing (οὐδένα) but that he
  should be thought of as of no account
1326 κέρδη: κέρδε-α; neuter pl.
  τι κέρδος (ἐστί): supply verb
1327 βράχιστα...κράτιστα...κακά: τὰ κακὰ
  βράχιστα (ἐστί) κράτιστα: the first adj.
  is attributive while the second is predicative
  τὰν ποσὶν: τὰ ἐν ποσὶν; dat. pl. πούς
1328 ἴτω: *let...*; 3rd sg. imperative ἔρχομαι

1329 φανήτω: *let...appear*; 3rd sg. aor. pass
  imperative φαίνω
  μόρων: partitive with neut. κάλλιστα
1332 ὅπως...εἰσίδω: *so that I may...*; purpose
  clause with 1st sg. aor. subj. εἰσοράω
  ἆμαρ ἄλλ(ο): neuter sg. acc. direct object
1334 μέλλοντα: *(are) the future*; '(are) going
  to be,' supply a linking verb
1334 τῶν προκειμένων: *of the things lying at
  hand*
1335 τῶνδε: i.e. the things μέλλοντα
  ὅτοισι: *for whomever*; "(for anyone) for
  whom' i.e. for the gods, relative pronoun
  dat. pl. ὅστις, the missing antecedent is
  also missing

Κρέ ἀλλ' ὧν ἐρῶ, τοιαῦτα συγκατηυξάμην.

Χορ μή νυν προσεύχου μηδέν· ὡς πεπρωμένης
οὐκ ἔστι θνητοῖς συμφορᾶς ἀπαλλαγή.

Κρέ ἄγοιτ' ἂν μάταιον ἄνδρ' ἐκποδών,
ὅς, ὦ παῖ, σέ τ' οὐχ ἑκὼν κάκτανον   1340
σέ τ' αὖ τάνδ', ὤμοι μέλεος, οὐδ' ἔχω
ὅπᾳ πρὸς πότερα κλιθῶ· πάντα γὰρ
λέχρια τἀν χεροῖν, τὰ δ' ἐπὶ κρατί μοι   1345
πότμος δυσκόμιστος εἰσήλατο.

Χορ πολλῷ τὸ φρονεῖν εὐδαιμονίας
πρῶτον ὑπάρχει. χρὴ δὲ τά γ' εἰς θεοὺς
μηδὲν ἀσεπτεῖν. μεγάλοι δὲ λόγοι   1350
μεγάλας πληγὰς τῶν ὑπεραύχων
ἀποτίσαντες
γήρᾳ τὸ φρονεῖν ἐδίδαξαν.

ἀ-σεπτέω: act impiously, do unholy things, 1
ἀπ-αλλαγή, ἡ: escape; release, relief, 1
ἀπο-τίνω: to pay back, pay for, 1
γῆρας, τό: old age, 1
διδάσκω: to teach, instruct, 4
δυσ-κόμιστος, -ον: hard to bear, intolerable 1
εἰσ-αλλομαι: to leap upon. spring onto, 1
ἐκ-ποδών: out of the way (adv.) 2
ἑκών, ἑκοῦσα, ἑκόν: willing, intentionally, 2
ἐράω: to love, to be in love with, 3
εὐ-δαιμονία, ἡ: happiness, good fortune, 1
θνητός, -ή, -όν: mortal, 4
κατα-κτείνω: to kill, slay, 3
κλίνω: to recline, lie down; find support, 2
κράς, κρατός, ἡ: the head, 2

λέχριος, -α, -ον: crosswise, awry, twisted, 1
μάταιος, -ον: useless, ineffectual, worthless 1
μέλεος, -α, -ον: miserable, unhappy; idle, 2
ὅπη: by which way, in what way, how, 1
πληγή, ἡ: blow, strike, 2
πόρω: to furnish, offer, give, 1
πότερος, -α, -ον: which of two? whether? 3
πότμος, ὁ: fate, lot, death, evil destiny, 5
προσ-εύχομαι: to pray for, worship, 1
πρῶτος, -η, -ον: first, earliest, 4
συγ-κατ-εύχομαι: to sum up in prayer, 1
συμ-φορά, ἡ: misfortune; happening, event, 2
ὑπ-άρχω: be (at hand), be available; begin 3
ὑπέρ-αυχος, -ον: over-boastful, over-proud 1
ὤ-μοι: woe's me, 3

1336 ὧν ἐρῶ: which I desire; ἐράω governs a
   gen. object, the antecedent is τοιαῦτα
   συγκατηυξάμην: i.e. in the previous prayer
1337 μὴ...προσεύχε(σ)ο: don't...; negative
   pres. middle imperative
   ὡς πεπρωμένης: on the grounds of being
   destined; pf. pass. pple πόρω modifies
   gen. συμφορᾶς ; ὡς + pple expresses
   alleged cause; this verb is often employed
   to describe fate or destiny
   συμφορᾶς: from...; gen. of separation,
   governed by ἀπαλλαγή
1339 ἄγοιτ(ε) ἂν: you may...; potential
   opt. expressing a command
1340 ὦ παῖ: son; i.e. Haemons
   κάκτανον: aor. κατακτείνω
1341 σέ τ'...τάνδε: and you here; i.e. Eurydice

governed by the preceding verb κάκτανον
   ἔχω: I know...
1342 ὅπᾳ πρὸς πότερα κλιθῶ: in what way
   (or) to which (direction) I am to turn; i.e. to
   Haemon or to Eurydice; ind. question, 1st
   sg. aor. pass. subjunctive κλίνω, a
   deliberative subj. with two interrogatives
1345 λέχρια (ἐστί): predicate, add verb
   τὰ ἐν χεροῖν: dual dat. place where, χείρ
1346 τὰ δέ: on the other hand; acc. respect
1347 εἰσήλατο: aor. mid. εἰσ-αλλομαι
   πολλῷ: by far; dat. degree of difference
1348 πρῶτον: the first principle of happiness
1351 τῶν ὑπεραύχων: of over-boastful (men)
1352 ἀποτίσαντες: paying back in great
   blows; i.e. to pay the penalty
1353 ἐδίδαξαν: gnomic aor., translate in pres.

90

Glossary

Declensions

ἡ κρήνη, τῆς κρήνης - spring		ὁ ἀγρός, τοῦ ἀργοῦ - field		ὁ παῖς, τοῦ παιδός - child	
Nom. ἡ κρήνη	αἱ κρῆναι	ὁ ἀγρός	οἱ ἀγροί	παῖς	παῖδ-ες
Gen. τῆς κρήνης	τῶν κρηνῶν	τοῦ ἀγροῦ	τῶν ἀγρῶν	παιδ-ός	παῖδ-ων
Dat. τῇ κρήνῃ	ταῖς κρήναις	τῷ ἀγρῷ	τοῖς ἀγροῖς	παιδ-ί	παι-σί(ν)
Acc. τὴν κρήνην	τὰς κρήνᾱς	τὸν ἀγρόν	τοὺς ἀγρούς	παῖδ-α	παῖδ-ας
Voc. ὦ κρήνη	ὦ κρῆναι	ὦ ἀγρέ	ὦ ἀγροί		

Personal Pronouns

Nom.	ἐγώ		I	ἡμεῖς		we
Gen.	ἐμοῦ	μου	my	ἡμῶν		our
Dat.	ἐμοί	μοι	to me	ἡμῖν		to us
Acc.	ἐμέ		me	ἡμᾶς		us
Nom.	σύ		you	ὑμεῖς		you
Gen.	σοῦ	σου	your	ὑμῶν		your
Dat.	σοί	σοι	to you	ὑμῖν		to you
Acc.	σέ		you	ὑμᾶς		you

Nom.	αὐτός	(himself)	αὐτή	(herself)	αὐτό	(itself)
Gen.	αὐτοῦ	his	αὐτῆς	her	αὐτοῦ	its
Dat.	αὐτῷ	to him	αὐτῇ	to her	αὐτῷ	to it
Acc.	αὐτόν	him	αὐτήν	her	αὐτό	it
Nom.	αὐτοί	(themselves)	αὐταί	(themselves)	αὐτά	(themselves)
Gen.	αὐτῶν	their	αὐτῶν	their	αὐτῶν	their
Dat.	αὐτοῖς	to them	αὐταῖς	to them	αὐτοῖς	to them
Acc.	αὐτούς	them	αὐτάς	them	αὐτά	them

Relative Pronoun – who, which, that

	m.	f.	n.	m.	f.	n.
Nom.	ὅς	ἥ	ὅ	οἵ	αἵ	ἅ
Gen.	οὗ	ἧς	οὗ	ὧν	ὧν	ὧν
Acc.	ᾧ	ᾗ	ᾧ	οἷς	αἷς	οἷς
Abl.	ὅν	ἥν	ὅ	οὕς	ἅς	ἅ

Indefinite Relative Pronoun – whoever, anyone who; whatever, anything which

Nom.	ὅστις	ἥτις	ὅ τι
Gen.	οὗτινος (ὅτου)	ἧστινος	οὗτινος (ὅτου)
Dat.	ᾧτινι (ὅτῳ)	ᾗτινι	ᾧτινι (ὅτῳ)
Acc.	ὅντινα	ἥντινα	ὅ τι
Nom.	οἵτινες	αἵτινες	ἅτινα
Gen.	ὧντινων (ὅτων)	ὧντινων	ὧντινων (ὅτων)
Dat.	οἷστισιν (ὅτοις)	αἷστισιν	οἷστισιν (ὅτοις)
Acc.	οὕστινας	ἅστινας	ἅτινα

Correlative Adverbs and their frequencies in *Antigone*

Interrogative	Indefinite	Demonstrative	Relative	Indefinite Relative
ποῦ *where?*	που *somewhere*	ἐνθάδε *here* ἐκεῖ ² *there*	οὗ *where*	ὅπου *where(ver)*
ποῖ ¹ ᵗⁱᵐᵉ *to where?*	ποι *to somewhere*	δεῦρο *to here* ἐκεῖσε *to there*	οἷ *to where*	ὅποι *to where(ver)*
πόθεν *from where?*	ποθεν *from anywhere*	ἐνθένδε *from here* (ἐ)κεῖθεν ² *from there*	ὅθεν *from where*	ὁπόθεν *from where(ver)*
πότε *when?*	ποτέ *at some time* *ever, then*	τότε *at that time,* *then*	ὅτε *when*	ὁπότε *when(ever)*
πῶς *how?*	πως *somehow*	ὧδε, οὕτως *thus, so* *in this way*	ὡς *how, as*	ὅπως *how(ever)*

Correlative Pronouns and their frequencies in *Antigone*

Interrogative	Indefinite	Demonstrative	Relative	Indefinite Relative
τίς, τί *who, what?*	τις, τι *someone/thing* *anyone/thing*	ὅδε οὗτος *this* (ἐ)κεῖνος *there*	ὅς, ἥ, ὅ *who, which*	ὅστις, ἥτις, ὅ τι *anyone who,* *whoever*
πότερος *which of two?*	ποτερος *one of two*	ἕτερος *one (of two)*	ὁπότερος *which of two*	
πόσος *how much?*	ποσός *of some amount*	τοσόσδε *so much/many*	ὅσος *as much/* *many as*	ὁπόσος *of whatever size/* *number*
ποῖος *of what sort?*	ποιός *of some sort*	τοιόσδε *such* τοιοῦτος *such*	οἷος *of which sort,* *such as, as*	ὁποῖος *of whatever sort*
πηλίκος *how old/large?*	πηλικος *of some age*	τηλικόσδε τηλικοῦτος *so old/young/* *of such an age*	ἡλίκος *of which age*	ὁπηλίκος *of whatever age/* *size*

λύω, λύσω, ἔλυσα, λέλυκα, λέλυμαι, ἐλύθην: loosen, ransom

| | PRESENT | | FUTURE | | |
	Active	Middle/Pass.	Active	Middle	Passive
Primary Indiative	λύω λύεις λύει λύομεν λύετε λύουσι(ν)	λύομαι λύε(σ)αι λύεται λυόμεθα λύεσθε λύονται	λύσω λύσεις λύσει λύσομεν λύσετε λύσουσι(ν)	λύσομαι λύσε(σ)αι λύσεται λυσόμεθα λύσεσθε λύσονται	λυθήσομαι λυθήσε(σ)αι λυθήσεται λυθησόμεθα λυθήσεσθε λυθήσονται
Secondary Indicative	ἔλυον ἔλυες ἔλυε(ν) ἐλύομεν ἐλύετε ἔλυον	ἐλυόμην ἐλύε(σ)ο ἐλύετο ἐλυόμεθα ἐλύεσθε ἐλύοντο			
Subjunctive	λύω λύῃς λύῃ λύωμεν λύητε λύωσι(ν)	λύωμαι λύῃ λύηται λυώμεθα λύησθε λύωνται			
Optative	λύοιμι λύοις λύοι λύοιμεν λύοιτε λύοιεν	λυοίμην λύοιο λύοιτο λυοίμεθα λύοισθε λύοιντο	λύσοιμι λύσοις λύσοι λύσοιμεν λύσοιτε λύσοιεν	λυσοίμην λύσοιο λύσοιτο λυσοίμεθα λύσοισθε λύσοιντο	λυθησοίμην λυθήσοιο λυθήσοιτο λυθησοίμεθα λυθήσοισθε λυθήσοιντο
Imp	λῦε λύετε	λύε(σ)ο λύεσθε			
Pple	λύων, λύουσα, λύον	λυόμενος, λυομένη, λυόμενον	λύσων, λύσουσα, λῦσον	λυσόμενος, λυσομένη, λυσόμενον	λυθησόμενος, λυθησομένη, λυθησόμενον
Inf.	λύειν	λύεσθαι	λύσειν	λύσεσθαι	λυθήσεσθαι

2ⁿᵈ sg. mid/pass -σ is often dropped except in pf. and plpf. tenses: ε(σ)αι → ῃ,ει   ε(σ)ο → ου

AORIST			PERFECT		
Active	Middle	Passive	Middle	Passive	
			λέλυκα λέλυκας λέλυκε λελύκαμεν λελύκατε λελύκασι(ν)	λέλυμαι λέλυσαι λέλυται λελύμεθα λέλυσθε λέλυνται	Primary Indicative
ἔλυσα ἔλυσας ἔλυε(ν) ἐλύσαμεν ἐλύσατε ἔλυσαν	ἐλυσάμην ἐλύσα(σ)ο ἐλύσατο ἐλυσάμεθα ἐλύσασθε ἐλύσαντο	ἐλύθην ἐλύθης ἐλύθη ἐλύθημεν ἐλύθητε ἐλύθησαν	ἐλελύκη ἐλελύκης ἐλελύκει ἐλελύκεμεν ἐλελύκετε ἐλελύκεσαν	ἐλελύμην ἐλέλυσο ἐλέλυτο ἐλελύμεθα ἐλέλυσθε ἐλέλυντο	Secondary Indicative
λύσω λύσῃς λύσῃ λύσωμεν λύσητε λύσωσι(ν)	λυσώμαι λύσῃ λύσηται λυσώμεθα λύσησθε λύσωνται	λυθῶ λυθῇς λυθῇ λυθῶμεν λυθῆτε λυθῶσι(ν)	λελύκω λελύκῃς λελύκῃ λελύκωμεν λελύκητε λελύκωσι(ν)	λελυμένος ὦ —— ᾖς —— ᾖ —— ὦμεν —— ἦτε —— ὦσιν	Subjunctive
λύσαιμι λύσαις λύσαι λύσαιμεν λύσαιτε λύσαιεν	λυσαίμην λύσαιο λύσαιτο λυσαίμεθα λύσαισθε λύσαιντο	λυθείην λυθείης λυθείη λυθεῖμεν λυθεῖτε λυθεῖεν	λελύκοιμι λελύκοις λελύκοι λελύκοιμεν λελύκοιτε λελύκοιεν	λελυμένος εἴην —— εἴης —— εἴη —— εἴημεν —— εἴητε —— εἴησαν	Optative
λῦσον λύσατε	λῦσαι λύσασθε	λύθητι λύθητε		λέλυσο λέλυσθε	Imp
λύσᾱς, λύσᾱσα, λῦσαν	λυσάμενος, λυσαμένη, λυσάμενον	λυθείς, λυθεῖσα, λυθέν	λελυκώς, λελυκυῖα λελυκός	λελυμένος, λελυμένη λελυμένον	Pple
λῦσαι	λύσασθαι	λυθῆναι	λελυκέναι	λελύσθαι	Inf.

Adapted from a handout by Dr. Helma Dik (http://classics.uchicago.edu/faculty/dik/niftygreek)

ἵημι, ἥσω, ἧκα, εἷκα, εἷμαι, εἵθην: send, release, let go[22 times]

	Present		Imperfect		Aorist	
Active	ἵημι ἵεμεν		ἵην ἵεμεν		ἧκα εἷμεν	
	ἵης ἵετε		ἵεις ἵετε		ἧκας εἷτε	
	ἵησιν ἱᾶσι		ἵει ἵεσαν		ἧκεν εἷσαν	
Imp	ἵει ἵετε				ἕς ἕτε	
Pple	ἱείς, ἱεῖσα, ἱέν				εἵς, εἷσα, ἕν	
	ἱέντος, ἱείσης, ἱέντος				ἕντος, εἵσης, ἕντος	
Inf.	ἱέναι, epic ἱέμεναι				εἷναι	
Middle	ἵεμαι ἱέμεθα		ἱέμην ἱέμεθα		εἵμην εἵμεθα	
	ἵεσαι ἵεσθε		ἵεσο ἵεσθε		εἷσο εἷσθε	
	ἵεται ἵενται		ἵετο ἵεντο		εἷτο εἷντο	
Imp	ἵεσο ἵεσθε				οὗ ἕσθε	
Pple	ἱέμενος, η, ον				ἕμενος, η, ον	
Inf.	ἵεσθαι				ἕσθαι	

ἵστημι, στήσω, ἔστην, ἕστηκα, ἕσταμαι, ἐστάθην: stand (still), stop[15 times]

	Present		1st Aorist (transitive)		Aorist (intransitive)	
Active	ἵστημι ἵσταμεν		ἔστησα ἐστήσαμεν		ἔστην ἔστημεν	
	ἵστης ἵστατε		ἔστησας ἐστήσατε		ἔστης ἔστητε	
	ἵστησιν ἱστᾶσιν		ἔστησε ἔστησαν		ἔστη ἔστ(ησ)αν	
Imp	ἵστη ἵστατε		στῆσον[44] στήσατε		στῆθι στῆτε	
Pple	ἱστάς, ἱστᾶσα, ἱστάν		στήσας, ᾶσα, άν		στάς, στᾶσα, στάν	
	ἱστάντος, ἱστᾶσα, ἱστάντος				στάντος στάσης στάντος	
Inf.	ἱστάναι		στῆσαι		στῆναι, στήμεναι	
Middle	ἵσταμαι ἱστάμεθα				ἐστησάμην ἐστησάμεθα	
	ἵστασαι ἵστασθε				ἐστήσω ἐστήσασθε	
	ἵσταται ἵστανται				ἐστήσατο ἐστήσαντο	
Imp	ἵστασο ἵστασθε				στῆσαι στήσασθε	
Pple	ἱστάμενος, η, ον				στησάμενος, η, ον	
Inf.	ἵστασθαι				στήσασθαι	

δίδωμι, δώσω, ἔδωκα, δέδωκα, δέδομαι, ἐδόθην: give

	Present	Imperfect	Aorist
Active	δίδωμι δίδομεν δίδως δίδοτε δίδωσιν διδόᾱσιν	ἐδίδουν ἐδίδομεν ἐδίδους ἐδίδοτε ἐδίδου ἐδίδοσαν	ἔδωκα ἔδομεν ἔδωκας ἔδοτε ἔδωκεν ἔδοσαν
Imp	δίδου δίδοτε		δός[31] δότε
Pple	διδούς, διδοῦσα, διδόν διδόντος, -ούσης, -όντος		δούς, δοῦσα, δόν δόντος, δούσης, δόντος
Inf.	διδόναι		δοῦναι, δόμεναι
Middle	δίδομαι διδόμεθα δίδοσαι δίδοσθε δίδοται δίδονται	ἐδιδόμην ἐδιδόμεθα ἐδίδοσο ἐδίδοσθε ἐδίδοτο ἐδίδοντο	ἐδόμην ἐδόμεθα ἔδου ἔδοσθε ἔδοτο ἔδοντο
Imp	δίδου δίδοσθε		δοῦ δόσθε
Pple	διδόμενος, η, ον		δόμενος, η, ον
Inf.	δίδοσθαι		δόσθαι

τίθημι, θήσω, ἔθηκα, τέθηκα, τέθειμαι, ἐτέθην: put, place; make

	Present	Imperfect	Aorist
Active	τίθημι τίθεμεν τίθης τίθετε τίθησιν τιθέᾱσιν	ἐτίθην ἐτίθεμεν ἐτίθεις ἐτίθετε ἐτίθει[75] ἐτίθεσαν	ἔθηκα ἔθεμεν ἔθηκας ἔθετε ἔθηκεν ἔθεσαν
Imp	τίθει τίθετε		θές θέτε
Pple	τιθείς, τιθεῖσα, τιθέν τιθέντος, -είσης, -έντος		θείς, θεῖσα, θέν θέντος, θεῖσα, θέντος
Inf.	τιθέναι		θεῖναι
Middle	τίθεμαι τιθέμεθα τίθεσαι τίθεσθε τίθεται τίθενται	ἐτιθέμην ἐτιθέμεθα ἐτίθεσο ἐτίθεσθε ἐτίθετο ἐτίθεντο	ἐθέμην ἐθέμεθα ἔθου ἔθεσθε ἔθετο ἔθεντο
Imp	τίθεσο τίθεσθε		θοῦ θέσθε
Pple	τιθέμενος, η, ον		θέμενος, η, ον
Inf.	τίθεσθαι		θέσθαι

οἶδα: to know (pf. with pres. sense)

	Perfect		Pluperfect		
Active	οἶδα	ἴσμεν	ᾔδη	ᾖσμεν	
	οἶσθα	ἴστε	ᾔδησθα	ᾖστε	
	οἶδε	ἴσᾱσι	ᾔδει	ᾖσαν	
Imp	ἴσθι	ἴστε			
Pple	εἰδώς, εἰδυῖα, εἰδός				
	εἰδότος, εἰδυίᾱς, εἰδότος				
Inf.	εἰδέναι				
subj/opt	εἰδῶ	εἰδῶμεν	εἰδείην	εἰδεῖμεν	
	εἰδῇς	εἰδῆτε	εἰδείης	εἰδεῖτε	
	εἰδῇ	εἰδῶσι	εἰδείη	εἰδεῖεν	

εἰμί (to be)

	Present		Imperfect		
Active	εἰμί	ἐσμέν	ἦ, ἦν	ἦμεν	
	εἶ	ἐστέ	ἦσθα	ἦτε	
	ἐστίν	εἰσίν	ἦν	ἦσαν	
Imp	ἴσθι	ἔστε			
Pple	ὤν, οὖσα, ὄν				
	ὄντος, οὔσης, ὄντος				
Inf.	εἶναι				
subj/opt	ὦ	ὦμεν	εἴην	εἶμεν	
	ᾖς	ἦτε	εἴης	εἶτε	
	ᾖ	ὦσιν	εἴη	εἶεν	

εἶμι (to go; pres. indicate used as the fut. of ἔρχομαι)

	Present		Imperfect		
Active	εἶμι	ἴμεν	ᾖα	ᾖμεν	
	εἶ	ἴτε	ᾔεισθα	ᾖτε	
	εἶσι	ἴᾱσιν	ᾔειν	ᾖσαν	
Imp	ἴθι	ἴτε			
Pple	ἰών, ἰοῦσα, ἰόν				
	ἰόντος, ἰούσης, ἰόντος				
Inf.	ἰέναι				
subj/opt	ἴω	ἴωμεν	ἴοιμι	ἴοιμεν	
	ἴῃς	ἴητε	ἴοις	ἴοιτε	
	ἴῃ	ἴωσιν	ἴοι	ἴοιεν	

Choral Odes

The metrical pattern in the first part of a choral ode, called a **strophe** 'a turning,' corresponds exactly to the second part of the choral ode, called the **antistrophe**, 'a turning back.' And so, whatever combination of meters Sophocles employs in the strophe section of an ode, he will employ in the same order and quantity in the antistrophe. This structure reflects the movement of the chorus, which dances in one direction during the strophe and in the opposite direction during the antistrophe.

It is easy for even experienced readers to feel awe and dismay by the terminology and seemingly endless variations. As a result, I have included the following pages on choral odes in the hope that this scansion will help readers develop confidence and appreciation when reciting, reading, and analyzing the meters within the odes.

For a more advanced study of versification in the odes, consider *Musical Design in Sophoclean Theater* by William Scott which served as a guide for some of the more difficult lines in this appendix. There, he offers a much cleaner presentation.

Nomenclature

anapaest	˘ ˘ —	enoplian	x — ˘ ˘ — ˘ — ˘ —	
bacchius	˘ — —	iambic	˘ — ˘ —	iamb (˘ —)
choriamb	— ˘ ˘ —	molossus	— — —	
cretic	— ˘ —	spondee	— —	
dactyl	— ˘ ˘	trochaic	— ˘ — ˘	trochee (˘ —)

acephalous (ἀκέφαλος, headless) absence of a syllable at the *beginning* of a metron
catalectic (καταλήγω, stop short) absence of a syllable at the *end* of a metron
syncopated   absence of a syllable *within* a metron

Aeolic meters are made up from a choriambic base (— ˘ ˘ —) which varies depending on what comes before and what comes after the base.

verse ends with...	verse begins with...		
	xx (aeolic base)	**x (acephalous)**	**no anceps**
˘ — —	hipponactean x x — ˘ ˘ — ˘ — —	hagesichorean x — ˘ ˘ — ˘ — —	aristophanean — ˘ ˘ — ˘ — —
˘ —	gylconic x x — ˘ ˘ — ˘ —	telesillean x — ˘ ˘ — ˘ —	dodrans — ˘ ˘ — ˘ —
—	pherecratean x x — ˘ ˘ — —	reizianum x — ˘ ˘ — —	adonean — ˘ ˘ — —

lesser asclepiad x x — ˘ ˘ — — ˘ ˘ — ˘ —
praxillean   — ˘ ˘ — — ˘ ˘ — ˘ ˘ — —

Dactylo-Epitrite

This meter employs dactyls and epitrites (Grk. '4/3'), which refers to a ratio of four morae to three morae in ‾ ‾ ‿ ‾ and ‾ ‿ ‾ ‾. The notation below describes common variations in this meter, which is employed only in lines 582-5 and 594-6.

e	‾ ‿ ‾
E	‾ ‿ ‾ ‾ x ‾ ‿ ‾
E^2	‾ ‿ ‾ ‾ x ‾ ‿ ‾ ‾ x ‾ ‿ ‾
d^1	‾ ‿ ‿ ‾
d^2	‿ ‾ ‾ ‾
D	‾ ‿ ‿ ‾ ‿ ‿ ‾
D^2	‾ ‿ ‿ ‾ ‿ ‿ ‾ ‿ ‿ ‾

Summary of the Odes in *Antigone*

Parodos (πάροδος, 'entrance, inroad')
The chorus sings about the seige of Thebes, Polyneices, and Eteocles
1st strophe/antistrophe, ll. 100-33
2nd strophe/antistrophe, ll. 134-61

First Stasimon (στάσιμον, 'standing in the orchestra')
The chorus sings an Ode to Humanity
1st strophe/antistrophe, ll. 332-52
2nd strophe/antistrophe, ll. 353-75

Second Stasimon
The chorus sings about the suffering of the house of Labdacus
1st strophe/antistrophe, ll. 582-603
2nd strophe/antistrophe, ll. 604-25

Third Stasimon
The chorus sings an Ode to Love
1st strophe/antistrophe, ll. 781-800

First Kommos (κομμός, 'striking of chest in lamentation)
The chorus and Antigone mourn her fate.
1st strophe/antistrophe, ll. 806-838
2nd strophe/antistrophe, ll. 839-875

Fourth Stasimon
The chorus laments the similar fate of Cleopatra, Lycurgus and Danaë.
1st strophe/antistrophe, ll. 944-65
2nd strophe/antistrophe, ll. 966-87

Fourth Stasimon
The chorus pray to Dionysus.
1st strophe/antistrophe, ll. 1115-36
2nd strophe/antistrophe, ll. 1137-54

x

| 100 | ἀκτὶς ἀελίου, τὸ κάλ- | στρ. α | glyconic |
| 117 | στὰς δ' ὑπὲρ μελάθρων φονώ | ἀντ. α | |

| 101 | λιστον ἑπταπύλῳ φανὲν | | glyconic |
| 118 | σαισιν ἀμφιχανὼν κύκλῳ | | |

| 102 | Θήβᾳ τῶν προτέρων φάος, | | glyconic |
| 119 | λόγχαις ἑπτάπυλον στόμα | | |

| 103 | ἐφάνθης ποτ', ὦ χρυσέας | | choriambic dimeter |
| 120 | ἔβα, πρίν ποθ' ἁμετέρων | | |

| 104 | ἁμέρας βλέφαρον, Διρκαί | | glyconic |
| 121 | αἱμάτων γένυσιν πλησθῆ- | | |

| 105 | ων ὑπὲρ ῥεέθρων μολοῦσα, | | hipponactean |
| 122 | ναί τε καὶ στεφάνωμα πύργων | | |

| 106 | τὸν λεύκασπιν Ἀργόθεν ἐκ | | choriambic dimeter |
| 123 | πευκάενθ' Ἥφαιστον ἑλεῖν. | | |

| 107 | βάντα φῶτα πανσαγίᾳ | | choriambic dimeter |
| 124 | τοῖος ἀμφὶ νῶτ' ἐτάθη | | |

| 108 | φυγάδα πρόδρομον ὀξυτέρῳ | | choriambic dimeter |
| 125 | πάταγος Ἄρεος, ἀντιπάλῳ | | |

| 109 | κινήσασα χαλινῷ· | | pherecratean |
| 126 | δυσχείρωμα δράκοντος. | | |

anapestic stanzas

110	ὃς ἐφ' ἡμετέρᾳ γᾷ Πολυνείκους	127	Ζεὺς γὰρ μεγάλης γλώσσης κόμπους
111	ἀρθεὶς νεικέων ἐξ ἀμφιλόγων	128	ὑπερεχθαίρει, καὶ σφας ἐσιδὼν
112	ὀξέα κλάζων	129	πολλῷ ῥεύματι προσνισσομένου
113	ἀετὸς εἰς γᾶν ὣς ὑπερέπτα,	130	χρυσοῦ καναχῆς ὑπεροπλίαις,
114	λευκῆς χιόνος πτέρυγι στεγανός,	131	παλτῷ ῥιπτεῖ πυρὶ βαλβίδων
115	πολλῶν μεθ' ὅπλων	132	ἐπ' ἄκρων ἤδη
116	ξύν θ' ἱπποκόμοις κορύθεσσιν.	133	νίκην ὁρμῶντ' ἀλαλάξαι.

134	ἀντιτύπᾳ δ' ἐπὶ γᾷ πέσε τανταλωθεὶς	στρ. β	praxillean
148	ἀλλὰ γὰρ ἁ μεγαλώνυμος ἦλθε Νίκα	ἀντ. β	

135 πυρφόρος, ὃς τότε μαινομένᾳ ξὺν ὁρμᾷ   praxillean
149 τᾷ πολυαρμάτῳ ἀντιχαρεῖσα Θήβᾳ,

136 βακχεύων ἐπέπνει   dodrans
150 ἐκ μὲν δὴ πολέμων

137 ῥιπαῖς ἐχθίστων ἀνέμων.   choriambic dimeter
151 τῶν νῦν θέσθαι λησμοσύναν,

138 εἶχε δ' ἄλλᾳ τὰ μέν,   cretic dimeter
152 θεῶν δὲ ναοὺς χοροῖς

139 ἄλλα δ' ἐπ' ἄλλοις ἐπενώ-   choriambic dimeter
153 παννυχίοις πάντας ἐπέλ-

140 μα στυφελίζων μέγας Ἄ-   choriambic dimeter
154 θωμεν, ὁ Θήβας δ' ἐλελί-

ρης δεξιόσειρος.   reizianum
χθων Βάκχιος ἄρχοι.

    anapestic stanzas

141 ἑπτὰ λοχαγοὶ γὰρ ἐφ' ἑπτὰ πύλαις

142 ταχθέντες ἴσοι πρὸς ἴσους ἔλιπον

143 Ζηνὶ τροπαίῳ πάγχαλκα τέλη,

144 πλὴν τοῖν στυγεροῖν, ὣ πατρὸς ἑνὸς

145 μητρός τε μιᾶς φύντε καθ' αὑτοῖν

146 δικρατεῖς λόγχας στήσαντ' ἔχετον

147 κοινοῦ θανάτου μέρος ἄμφω.

156 Κρέων ὁ Μενοικέως ἄρχων νεοχμὸς

157 νεαραῖσι θεῶν ἐπὶ συντυχίαις

158 χωρεῖ, τίνα δὴ μῆτιν ἐρέσσων,

159 ὅτι σύγκλητον τήνδε γερόντων

160 προὔθετο λέσχην,

161 κοινῷ κηρύγματι πέμψας;

102

‒ ‿ ‿ ‒ / ‿ ‒

| 332 | πολλὰ τὰ δεινὰ κοὐδὲν ἀν- | στρ. α | choriambic dimeter |
| 342 | κουφονόων τε φῦλον ὀρ- | ἀντ. α | |

‒ ‒ ‿ ‒ ‿ ‒ ‒

| 333 | θρώπου δεινότερον πέλει. | | glyconic |
| 343 | νίθων ἀμφιβαλὼν ἄγει | | |

x

| 334 | τοῦτο καὶ πολιοῦ πέραν | | glyconic |
| 344 | καὶ θηρῶν ἀγρίων ἔθνη | | |

| 335 | πόντου χειμερίῳ νότῳ | | glyconic |
| 345 | πόντου τ᾽ εἰναλίαν φύσιν | | |

| 336 | χωρεῖ, περιβρυχίοισιν | | choriambic enoplian |
| 346 | σπείραισι δικτυοκλώστοις, | | |

‿ ‒ ‒ ‿ ‒ / ‿ ‒

| 337 | περῶν ὑπ᾽ οἴδμασιν. θεῶν | | iambic dimeter |
| 347 | περιφραδὴς ἀνήρ· κρατεῖ | | |

‿ ‒ ‿ ‒ / ‿ ‒

| 338 | τε τὰν ὑπερτάταν, Γᾶν | | iambic, bacchiac |
| 348 | δὲ μηχαναῖς ἀγραύλου | | |

‒ ‿ ‿ / ‒ ‿ ‿ / ‒ ‿ ‿ / ‒ ‿

| 339 | ἄφθιτον, ἀκαμάταν, ἀποτρύεται | | dactylic tetrameter |
| 350 | θηρὸς ὀρεσσιβάτα, λασιαύχενά θ᾽ | | |

‒ ‿ ‿ / ‒ ‿ ‿ / ‒ ‿ ‿ / ‒ ‒

| 340 | ἰλλομένων ἀρότρων ἔτος εἰς ἔτος | | dactylic tetrameter |
| 351 | ἵππον ὀχμάζεται ἀμφὶ λόφον ζυγῶν | | |

‒ ‒ / ‒ ‿ ‒ / ‿ ‒ ‒

| 341 | ἱππείῳ γένει πολεύων. | | spondaic, cretic, bacchiac |
| 352 | οὔρειόν τ᾽ ἀκμῆτα ταῦρον. | | |

χ   ‒ ˘   ‒ ˘ ˘ ‒ / ˘ ‒ ˘ ˘

| 355 | καὶ φθέγμα κα̲ὶ̲ ἀνεμόεν φρόνημα καὶ | στρ. Β | two enoplians |
| 365 | σοφόν τι τὸ μηχανόεν τέχνας ὑπὲρ ἐλπίδ᾽ | ἀντ. β | |

| 356 | ἀστυνόμους | |
| 366 | ἔχων | |

χ   ‒ ˘ ˘   ‒ ˘ ˘   ‒ / ˘ ‒ ‒   enoplian, bacchiac

| 357 | ὀργὰς ἐδιδάξατο καὶ δυσαύλων |
| 367 | τοτὲ μὲν κακόν, ἄλλοτ᾽ ἐπ᾽ ἐσθλὸν ἕρπει, |

˘ ‒ ˘ ‒ / ‒ ‒ ‒

| 358 | πάγων ὑπαίθρεια καὶ | iambic, cretic |
| 368 | νόμους γεραίρων χθονὸς | |

˘ ‒ ˘ ‒ / ‒ ˘ ‒

| 359 | δύσομβρα φεύγειν βέλη | iambic, cretic |
| 369 | θεῶν τ᾽ ἔνορκον δίκαν, | |

‒ ˘ ˘ ‒ / ˘ ‒ ˘ ‒ ‒ / ˘ ‒ ˘ ‒

| 360 | παντοπόρος· ἄπορος ἐπ᾽ οὐδὲν ἔρχεται | cretic, iambic dimeter |
| 370 | ὑψίπολις· ἄπολις ὅτῳ τὸ μὴ καλὸν | |

˘ ‒ ˘ ‒ / ˘ ‒ ‒

| 361 | τὸ μέλλον· Ἅιδα μόνον | iambic, cretic |
| 372 | ξύνεστι τόλμας χάριν. | |

‒ ˘ ‒ / ˘ ‒ ‒

| 362 | φεῦξιν οὐκ ἐπάξεται· | cretic, iambic |
| 373 | μήτ᾽ ἐμοὶ παρέστιος | |

˘ ‒ ˘ ‒ / ˘ ‒ ˘ ‒

| 363 | νόσων δ᾽ ἀμηχάνων φυγὰς | iambic dimeter |
| 374 | γένοιτο μήτ᾽ ἴσον φρονῶν | |

| 364 | ξυμπέφρασται. | cretic + anceps |
| 375 | ὃς τάδ᾽ ἔρδει. | |

‾./ ‾ ˘ ˘ ‾ ˘ ˘ ‾ / x / ‾ ˘ ‾ /

| 582 | εὐδαίμονες οἷσι κακῶν ἄγευστος αἰών. | στρ. α | ‾ D x e ‾ |
| 594 | ἀρχαῖα τὰ Λαβδακιδᾶν οἴκων ὁρῶμαι | ἀντ. α | |

‾ ˘ ˘ / x / ‾ ˘ ˘ ‾ ˘ ˘ /

| 583 | οἷς γὰρ ἂν σεισθῇ θεόθεν δόμος, ἄτας | | e x D ‾ |
| 595 | πήματα φθιτῶν ἐπὶ πήμασι πίπτοντ᾽, | | |

‾ ˘ ‾ / ‾ / ˘ ‾ ˘ ˘ ‾ / ˘ ‾

| 585 | οὐδὲν ἐλλείπει γενεᾶς ἐπὶ πλῆθος ἕρπον· | | e ‾ D, bacchiac |
| 596 | οὐδ᾽ ἀπαλλάσσει γενεὰν γένος, ἀλλ᾽ ἐρείπει | | |

˘ ‾ ˘ ‾ / ˘ ‾ ˘

| 586 | ὅμοιον ὥστε ποντίαις | | cretic, iambic |
| 597 | θεῶν τις, οὐδ᾽ ἔχει λύσιν. | | |

‾ ˘ ‾ / ˘ ‾ ˘

| 587 | οἶδμα δυσπνόοις ὅταν | | cretic, iambic |
| 598 | νῦν γὰρ ἐσχάτας ὕπερ | | |

‾ ‾ ˘ ˘˘ / ˘ ˘ ˘ ˘ / ˘ ‾

| 588 | Θρήσσαισιν ἔρεβος ὕφαλον ἐπιδράμῃ πνοαῖς, | | iambic trimeter |
| 600 | ῥίζας ὃ τέτατο φάος ἐν Οἰδίπου δόμοις, | | |

˘ ‾ ‾ / ˘ ‾

| 590 | κυλίνδει βυσσόθεν | | bacchiac, cretic |
| 601 | κατ᾽ αὖ νιν φοινία | | |

˘ ‾ ‾ / ˘ ˘ ‾ / ˘ ‾ ˘ ‾

| 591 | κελαινὰν θῖνα καὶ δυσάνεμοι, | | bacchiac, cretic, iambic |
| 602 | θεῶν τῶν νερτέρων ἀμᾷ κόνις | | |

˘ ‾ ‾ / ‾ ˘ ‾ / ˘

| 592 | στόνῳ βρέμουσι δ᾽ ἀντιπλῆγες ἀκταί. | | |
| 603 | λόγου τ᾽ ἄνοια καὶ φρενῶν ἐρινύς. | | iambic dimeter, bacchiac |

604	τεάν, Ζεῦ, δύνασιν τίς ἀν-	στρ. B	glyconic
615	ά γὰρ δὴ πολύπλαγκτος ἐλ-	ἀντ. β	
605	δρῶν ὑπερβασία κατάσχοι;		hipponactean
616	πὶς πολλοῖς μὲν ὄνασις ἀνδρῶν,		
606	τὰν οὔθ᾽ ὕπνος αἱρεῖ ποθ᾽ ὁ πάντ᾽ ἀγρεύων,		choriambic dodecasyllabic
617	πολλοῖς δ᾽ ἀπάτα κουφονόων ἐρώτων·		
607	οὔτε θεῶν ἄκματοι		telesillean
618	εἰδότι δ᾽ οὐδὲν ἕρπει,		
608	μῆνες, ἀγήρῳ δὲ χρόνῳ δυνάστας		choriambic trimeter catalectic
619	πρὶν πυρὶ θερμῷ πόδα τις προσαύσῃ.		
609	κατέχεις Ὀλύμπου		aristophanean
620	σοφίᾳ γὰρ ἔκ του		
610	μαρμαρόεσσαν αἴγλαν.		aristophanean
621	κλεινὸν ἔπος πέφανται.		
611	τό τ᾽ ἔπειτα καὶ τὸ μέλλον		anacreonic
622	τὸ κακὸν δοκεῖν ποτ᾽ ἐσθλὸν		
612	καὶ τὸ πρὶν ἐπαρκέσει		telesillean
623	τῷδ᾽ ἔμμεν ὅτῳ φρένας		
613	νόμος ὅδ᾽, οὐδὲν ἕρπει		ithyphallic (three trochee)
624	θεὸς ἄγει πρὸς ἄταν·		
614	θνατῶν βιότῳ πάμπολύ γ᾽ ἐκτὸς ἄτας.		choriambic dodecasyllabic
625	πράσσει δ᾽ ὀλίγιστον χρόνον ἐκτὸς ἄτας.		

781	Ἔρως ἀνίκατε μάχαν,	στρ.	choriambic dimeter
792	σὺ καὶ δικαίων ἀδίκους	ἀντ.	

782	Ἔρως, ὃς ἐν κτήμασι πίπτεις,	choriambic enneasyllabic
792	φρένας παρασπᾷς ἐπὶ λώβᾳ,	

783	ὃς ἐν μαλακαῖς παρειαῖς	choriambic enoplian
793	σὺ καὶ τόδε νεῖκος ἀνδρῶν	

784	νεάνιδος ἐννυχεύεις,	choriambic enoplian
794	ξύναιμον ἔχεις ταράξας·	

785	φοιτᾷς δ᾽ ὑπερπόντιος ἔν τ᾽	choriambic dimeter
795	νικᾷ δ᾽ ἐναργὴς βλεφάρων	

786	ἀγρονόμοις αὐλαῖς·	choriambic, spondaic
796	ἵμερος εὐλέκτρου	

787	καί σ᾽ οὔτ᾽ ἀθανάτων φύξιμος οὐδεὶς	lesser asclepiad catalectic
797	νύμφας, τῶν μεγάλων πάρεδρος ἐν ἀρχαῖς	

788	οὔθ᾽ ἀμερίων σέ γ᾽ ἀν-	telesillian
798	θεσμῶν. ἄμαχος γὰρ ἐμ-	

790	θρώπων. ὁ δ᾽ ἔχων μέμηνεν.	choriambic enoplian
800	παίζει θεὸς Ἀφροδίτα.	

107

x – ‿ ‿ / – ‿ ‿ / ‿ – –
Ἀντ   ὁρᾶτ᾽ ἔμ᾽, ὦ γᾶς πατρίας πολῖται,   στρ. α   choriamic dimeter, bacchiac
Ἀντ   ἤκουσα δὴ λυγρότατον ὀλέσθαι   ἀντ. α

807   τὰν νεάταν ὁδὸν   dodrans
824   τὰν Φρυγίαν ξέναν

808   στείχουσαν, νέατον δὲ φέγ-   glyconic
825   Ταντάλου Σιπύλῳ πρὸς ἄκ-

809   γος λεύσσουσαν ἀελίου,   choriamic dimeter
826   ρῳ, τὰν κισσὸς ὡς ἀτενὴς

810   κοὔποτ᾽ αὖθις. ἀλλά μ᾽ ὁ παγ-   choriamic dimeter
827   πετραία βλάστα δάμασεν,

811   κοίτας Ἅιδας ζῶσαν ἄγει   choriamic dimeter
828   καί νιν ὄμβροι τακομέναν,

812   τὰν Ἀχέροντος   adonean
829   ὡς φάτις ἀνδρῶν,

813   ἀκτάν, οὔθ᾽ ὑμεναίων   pherecratean
830   χιών τ᾽ οὐδαμὰ λείπει,

814   ἔγκληρον, οὔτ᾽ ἐπινύμ-   choriamic dimeter syncopated
831   τέγγει δ᾽ ὑπ᾽ ὀφρύσι παγ-

815   φειός πώ μέ τις ὕμνος ὕ-   glyconic
832   κλαύτοις δειράδας· ᾇ με δαί-

816   μνησεν, ἀλλ᾽ Ἀχέροντι νυμφεύσω.   glyconic, spondaic
833   μων ὁμοιοτάταν κατευνάζει.

anapestic stanzas

Χορ   οὐκοῦν κλεινὴ καὶ ἔπαινον ἔχουσ᾽   Χορ   ἀλλὰ θεός τοι καὶ θεογεννής,

818   ἐς τόδ᾽ ἀπέρχει κεῦθος νεκύων,   835   ἡμεῖς δὲ βροτοὶ καὶ θνητογενεῖς

819   οὔτε φθινάσιν πληγεῖσα νόσοις   836   καίτοι φθιμένῃ μέγα κἀκοῦσαι

820   οὔτε ξιφέων ἐπίχειρα λαχοῦσ᾽,   837   τοῖς ἰσοθέοις σύγκληρα λαχεῖν.

821   ἀλλ᾽ αὐτόνομος ζῶσα μόνη δὴ   838   ζῶσαν καὶ ἔπειτα θανοῦσαν.

822   θνητῶν Ἅιδην καταβήσει.

Ἀντ	οἴμοι γελῶμαι.	στρ. β	spondaic, bacchiac
Ἀντ	ἔψαυσας ἀλγει-	ἀντ. β	
	τί με, πρὸς θεῶν πατρῴων.		anacreonic
	νοτάτας ἐμοὶ μερίμνας,		
840	οὐκ οἰχομέναν ὑβρίζεις,		choriambic enoplian
859	πατρὸς τριπόλιστον οἶκτον		
841	ἀλλ' ἐπίφαντον;		adonean
860	τού τε πρόπαντος		
842	ὦ πόλις, ὦ πόλεως		dodrans
861	ἁμετέρου πότμου		
843	πολυκτήμονες ἄνδρες·		pherecratean
862	κλεινοῖς Λαβδακίδαισιν.		
844	ἰὼ Διρκαῖαι κρῆναι Θή-		spondaic tetrameter
863	ἰὼ ματρῷαι λέκτρων ἁ-		
845	βας τ' εὐαρμάτου ἄλσος, ἔμ-		glyconic
864	ται κοιμήματά τ' αὐτογέν-		
846	πας ξυμμάρτυρας ὕμμ' ἐπικτῶμαι,		glyconic, spondaic
865	νητ' ἐμῷ πατρὶ δυσμόρου ματρός,		
847	οἷα φίλων ἄκλαυτος, οἵοις νόμοις		iambic dimeter, cretic
866	οἵων ἐγώ ποθ' ἁ ταλαίφρων ἔφυν·		
848	πρὸς ἔργμα τυμβόχωστον ἔρ-		iambic dimeter
867	πρὸς οὓς ἀραῖος ἄγαμος ἅδ'		
849	χομαι τάφου ποταινίου·		iambic dimeter
868	ἐγὼ μέτοικος ἔρχομαι.		
850	ἰὼ δύστανος, βροτοῖς		bacchaic, iambic
869	ἰὼ δυσπότμων κασί-		
851	οὔτε νεκροῖς κυροῦσα		aristophanean
870	γνητε γάμων κυρήσας,		
852	μέτοικος οὐ ζῶσιν, οὐ θανοῦσιν.		iambic, cretic, bacchaic
871	θανὼν ἔτ' οὖσαν κατήναρές με.		

	⌣ — ⌣ — / ⌣ — ⌣ —	
853	προβᾶσ᾿ ἐπ᾿ ἔσχατον θράσους	(cont.) στρ. B iambic dimeter
872	σέβειν μὲν εὐσέβειά τις,	(cont.) ἀντ. β
	x — ⌣ — / ⌣ — ⌣ —	
854	ὑψηλὸν ἐς Δίκας βάθρον	iambic dimeter
873	κράτος δ᾿ ὅτῳ κράτος μέλει	
	⌣ ⌣ ⌣ ⌣ / ⌣ — ⌣ —	
855	προσέπεσες, ὦ τέκνον, πολύ·	iambic dimeter
874	παραβατὸν οὐδαμᾷ πέλει·	
	⌣ — / — ⌣ — / ⌣ — —	
856	πατρῷον δ᾿ ἐκτίνεις τιν᾿ ἆθλον.	
875	σὲ δ᾿ αὐτόγνωτος ὤλεσ᾿ ὀργά.	bacchaic, cretic, bacchaic

	⌣ — ⌣ ⌣ ⌣ / ⌣ ⌣ ⌣ —	iambic dimeter
Ἀντ	ἄκλαυτος, ἄφιλος, ἀνυμέναι-	
	— ⌣ — —/ ⌣ ⌣ —	
877	ος ταλαίφρων ἄγομαι	choriambic dimeter
	— ⌣ — / — ⌣ —	
878	τὰν πυμάταν ὁδόν.	cretic dimeter
	— ⌣ ⌣ / — ⌣ ⌣ / — ⌣ ⌣ / — ⌣ ⌣	
879	οὐκέτι μοι τόδε λαμπάδος ἱερὸν	dactylic
	— ⌣ — ⌣ / — ⌣ ⌣ ⌣ —	
880	ὄμμα θέμις ὁρᾶν ταλαίνᾳ.	trochaic dimeter
	— ⌣ — ⌣ / — ⌣ ⌣ ⌣ —	
881	τὸν δ᾿ ἐμὸν πότμον ἀδάκρυτον	trochaic dimeter
	— ⌣ — / ⌣ — — ⌣	
882	οὐδεὶς φίλων στενάζει.	trochaic dimeter syncopated

110

― ― / ― ‿ ‿ ― / ‿ ‿ ― /
| 944 | ἔτλα καὶ Δανάας οὐράνιον φῶς | στρ. α | lesser asclepiad catalectic |
| 955 | ζεύχθη δ' ὀξύχολος παῖς ὁ Δρύαντος, | ἀντ. α | |

― ― / ― ‿ ‿ ― / ― ‿ ‿ ― /
| 945 | ἀλλάξαι δέμας ἐν χαλκοδέτοις αὐλαῖς· | | lesser asclepiad |
| 956 | Ἠδωνῶν βασιλεύς, κερτομίοις ὀργαῖς | | |

― ‿ ‿ ― / ― ―
| 946 | κρυπτομένα δ' ἐν τυμβή- | | choriambic dimeter syncopated |
| 957 | ἐκ Διονύσου πετρώ- | | |

‿ ‿ ― / ‿ ― ― ―
| 947 | ρει θαλάμῳ κατεζεύχθη· | | choriambic dimeter |
| 958 | δει κατάφαρκτος ἐν δεσμῷ. | | |

― ― / ― ‿ ‿ ― / ― ―
| 948 | καίτοι καὶ γενεᾷ τίμιος, ὦ παῖ παῖ, | | lesser asclepiad |
| 959 | οὕτω τᾶς μανίας δεινὸν ἀποστάζει | | |

― ‿ ‿ ― / ― ‿ ‿ ― / ‿ ‿ ― ―
| 950 | καὶ Ζηνὸς ταμιεύεσκε γονὰς χρυσορύτους. | | dodrans, choriambic dimeter |
| 960 | ἀνθηρόν τε μένος. κεῖνος ἐπέγνω μανίαις | | |

― ― ‿ ‿ ― / ‿ ― ―
| 951 | ἀλλ' ἁ μοιριδία τις δύνασις δεινά· | | lesser asclepiad |
| 961 | ψαύων τὸν θεὸν ἐν κερτομίοις γλώσσαις. | | |

― ‿ ― / ‿ ― ― ―
| 952 | οὔτ' ἄν νιν ὄλβος οὔτ' Ἄρης, | | iambic dimeter |
| 962 | παύεσκε μὲν γὰρ ἐνθέους | | |

x ‿ ― / ‿ ― ‿ ―
| 953 | οὐ πύργος, οὐχ ἁλίκτυποι | | iambic dimeter |
| 963 | γυναῖκας εὔιόν τε πῦρ, | | |

‿ ― ― / ‿ ― ― ―
| 954 | κελαιναὶ νᾶες ἐκφύγοιεν. | | |
| 965 | φιλαύλους τ' ἠρέθιζε Μούσας. | | bacchaic, cretic, bacchaic |

⏑ ⏑ ⏑ ⎯ ⏑ ⏑ ⎯ ⏑ ⏑ ⎯ ⏑ ⎯ ⎯ ⏑ ⎯

| 966 | παρὰ δὲ κυανεᾶν πελάγει διδύμας ἁλὸς | στρ. β | enoplian |
| 977 | κατὰ δὲ τακόμενοι μέλεοι μελέαν πάθαν | ἀντ. β | |

⎯ ⎯ ⎯ ⏑ ⎯ ⏑ ⎯ ⏑ ⎯ ⏑ ⎯ ⏑ ⎯

| 967 | ἀκταὶ Βοσπόριαι ἤδ' ὁ Θρῃκῶν ἄξενος | | enoplian |
| 980 | κλαῖον, ματρὸς ἔχοντες ἀνύμφευτον γονάν· | | |

⎯ ⏑ ⎯ ⎯ ⎯ ⏑ ⏑ ⎯ ⏑ ⏑ ⎯

970	Σαλμυδησσός, ἵν' ἀγχίπτολις Ἄρης		choriambic decasyllabic
981	ἁ δὲ σπέρμα μὲν ἀρχαιογόνων		
	⎯ x ⏑ / ⎯ ⎯ ⏑ ⏑ ⎯		

971	δισσοῖσι Φινείδαις		choriambic dimeter
982	ἄντασ' Ἐρεχθεϊδᾶν,		
	⎯ ⎯ ⏑ ⏑ ⎯		

972	εἶδεν ἀρατὸν ἕλκος		aristophanean
983	τηλεπόροις δ' ἐν ἄντροις		
	⏑ ⏑ ⎯ ⎯ / ⎯ ⏑ / ⏑ ⎯		

973	τυφλωθὲν ἐξ ἀγρίας δάμαρτος		iambic, cretic, bacchaic
984	τράφη θυέλλαισιν ἐν πατρῴαις		
	⏑ ⏑ ⏑ ⏑ ⎯ / ⏑ ⎯ ⏑ ⏑ / ⏑ ⎯ ⎯ ⎯		

974	ἀλαὸν ἀλαστόροισιν ὀμμάτων κύκλοις		iambic trimeter
985	Βορεὰς ἄμιππος ὀρθόποδος ὑπὲρ πάγου		
	⏑ ⎯ ⏑ ⎯ / ⎯ ⎯ ⏑ ⎯ / ⏑ ⎯		

975	ἀραχθέντων, ὑφ' αἱματηραῖς		iambic, cretic, bacchaic
986	θεῶν παῖς. ἀλλὰ κἀπ' ἐκείνᾳ		
	⎯ ⎯ ⎯ ⏑ / ⎯ ⎯ ⏑ / ⏑ ⎯		

| 976 | χείρεσσι καὶ κερκίδων ἀκμαῖσιν. | | iambic, cretic, bacchaic |
| 987 | Μοῖραι μακραίωνες ἔσχον, ὦ παῖ. | | |

112

⏑ ⏑ ⏑ ⏑ — / — —

| 1115 | πολυώνυμε, Καδμείας | στρ. α | paroemiac |
| 1125 | σὲ δ' ὑπὲρ διλόφου πέτρας | ἀντ. α | |

— ⏑ ⏑ — ⏑ / — ⏑ ⏑ —

| 1116 | νύμφας ἄγαλμα | | penthemimer |
| 1126 | στέροψ ὄπωπε | | |

⏑ — ⏑ ⏑ — / — ⏑ ⏑ —

| 1117 | καὶ Διὸς βαρυβρεμέτα | | choriambic dimeter |
| 1128 | λιγνύς, ἔνθα Κωρύκιαι | | |

x — ⏑ — / x — ⏑ —

| 1118 | γένος, κλυτὰν ὃς ἀμφέπεις | | iambic dimeter |
| 1129 | στείχουσι νύμφαι Βακχίδες, | | |

— ⏑ ⏑ — ⏑ — ⏑ —

| 1119 | Ἰταλίαν, μέδεις δὲ | | aristophanean |
| 1130 | Κασταλίας τε νᾶμα. | | |

— x — ⏑ / — ⏑ ⏑ —

| 1120 | παγκοίνοις Ἐλευσινίας | | choriambic dimeter |
| 1131 | καί σε Νυσαίων ὀρέων | | |

— — ⏑ / — ⏑ — / ⏑ — / — —

| 1121 | Δηοῦς ἐν κόλποις, Βακχεῦ, Βακ- | | spondaic tetrameter |
| 1132 | κισσήρεις ὄχθαι χλωρά τ' ἀκ- | | |

— — ⏑ x ⏑ — —

| 1122 | χᾶν ὁ ματρόπολιν Θήβαν | | glyconic |
| 1133 | τὰ πολυστάφυλος πέμπει, | | |

— — ⏑ ⏑ — ⏑ —

| 1123 | ναιετῶν παρ' ὑγρῶν | | dodrans |
| 1134 | ἀμβρότων ἐπέων | | |

— ⏑ ⏑ — x / — —

| 1124 | Ἰσμηνοῦ ῥείθρων ἀγρίου τ' | | choriambic dimeter |
| 1135 | εὐαζόντων Θηβαΐας | | |

⏑ — ⏑ ⏑ — / ⏑ —

| 1125 | ἐπὶ σπορᾷ δράκοντος | | iambic, bacchaic |
| 1136 | ἐπισκοποῦντ' ἀγυιάς· | | |

```
       _  _   _ / _  _  _
1137   τὰν ἐκ πασᾶν τιμᾶς                    στρ. β    molossus dimeter
1146   ἰὼ πῦρ πνειόντων                      ἀντ. β
       ˘  _   x   _ / ˘  ˘  _
1138   ὑπερτάταν πόλεων                                acephalous choriambic dimeter
1147   χοράγ’ ἄστρων, νυχίων
       ˘  ˘   _   ˘  ˘ / ˘  _
1139   ματρὶ σὺν κεραυνίᾳ·                             lecythion (trochaie dimeter catalectic)
1148   φθεγμάτων ἐπίσκοπε,
       _  ˘  ˘   _ / ˘  ˘  _
1140   καὶ νῦν, ὡς βιαίας ἔχεται                        choriambic dimeter
1149   παῖ Διὸς γένεθλον, προφάνηθ’
       _   _   ˘  _  ˘   _
1141   πάνδαμος πόλις ἐπὶ νόσου,                        glyconic
1150   ὦναξ, σαῖς ἅμα περιπόλοις
       x / _  ˘   _  ˘/ _  ˘  ˘  _ / _  ˘  _
1142   μολεῖν καθαρσίῳ ποδὶ Παρνασίαν                   anceps, chorambic dimeter
1151   Θυίαισιν, αἵ σε μαινόμεναι πάννυχοι
       ˘  _   _  ˘/ _  ˘  ˘  _ / ˘
1145   ὑπὲρ κλιτὺν ἢ στονόεντα πορθμόν.               choriambic dimeter, bacchaic
1152   χορεύουσι τὸν ταμίαν Ἴακχον.
```

Alphabetized List Words Occurring 8 or more Times
In Sophocles' *Antigone*

The following is an alphabetized list of all words that occur eight or more times in *Antigone*. This list complements a running vocabulary list of the same words in the introduction. The number of occurrences, indicated at the end of the dictionary entry, were tabulated by the author. Digital flashcards for the running list are available in .ppt and .jpg formats.

ἄγω: to lead, to bring, to carry, to convey, 20
αἰαῖ: ah! (exclamation of grief) 8
Ἅιδης, -ου ὁ: Hades, 16
αἱρέω: to seize, take; *mid.* choose (aor. ἑλ) 11
αἰσχρός, -ά, -όν: shameful, disgraceful, 8
ἀλλά: but, 19
ἄλλος, -η, -ο: other, one...another, 21
ἄν: modal adv., 43
ἄναξ, ὁ: a lord, master, 12
ἀνήρ, ἀνδρός, ὁ: a man, 42
ἄνθρωπος, ὁ: human being, human, man, 11
ἀπό: from, away from. (+ gen.), 9
ἆρα: introduces a yes/no question, 10
ἄρχω: to begin; to rule, be leader of, 8
ἄτη, ἡ: ruin, plague; bewilderment, 10
αὖ: again; moreover, besides; in turn, 12
αὐτός, -ή, -ό: -self; he, she, it; the same, 21
βροτός, ὁ, ἡ: a mortal, human, 9
γάρ: for, since, 103
γε: at least, at any rate; indeed, 32
γελάω: to laugh, exult in, 8
γῆ, ἡ: earth, 10
γνώμη, ἡ: intent, purpose; opinion, resolve, 9
γυνή, γυναικός, ἡ: a woman, wife, 18
δέ: but, and, on the other hand, 59
δεινός, -ή, -όν: terrible; strange, wondrous, 14
διά: through (gen.) on account of, (acc.), 8
δίκαιος, -α, -ον: just, right, lawful, fair, 10
δίκη, ἡ: justice; lawsuit, trial; penalty, 10
δοκέω: to seem, seem best, think, imagine, 15
δόμος, ὁ: a house, 35
δράω: to do, do work, work, 21
ἐγώ: I, 119

ἐθέλω: to be willing, wish, desire, 13
εἰ: if, whether, 23
εἶδον: aor. of ὁράω, to see, behold, 25
εἰμί: to be, exist, 1389
εἶπον: *aor.* said, spoke, 8
εἰς: into, to, in regard to (+ acc.), 28
εἷς, μία, ἕν: one, single, alone, 13
εἴ-τε: either...or; whether...or, 12
ἐκ, ἐξ: out of, from (+ gen.), 43
ἐκεῖνος, -η, -ον: that, those, 18
ἐλπίς, -ίδος, ἡ: hope, expectation, 8
ἐμός, -ή, -όν: my, mine, 21
ἐν: in, on, among. (+ dat.), 54
ἐπεί: when, after, since, because, 11
ἐπί: to, toward (acc), on near, at (dat.), 19
ἔπος, -εος, τό: a word, 9
ἔργον, τό: work, labor, deed, act, 14
ἔρχομαι: to come or go, 24
ἔτι: still, besides, further, 18
εὖ: well, 16
ἔχω: to have, hold; be able; be disposed, 53
ζάω: to live, 20
Ζεύς, ὁ: Zeus, 11
ἤ: or (either...or); than, 29
ἥκω: to have come, be present, 8
θεός, ὁ: a god, divinity, 39
Θῆβαι, -ῶν, αἱ: Thebes (also in sg.), 9
θνήσκω: to die, 39
ἴσος, -η, -ον: equal, fair, alike, 8
ἰώ: ah! oh! 9
καί: and, also, even, too, 103
κάκη, ἡ: wickedness, vice, cowardice, 44
κακός, -ή, -όν: bad, base, cowardly, evil, 45
καλός, -ή, -όν: beautiful, fine, noble; well, 16
κάρα, τό: head, 32
κατά: down along (acc), down from (gen), 10
κάτω: down, below, 9
κέρδος, -εος, τό: profit, gain, advantage, 10
κλύω: to hear, 9
κοινός, -ή, -όν: common, shared; kindred, 8
κοινόω: to make common, communicate, 10
Κρέων, -οντος, ὁ: Creon, King of Thebes, 11

λαμβάνω: to take, receive, catch, grasp, 9
λέγω: to say, speak, 45
λόγος, ὁ: word, talk, discourse; account, 12
μανθάνω: to learn, understand, 12
μέγας, μεγάλη, μέγα: big, great, important 10
μέλλω: to be about to, to intend to, 8
μέν: on the one hand, 42
μή: not, lest, 42
μηδ-είς, μηδ-εμία, μηδ-έν: no one, nothing, 9
μηδέ: and not, but not, nor, 8
μή-τε: and not, 9
μήτηρ, ἡ: a mother, 10
μόνος, -η, -ον: alone, solitary, forsaken, 16
μόρος, ὁ: death, doom, fate, destiny, 11
νεκρός, ὁ: corpse, dead body, 15
νέκυς, ὁ: corpse, a dead body, 9
νέος, -α, -ον: young; new, novel, strange, 10
νόμος, ὁ: law, custom, 18
νῦν: now; as it is, 28
ὁ, ἡ, τό: the, 803
ὅδε, ἥδε, τόδε: this, this here, 121
οἶδα: to know, 37
οἴμοι: ah me!, woe's me, oh, alas, 12
οἷος, -α, -ον: what sort, such a kind, 8
ὄλλυμι: to destroy, lose, consume, kill, 15
ὅπως: how, in what way; (in order) that, 50
ὁράω: to see, look, behold, 24
ὀρθός, -ή, -όν: straight, upright, right, 9
ὅς, ἥ, ὅ: who, which, that, 589
ὅσος, -η, -ον: as much as, many as, 10
ὅστις, ἥτις, ὅ τι: whoever, whichever, whatever, 23
ὅταν: ὅτε ἄν, whenever, 8
ὅτι: that; because, 12
οὐ, οὐκ, οὐχ: not, 60
οὐδ-είς, οὐδε-μία, οὐδ-έν: no one, nothing, 33
οὐδέ: and not, but not, nor, not even, 21
οὔ-τε: and not, neither...nor, 36
οὖν: and so, then; at all events, 23
οὗτος, αὕτη, τοῦτο: this, these, 91
οὕτως: in this way, thus, so, 9
παῖς, παιδός, ὁ, ἡ: child, boy, girl; slave, 31
παρά: from, at, to the side of, 8

πάρ-ειμι: be near, be present, be at hand, 9
πᾶς, πᾶσα, πᾶν: every, all, the whole, 38
πατήρ, ὁ: a father, 22
πίπτω: to fall, fall down, drop, 9
πλέω: to sail, go by sea, 27
πόλις, ἡ: a city, 34
πολύς, πολλά, πολύ: much, many, 22
ποτέ: ever, at some time, once, 25
πράσσω: to do, accomplish, make, act, 12
πρίν: until, before, 9
πρός: to, towards (acc.), near, in addition to (dat.), 14
σέβω: to worship, revere, 8
σός, -ή, -όν: your, yours, 18
σύ: you, 82
σύν: along with, with, together (+ gen.), 11
σώζω: to save, keep, 8
τάλας, τάλαινα, τάλαν: wretched, sufferer8
τάφος, ὁ: tomb, 15
τε: and, both, 31
τέκνον, τό: a child, 10
τις, τι: anyone, anything, someone, something, 446
τίς, τί: who? which? 502
τοιοῦτος, -αύτη, -οῦτο: such, 8
ὑπό: by, because of (gen), under (dat), 14
φαίνω: to show; *mid.* appear, seem, 10
φέρω: to bear, carry, bring, convey, 12
φημί: to say, claim, assert, 14
φίλος, -η, -ον: dear, beloved; friend, kin, 24
φρήν, φρενός, ἡ: the midriff; mind, wits, 16
φρονέω: to think, to be wise, prudent, 16
φύω: to bring forth, beget; am by nature, 17
χείρ, χειρός (χερός, χέρι...), ἡ: hand, 14
χθών, χθονός, ἡ: earth, ground, land, 8
χρή: it is necessary or fitting; must, ought, 18
χρόνος, ὁ: time, 10
ψυχή, ἡ: breath, life, spirit, soul, 8
ὦ: O, oh, (an exclamation) 18
ὡς: as, thus, so, that; when, since, 35

Made in United States
Orlando, FL
31 March 2022

16350489R00078